홍순민

서울대학교 국사학과 및 동 대학원을 졸업하였다. 조선 후기 정치사에 대한 관심에서 출발하여 조선 후기 국가경영의 실상을 밝혀보려 공부하고 있다. 정치의 배경이 되는 공간에 대한 관심에서 공간에서 살던 사람들과 그들의 삶의 꼴, 곧 문화로 탐구의 대상을 넓혀가고 있다. 도성에 대한 책을 낸 다음에는 바로 궁궐에 대한 책을 전면적으로 고쳐서 낼 계획이다. 그 다음에는 종묘, 그리고 조선시대 서울을 쓸 궁리를 하고 있다.

저서로는 《우리 궁궐 이야기》, 《한양도성, 서울 육백년을 담다》, 《서울 풍광》, 《조선시대사 1》(공저) 등이 있다. 현재 명지대학교 기록정보과학전문대학원에서 문화자원을 가르치고 있다.

일러두기

1 이 책은 2016년 서울특별시(한양도성도감)에서 발간한 《한양도성, 서울 육백년을 담다》를 재편집·증보하여 출간하였다.

2 본문에서 글, 그림, 지도, 신문 기사 제목은 〈 〉로 표시하고, 책, 화첩, 지도첩, 신문은 《 》로 표시하였다. 본문에 실린 고서화와 고지도는 본문의 도판 설명에는 작가, 제목, 실려 있는 책(혹은 화첩이나 지도첩)만을 표기하였으며 소장처는 도판 설명의 마지막 괄호 안에 표기하였다.

3 책의 마지막에는 각 도판의 출처를 정리하고, 고서화와 고지도는 그 세부 정보를 작가, 제목, 실려 있는 책(혹은 화첩이나 지도첩), 시대, 크기(세로×가로), 재질, 문화재 지정 현황, 소장처 순으로 정리하였다. 다만 고서와 고지도는 작가와 재질을 생략하였고 그림 역시 작가가 밝혀지지 않은 경우 생략하였다.

4 본문에 실린 1945년 이전의 사진은 촬영자, 촬영 시점이나 수록된 책(혹은 사진첩)의 출간 연도가 밝혀져 있는 경우 도판 설명의 마지막 괄호 안에 표기하였다.

5 본문에 나오는 날짜는 1895년까지는 음력을, 이후부터는 양력을 사용하였다.

홍순민의
한양
읽기

도 성

홍순민의 한양읽기

도성
왕도 한양의 경계, 임금과 백성을 지킨 성곽

초판 1쇄 인쇄일 2017년 5월 22일
초판 1쇄 발행일 2017년 5월 29일

지 은 이 | 홍순민
펴 낸 이 | 김효형
펴 낸 곳 | (주)눌와
등록번호 | 1999.7.26. 제10-1795호
주   소 | 서울시 마포구 월드컵북로16길 51, 2층
전   화 | 02. 3143. 4633
팩   스 | 02. 3143. 4631
페이스북 | www.facebook.com/nulwabook
블 로 그 | blog.naver.com/nulwa
전자우편 | nulwa@naver.com

편   집 | 김지수, 김선미, 김영은
디 자 인 | 이현주
마 케 팅 | 홍선민
제작진행 | 공간
종   이 | 정우페이퍼
인   쇄 | We Printing
제   본 | 상지사P&B

ISBN 978-89-90620-94-1 04910
       978-89-90620-93-4 04910 (세트)

* 이 도서의 국립중앙도서관 출판시도서목록(CIP)은 서지정보유통지원시스템 홈페이지(http://seoji.nl.go.kr)와 국가
자료공동목록시스템(http://www.nl.go.kr/kolisnet)에서 이용하실 수 있습니다. (CIP제어번호: CIP2017011793)
* 책값은 뒤표지에 표시되어 있습니다.

홍순민의

한양읽기

도성

왕도 한양의 경계,
임금과 백성을 지킨
성곽

都城

눌와

차례

한양 그리고 도성이 품은
뜻과 가치

서울이 서울이 된 지 600년 하고도 20년을 넘기고 있다. 조선왕조
와 대한제국의 왕도 한성부漢城府로서 500여 년, 일제의 식민지 수
도 게이죠[京城]로서 35년, 대한민국의 수도 서울특별시로서 70년
을 넘기고 있다. 서울은 이렇게 오랜 시간 왕도이자 수도로서 자리
를 지키고 있지만 그 모습은 크게 변해왔고, 또 변해가고 있다.

세월이 흐름에 따라 도시에 사는 사람들은 바뀌게 마련이다. 사람
들이 바뀌면 사람들이 살아가는 모습도 바뀐다. 삶의 모습이 바뀌
면 사람들이 사는 터전인 도시의 외관 또한 바뀌는 것은 당연하고
자연스런 일이다.

그런데 서울이 바뀌어온 과정이 과연 그렇게 자연스러웠던가? 일제강점기에 일본인들은 서울을 작은 도쿄[東京]로 만들려 하였고, 상당 부분 그 의도대로 되어서 서울은 일본의 어느 도시처럼 변했다. 해방 뒤 한국전쟁을 겪으면서 서울의 많은 부분은 거의 폐허가 되었다. 전쟁 뒤 복구의 방향은 옛 모습을 되찾는 것이 아니라 개발을 지향했다. 개발의 바람은 넓고 강하게 불어닥쳐 서울을 빌딩 숲으로 바꾸어놓았고, 아직도 그 바람은 그치지 않고 있다. 한성부와 서울특별시는 외양만 보면 같은 도시라고 볼 수 없을 정도로 변하였다.

그러면 한성부와 서울특별시는 다른 도시인가? 그렇게 말할 수는 없다. 한성부와 서울특별시는 이어지는 한 도시이다. 같은 도시로서 고유한 특성을 지니고 있다. 도시에 사는 사람들과 그 모습 그리고 그 외관이 알아볼 수 없을 정도로 바뀌는 가운데서도 바뀌지 않는 무엇, 같은 도시라고 말할 수 있게 하는 정체성을 갖고 있다.

서울이 자리 잡고 있는 터, 그 산줄기와 물줄기는 여전히 자기 자리를 지키고 있다. 서울에 사는 사람들은 바뀌어가지만 그들이 살아가는 삶의 꼴, 곧 서울의 문화는 이어지고 있다. 서울 사람들의 삶, 그 문화를 담는 그릇으로서 건조물들 가운데 오래 제자리를 지키고 있는 것들도 있다.

서울에 남아 있는 오래된 건조물 가운데 서울의 정체성을 확인시켜 주는 것은 없을까? 있다. 있다면 그것은 무엇일까? 이 물음에 답을 하려면 서울의 정체성이란 무엇인가 먼저 따져보아야 한다. 거대 도시 서울의 정체성을 한마디로 콕 짚어 말하는 것이 과연 가능한지 모르겠으나, 그래도 한 가지를 꼽는다면 수도라는 점을 꼽아야 하리라 생각한다. 조선왕조부터 왕도이자 수도였기에 서울은 국내의 다른 어느 도시와도 구별되는 특성을 갖게 되었다.

서울에 남아 있는 건조물 가운데 서울이 왕도이자 수도임을 드러내주는 건조물이 있는가? 있다. 바로 종묘宗廟, 궁궐宮闕, 도성都城이다. 이렇게 단언하는 근거는 매우 든든하다.

"(종묘, 궁궐, 성곽도성) 이들은 모두 나라를 가진 사람이라면 마땅히 가장 먼저 갖추어야 할 바입니다. 전하께서 천명을 받아 왕통王統을 여시고 아래로 여망輿望을 따라 한양漢陽에 도읍을 정하였으니 만세萬世에 한없이 이어질 왕업王業은 실로 여기에 바탕을 두고 있는 것입니다."

1394년 11월, 이제 막 한양으로 천도를 하여 조선이 기틀을 잡으려는 때, 도평의사사都評議使司에서 태조에게 올린 글이다. 조선을 건국한 주체들은 이 세 가지를 왕업의 기초라고 보았다.

종묘는 역대 임금과 왕비의 신주를 모신 사당으로서 왕실의 사당을 넘어 국가 전체의 사당이었다. 유교적 통치 이념의 근본인 효성과 공경을 전파하는 진원이 되는 건조물로서 사직과 더불어 정신적인 차원에서 서울의 가장 중요한 요소였다. 궁궐은 임금이 기거하며 활동하는 공간으로서 서울을 왕도王都이자 수도首都이자 국도國都로 만드는 실질적인 핵심이었다. 궁궐을 둘러싼 궁성宮城이 내성內城으로서 직접 임금을 보호하는 시설이라면 서울을 둘러싼 도성은 외성外城으로서 바깥에서 임금과 조정, 나아가 나라방국邦國을 공고하게 보호하는 시설이었다. 이 세 가지 건조물은 다른 도시에는 있을 수 없는 것, 오직 서울에만 있을 수 있는 것이었다.

그 지위와 의미는 왕조 내내 흔들림이 없이 유지되었다. 민주공화국 대한민국에서는 어떠한가? 이 세 건조물의 현실적인 기능은 소멸되었다. 하지만 지금의 서울을 왕조의 한성부와 연결시켜 주는 핵심 고리라는 점에서 그 의미는 비할 데 없이 크다.

하지만 이 셋을 한데 묶어 그 의미와 가치를 찾아보려는 노력은 미약하다. 서울과 한성부를 이어보려는 노력도 따라서 미약하다. 이러한 문제의식에서 '한양읽기'를 해보려는 뜻을 세웠다. 현재 서울의 밑바탕을 이루는 옛 서울 한양, 행정적 의미의 한성부보다는 삶의 터전으로서 한양의 이면과 내면을 읽어보려 한다.

그러한 기획의 첫 번째로 도성을 둘러보려 한다. 서울을 밖에서 안으로 들어가면서 보려는 뜻, 외부인의 눈으로 가능한 한 객관적으로 보려는 뜻이다. 이어서 두 번째로 궁궐 안팎을 둘러보겠다. 이미 궁궐에 대하여 책을 낸 바 있으나 게으름 탓으로 개정할 시점을 놓쳤다. 이참에 전면적으로 고치고 보태어 새 책으로 꾸미고자 한다. 이 연속 기획의 마지막 대상은 종묘다. 종묘는 건조물의 규모로 보면 궁궐보다 작지만 그 품고 있는 뜻이나 거기 서려 있는 역사로 보면 가장 깊고 무겁다. 나로서는 좀 더 공부해서 접근해야 할 과제로 삼지 않을 수 없다.

도성은 옛 한성부를 감싸고 있는 도시 성곽이다. 조선 태조 대 개성에서 한양으로 도읍을 옮기면서 쌓았다. 성城이라는 말이 서양에서는 주로 영주, 귀족들의 거처를 가리키고, 일본에서는 주로 군사적 방어 요새를 뜻하는 데 비해서 중국이나 우리나라에서는 주로 방어를 위한 성벽을 가리킨다. 여러 성들 가운데 왕도이자 수도인 서울을 지키는 가장 격이 높은 성이 도성이다. 사적 제10호의 명칭은 '서울 한양도성漢陽都城'이지만 도성은 유일하다. 옛날부터 그냥 도성이라고 하면 혼동 없이 통했기에 '도성'이라고 부르기로 한다. 도성은 왕도이자 수도 서울을 드러내는 대표적인 표상表象이다.

도성의 1차적인 목적은 임금과 임금으로 대표되는 조정과 나라를 지키려는 데 있었다. 나아가 도성 안에 사는 높고 낮은 도성민들도 보호하였다. 더 나아가 도성 인근의 백성들, 궁극적으로는 온 나라 백성들을 품고자 하였다. 애초에 도성을 쌓은 사람들은 전국에서 올라온 백성들이었다. 도성에는 온 나라 백성들의 피와 땀, 기술과 정성이 배어 있다. 도성은 온 나라 백성들의 것이었다.

왕조가 흔들리면서 도성도 위기를 맞았다. 대한제국기 고종 황제 때까지는 제자리에서 제 모습을 지키던 도성이 을사조약이 체결되어 통감부가 설치되고, 2년 뒤 순종이 황제가 되면서부터 속절없이 헐려나가기 시작하였다. 도성은 일본인들이 서울을 자기들이 원하는 식민지 도시로 만들어갈 때 파괴한 첫 대상이었다.

해방과 한국전쟁을 거치면서, 또 그 이후 이른바 산업화를 겪으면서 도성의 수난은 끊이지 않았다. 도성을 헐어서 국책 기관의 축대로 가져다 쓰면서 한편에서는 도성문을 고치고 도성을 복원하는 공사를 벌이는 시행착오를 겪기도 하였다. 도성의 뜻과 가치를 깊이 있게 이해하지 못한 탓이었다.

2000년대에 들어서서 도성이 돌아왔다. 도성을 바로 보려는 시각을 갖게 되었고, 발굴 조사를 하며 더 깊이 이해할 수 있게 되었다. 고쳐 쌓을 부분은 고쳐 쌓고, 다시 쌓을 수 없는 구간은 도성이 가던 자취를 표시하였다. 순심로巡尋路가 열려서 누구나 도성을 따라 한 바퀴를 돌 수 있게 되었다. 도성은 많은 시민들이 관심과 사랑을 기울이며 즐겨 찾는 명소가 되었다.

하지만 아직도 도성을 낯설게 여기는 분들도 없지 않다. 관심을 가진 분들도 그 이해의 깊이는 그리 깊지 못한 경우가 적지 않다. 도성을 친절하게 알려주는 교양서가 적은 것도 한 원인이 아닌가 반성하게 된다.

이 책은 그러한 아쉬운 부분을 채우기 위해 쓰게 되었다. 많은 분들께 도성을 깊이 이해하고 사랑하는 데 디딤돌이 되기를 바란다. 부족하고 잘못된 부분이 없지 않으리라는 두려움을 지울 수 없다. 계속 고쳐나갈 수 있도록 가르침을 기대한다.

2017년 5월 홍순민

제1장

서울을 품은 도성

1

서울의 얼굴,
도성

왕도, 수도, 국도

높은 도시, 서울 　　　서울은 도성都城이었다. 나라에서 으뜸가는 도시,
　　　　　　　　　　도읍都邑이었다. 다른 어느 도시와도 비교되지 않
　　　　　　　　　　는 높은 곳, 상원上原이었다. 그런 뜻을 담고 있는
옛 말이 '셔블'이요, '셔블'의 음이 변하여서 '서울'이 되었다. 서울은 또한
오늘날 대한민국 수도의 이름이자 더 나아가 수도를 가리키는 뜻으로도
쓰인다. 조선왕조에서 서울은 임금이 사는 도시인 왕도王都요, 전국 행정
과 정치, 경제, 문화의 중심인 수도首都였다. 국가의 도읍지 국도國都였다.
　　　우리는 서울이 왕도이자 수도였다는 사실에 매우 익숙하다. 너무 익숙
해서 왕도와 수도가 일치하지 않는 경우를 어색하게 여긴다. 하지만 가까
운 일본의 경우 에도[江戶]시대에는 왕도라고 하면 천황이 있는 교토[京都]

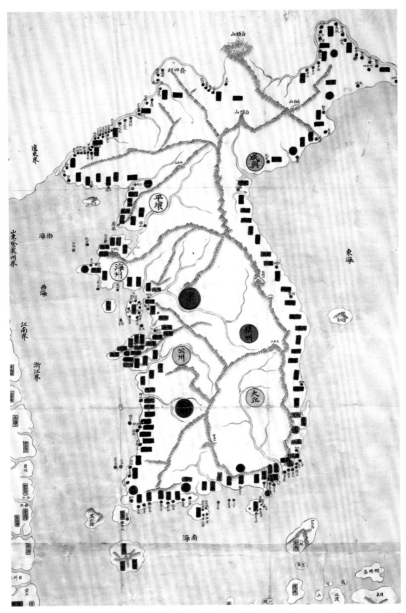

〈조선일본유구국도〉(부분), 《여지도》 | 서울을 한반도의 중앙부, 한북정맥의 끝과 한강 사이 붉은 원 안에
"京"으로 강조하여 표시하였다. (서울대학교 규장각한국학연구원 소장)

를, 수도라고 하면 막부가 있는 에도, 오늘날의 도쿄[東京]를 가리켰다. 조선에서 통신사가 가면 교토를 들러 에도로 갔다.

중국의 수도는 어디인가? 오늘날에는 으레 베이징[北京]을 떠올린다. 하지만 베이징이 왕도이자 수도가 된 것은 명나라 제3대 황제인 영락제 때부터였다. 중국 역사에서, 또 중국 사람들의 인식 속에서 왕도이자 수도라고 하면 어디를 꼽을까? 먼저 떠오르는 도시가 한나라와 당나라의 도읍지였던 장안長安, 오늘날의 시안[西安]이다. 그 다음이 낙양洛陽이란 이름으로 더 친숙한 뤄양이다. 그 밖에도 카이펑[開封], 난징[南京] 등 많다. 그 넓은 중국 땅에 일어났던 왕조가 워낙 많으니 왕도이자 수도도 많을 수밖에 없다.

하지만 한국의 역사는 왕조가 보통 오백 년, 천 년씩 길게 이어졌다. 한 왕조에서도 수도를 옮긴 경우가 그리 많지 않았다. 고구려는 차례대로 졸본성, 국내성, 평양을 왕도이자 수도로 삼았다. 백제는 한성, 웅진공주, 사비부여 순으로 옮겨갔다. 신라는 천 년을 오로지 경주만을 지켰다. 고려는 개경을 벗어나지 않았고, 조선 이후로는 서울이 거의 줄곧 수도의 지위를 유지하고 있다.

종묘, 궁궐, 도성   조선왕조에서 한성부漢城府는 전국의 중심이자 정치와 행정의 중앙 무대였다. 여러 도시 가운데 하나가 아니라 조선 팔도 그 어느 지방보다 높은 곳이었다. 법적 행정적 명칭은 한성부였으나, 일상에서는 흔히 서울로 불렸을 것이다. 서울은 전 국토의 중앙에 있고, 교통이 편리하고, 지형이 방어와 생활에 알맞고, 인구가 가장 많고, 임금이 거주하며 활동하는, 정치·경제·문화의 중심이었다. 중앙집권적 정치체제를 갖고 있던 조선왕조에서 한성부는 왕도인 동시에 수도였다. 그 결과 많은 사람들이 서울이 곧 수도라는 생각을 자연스럽게 갖고 있다. 역으로 서울이 아닌 다른 도시를 수도

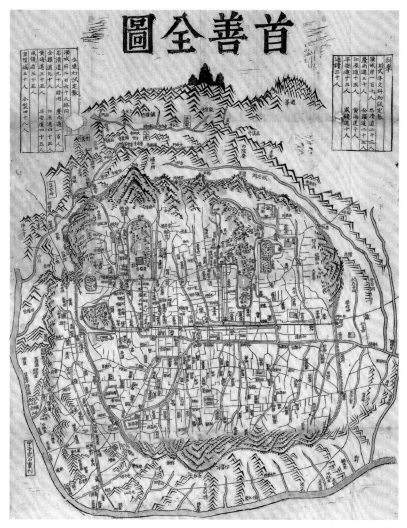

〈**수선전도**〉| 서울 안의 종묘(1), 사직(2), 경복궁(3)을 비롯한 궁궐들 그리고 도성을 쌓은 내사산의 능선과 물길에 옅게 색칠이 되어 있다. 그만큼 중시했음을 보여준다. (서울역사박물관 소장)

로 받아들이기를 매우 부담스러워하는 경향이 없지 않다. 서울은 서울, 수도라는 생각이 오래 뿌리내리고 있다.

종묘 정전 ┃ 공중에서 바라본 종묘 정전의 모습. 넓은 월대가 한눈에 들어온다.

　왕도이자 수도인 도시가 반드시 갖추어야 할 건조물이 셋 있다. 바로 종묘宗廟, 궁궐宮闕, 도성都城이다. 이 셋은 다른 어느 도시에도 있을 수 없는 시설이었다. 오직 왕도이자 수도인 도시에만 있으면서 왕조의 정통성과 임금의 권위를 드러내는 표상들이었다. 그렇기에 조선 태조太祖 초에 개경을 떠나 한양으로 천도하는 과정도 바로 이 세 건조물을 건설하는 것이 핵심이었다. 이 세 건조물은 왕도이자 수도로서의 상징적 의미를 갖추기 위해서나 실제 기능을 발휘하기 위해서나 반드시, 그리고 가장 먼저 건설해야 할 대상이었다. 1394년태조 3 11월 3일, 도평의사사都評議使司에서 태조에게 올린 글에 이 세 시설이 갖는 뜻이 잘 정리되어 있다.[1]

　"침묘寢廟는 조종祖宗(의 신주)를 봉안하여 (백성들의) 효성과 공경(의 기풍)을 높이는 곳이요, 궁궐은 나라임금의 존엄을 과시하고 정령政令을 내는 곳이

경복궁 ¦ 백악이 품을 열고, 오른팔 인왕산이 끌어안은 자리에 경복궁이 반듯하게 들어앉았다.

며, 성곽城郭은 안팎을 엄하게 (구별)하고 나라를 공고히 하려는 곳입니다. 이들은 모두 나라를 가진 사람이 마땅히 먼저 갖추어야 할 바입니다. 전하께서 천명天命을 받아 왕통王統을 여시고 아래로 여망輿望을 따라 한양漢陽에 도읍을 정하였으니 만세萬世에 한없이 이어질 왕업王業은 실로 여기에 바탕을 두고 있는 것입니다."

침묘는 종묘宗廟를 가리킨다. 종묘는 역대 임금과 왕비의 신주를 모신 사당으로서 1차적으로는 왕실의 사당이지만, 실제로는 국가 전체의 사당이었다. 왕실 인사들만이 아니라 조정의 관원들이 대거 참여하여 국가적 공적 차원에서 제사를 드렸다. 종묘와 짝을 이루는 건조물이 사직단社稷壇이다. 사직단은 국토의 신[국사지신國社之神]과 곡식의 신[국직지신國稷之神]을 모시고 제사드리는 제단이다. 사직은 국가의 안녕과 풍요의 상징이자 국토,

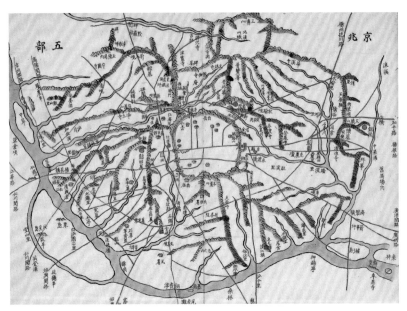

〈경조오부〉,《동여도》 ¦ 이 지도의 범위가 성저십리, 넓게 본 한성부 영역이다. (서울역사박물관 소장)

나아가서는 국가 자체의 상징이었다. 종묘와 사직은 정신적인 차원에서 서울의 가장 중요한 요소였다.

　실제적인 차원에서 서울의 핵심은 궁궐宮闕이었다. 궁궐은 임금이 사는 곳을 가리킨다. 서울은 궁궐이 있기에 서울이 될 수 있었다. 다시 말하자면 궁궐이 있기에 서울은 임금이 기거하며 활동하는 도시인 왕도가 되고, 전국의 정치·경제·문화·행정의 중심인 수도가 될 수 있었으며, 온 나라의 도읍지인 국도가 될 수 있었다. 궁궐은 서울을 서울로 만드는 가장 중요한 요소였다.

　위 인용문에서 말하는 성곽은 서울을 둘러싸고 있던 성곽, 곧 도성을 가리킨다. 서울을 서울로 만드는 세 번째 시설물이 도성이다. 도성이라는 말의 가장 좁은 의미는 내사산內四山을 따라 쌓은 성곽이다. 다음 의미는 그 성곽으로 둘러싸인 구역인 '성 안'을 가리킨다. 요즈음 흔히 쓰는 말로 '사대문 안'이다. 그런데 이 '사대문 안'이라는 표현은 여러모로 정확하지도 않고, 적확하지도 않다. 도성으로 둘러싸인 구역이 '사대문 안'이라면 '사소문 안'은 아니란 말인가? 그보다도 더 근본적인 문제는 '사대문', '사소문'이라는 용어가 조선왕조 당대에는 쓰이지 않았던 용어요, 그 실체가 명확하지 않다는 사실에 있다. '사대문 안'이라는 표현보다는 '성 안', 혹은 '문 안'이 더 정확하고 또 적확하다.

도성은 가장 넓은 의미로는 서울 전체를 가리킨다. 그 범위는 도성 밖 일정 구역, 다시 말해서 남과 서로는 한강변까지, 북으로는 북한산 자락까지, 동으로는 짧게는 중량천中梁川, 중랑천변까지, 멀게는 아차산 자락까지를 포함한다. 이 구역은 성 밖으로 대체로 10리里, 지금의 단위로 대략 4킬로미터 안에 드는 지역이라 하여 성저십리城底十里라고 불렸다. 도성이라는 말은 넓게는 이 성저십리를 포함하는 지역이다. 다른 말로 하자면 넓은 의미의 서울의 영역이다.

도성은 왜 쌓았을까

"엄내외, 고방국"　　　　도성은 '엄내외嚴內外'하기 위해서 쌓았다. 안팎을 엄히 구별하기 위해서 쌓았다는 뜻이다. 도성은 좁은 의미의 서울의 경계를 분명하게 표시하기 위해, 서울의 자연적인 경계를 형성하는 내사산에 인공적인 경계선을 추가한 것이었다. 그럼으로써 성 안의 치안을 확보하였다. 낮에는 성 안팎을 갈라 출입을 통제하고, 밤에는 도성문을 닫아 출입하지 못하게 하는 시설이었다.

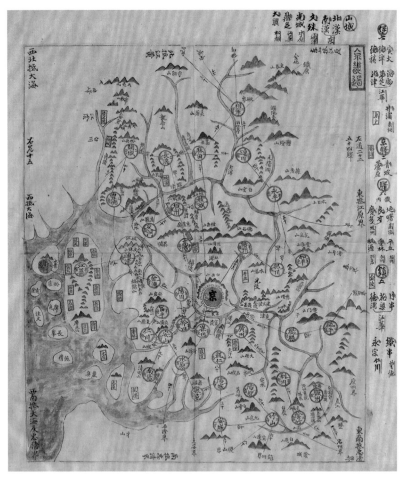

〈경기도〉, 《좌해도左海圖》 | 경기도京畿道의 '기畿'는 서울[京]을 감싸고 있는 지역을 가리키는 말이다. 경기도의 군현들이 서울을 둘러싸 모시고 있다. (고려대학교도서관 소장)

이는 성 안과 성 밖을 차단하는 것이 도성을 쌓은 첫째 목적이라는 말이다. 물론 필요할 때는 성 안과 밖을 통하게 하는 것을 전제로 하였다. 그러나 성 안은 구별된 공간, 보호받는 공간, 성 밖보다 높은 공간이 되었다. 도성은 관념적으로 성의 안과 밖을 가르는 분계선으로서 성 안을 높이는 기능을 하였다. 성 안에 사는 사람들은 보호받는 대상이요, 성 밖에 사는 사람들은 성 안을 보호하고 지원하는 사람들이었다. '성 안 분'들과 '성 밖 것'들은 도성으로 구별되었다.

　도성을 쌓은 더 원대한 목적은 '고방국固邦國', 즉 나라를 공고하게 하는 데 있었다. 나라란 무엇인가? 여기서 말하는 '나라'는 영토 개념을 전제로 한 오늘날의 '국가'와는 구별해야 하는 개념이다. 외적으로부터 국가를 지키려면 국경선이나 해안선을 지켜야 한다. 서울을 싸워서 지키는 지경에 오면 이미 나라를 공고하게 한 것이 아니다. 도성에서 전투를 치른 적은 거의 없다. 병자호란丙子胡亂이나 임진왜란壬辰倭亂 당시에도 마찬가지였다. 여기서 말하는 '나라'는 왕도이자 수도를 중심으로 한 나라, 그 공간의 주인으로 인식되는 임금, 그리고 임금을 핵으로 형성되는 권력의 영역이다. 임금을 중심으로 하는 권력 체계, 왕실이요 조정이라는 뜻이 더 강하다.

　그 임금과 임금으로 대표되는 권력을 지키는 1차 시설물이 궁성宮城이고, 궁성과 연계되어 있는 2차 시설물이 도성이었다. 그렇기에 도성은 외적을 방어한다는 의미가 전혀 없는 것은 아니었지만, 그보다는 반역이나 내란 등에 대비하고 치안을 확립한다는 의미가 더 컸다. 도성은 임금을 지키는 시설, 왕권으로 대표되는 국가 권력을 수호하기 위한 건조물이었다.

도성, 서울의 표상　　　더 나아가 도성은 임금의 존재를 알리고, 국가 권력의 위엄을 과시하는 시설물이다. 도성은 온 나라 백성이 참여하여 쌓았고, 보수하고 개축하는 노역에 동원되었다. 누구나 접근할 수 있게 노출되어 있었다. 백성들에게 가장 널리 알려져 있었고, 또 그들의 생활에 강한 영향을 미쳤기에 서울을 드러내는 상징으로 각인되었다.

　도성 밖의 사람들, 팔도의 백성들에게 도성은 서울의 얼굴이었다. 시골 사람들이 '서울 구경'할 때 그 첫 번째 대상이 도성이었다. 도성은 매우

백악 곡성에서 바라본 도성 | 성벽이 백악에서 인왕산 그리고 저 너머 목멱산까지 이어진다. 백악 남쪽에
는 경복궁이 안겨 있고, 그 정문인 광화문 앞으로는 옛 광화문앞길, 오늘날의 세종대로가 뻗어나간다.

강한 인상을 주는 기념물이었다. 도성은 서울 사람들만의 것, 한성부만의 시설물이 아니라 백성 모두의 노역으로 건설된 온 나라의 것이었다.

사람을 보았을 때 우선 보이는 것은 외모다. 외모에는 그 사람의 체형과 얼굴 표정이 있고, 다음으로는 그 사람의 복식이 있다. 체형과 얼굴 표정에 대한 인식은 다소 주관적이며 직관적일 가능성이 높고, 복식에 대한 판단은 좀 더 구체적이며 객관적이라고 할 수 있다.

평상복을 보아도 그 사람의 신분과 인품까지도 어느 정도 알아볼 수 있다. 더구나 어떤 조직에 소속된 사람이 입는 제복은 그 자체가 계급과 직능의 표현물이다. 입은 사람이 조직 내부에서 차지하고 있는 위상을 드러낸다. 조선왕조에서도 제복을 착용하였다. 임금도 제복을 입었다. 임금의 제복은 임금의 신분과 지위를 드러내는 것은 물론 현재 임금이 하고 있는 공식적인 활동이 무엇인지도 드러냈다. 도성은 서울의 제복이었다. 그리고 다른 여러 성들과 관계의 그물 속에 자리 잡고 있었다.

첫째, 도성은 궁성과 긴밀한 관계를 갖고 축성 관리되었다. 도성은 그 안을 보호하고, 밖과 경계 지었다. 도성의 안에서도 가장 중요한 보호의 대상은 종묘와 궁궐이었다. 실제로 종묘는 창덕궁昌德宮, 창경궁昌慶宮과 하나의 영역을 형성하고 있었다. 그러나 종묘는 제사가 있을 때만 출입하는 공간이지, 일상적인 활동 공간이 아니었다. 서울의 핵심으로서 상징성은 강하지만 실제 지켜야 할 대상으로 그리 관심이 가는 공간은 아니었다. 이에 비해 궁궐은 서울의 실제 핵심을 이루는 시설이었다. 궁궐을 감싸고 있는 담장은 일반 담장과 구별하여 궁성이라고 하였다. 외성外城 내성內城 체계를 갖추고 있지 않았던 한성부에서 도성은 외성, 궁성은 내성이라고 단정할 수는 없었지만 조선 후기에는 그런 인식이 나타나기도 하였다.[2]

훈련대장訓鍊大將 구선행具善行이 말하였다. "궁성이 매우 엉성하여 걱정입니다. 이것은 아마도 영선사營繕司에서 담장을 쌓을 때 거칠게 한 결과일 것입니다.

도성과 경복궁 | 도성 안에 경복궁이 안겨 있다. 이렇게 보면 도성과 궁궐은 매우 가깝다. 궁궐을 감싼 궁성은 도성과 내성과 외성의 관계로 인식되어 함께 관리되었다.

삼군문三軍門에서 이미 도성을 나누어 담당하였습니다. 궁성은 곧 내성입니다. 궁성도 오군영五軍營에 나누어 맡겨서 장교를 정하여 역사를 감독하게 하면 실효가 있을 듯합니다."

위의 기사에 나타나는 도성이 외성, 궁성이 내성이라는 인식이 일반화되지는 않았지만, 양자가 긴밀한 관계를 맺고 관리되었음은 사실이다.

둘째, 도성은 홀로 있는 존재가 아니었다. 도성은 멀리는 온 나라의 성들을 거느렸다. 가까이는 도성 주위에 바로 연결되는 성들을 거느렸다. 북으로 탕춘대성蕩春臺城과 북한산성北漢山城이 도성과 연결되어 도성을 엄호하고 있었다. 좀 더 멀리는 개성의 대흥산성大興山城이 북쪽에서 내려오는 외적을 막아주었다. 서쪽으로는 김포의 문수산성文殊山城과 염하鹽河 건너 강화의 외성과 돈대墩臺 그리고 읍성邑城이 도성의 보장堡障의 땅이 되어주

〈기전도〉, 《동국여도》 | 한북정맥의 끝에 있는 도성을 개성(1), 강화(2), 수원(3), 광주(4) 네 유수부가 외곽에서 보필하는 가운데 도성 바로 북쪽의 북한산성(5)과 광주의 남한산성(4)이 가까이서 도성을 받쳐준다. (서울대학교 규장각한국학연구원 소장)

었다. 남으로는 한강의 송파나루를 건너 남한산성南漢山城이 남에서 올라오는 외적을 막아주었다. 더 멀리는 수원의 화성華城이 삼남三南, 즉 충청도, 전라도, 경상도로 이어지는 길목을 지켜주었다.

이러한 성들은 단지 군사 시설로만 도성을 지켜주고 받쳐주지 않았다. 조선 후기에는 개성, 강화, 광주, 수원이 중앙 관직에 속하는 고위 행정구역인 네 유수부留守府가 되어서 한성부를 뒷받침하게 되어 있었다. 한성부는 이러한 도시들, 더 나아가서는 전국을 거느리는 왕도이자 수도요, 국도였다.

셋째, 도성은 전국 팔도로 이어지는 도로의 출발점이자 종착점이었다. 서울은 위치상으로 전국의 중앙에 있었다. 더 나아가 배와 수레가 소통하는 곳이었다. 한성부에서 전국으로 대로大路가 뻗어나갔다. 대로는 처음에는 남북과 동서를 잇는 중심축으로 시작하였으나 점차 가지를 뻗어나가 전국의 구석구석을 잇는 도로망으로 발전하였다. 도성의 문들은 그 대로들의 출발점이자 종착점이었다.

서울은 뭍길만이 아니라 뱃길이 모여드는 곳이었다. 남한강, 북한강을 통하여 내륙의 배들이 서울로 물산을 실어 날랐다. 바닷길을 헤치고 온 바닷배들이 한강을 거슬러 올라와 짐을 부릴 수 있는 마지막 포구들이 서울의 서쪽 한강변에 발달하였다. 그 포구에는 전국에서 실어온 세곡稅穀을 쌓아두는 창고들이 여럿 있었고, 물산을 사고파는 거래도 활발하게 이루어졌다. 사람과 돈이 꼬이는 곳이었으며, 전국 유통망의 중심이었다.

서울은 조선의 중앙이요 중심이었다. 도성은 그러한 서울을 겉에서 감싸주는 외피였다. 도성의 주인인 임금의 겉옷이었다. 임금의 제복 가운데 가장 임금의 품격을 가장 뚜렷이 공식적으로 드러내는 제복이 면복冕服이다. 면복은 임금이 입는 여러 복식 가운데 가장 격이 높은 옷, 면류관冕旒冠에 곤룡포袞龍袍를 말한다. 도성은 서울의 위상을 드러내는 제복 가운데서도 가장 격이 높은 임금의 면복, 서울이 왕도이자 수도, 국도임을 겉으로 드러내는 표상이었다.

2

내사산 따라
도성 한 바퀴

도성이 앉은 자리

산이 보듬고 물을
끌어안은 곳

도성을 아는 데 무엇보다도 먼저 해야 하며, 가장 좋은 방법은 가보는 것이다. 도성에 대해서 아무리 많은 정보를 갖고 있다고 한들 직접 가보지 않고서는 안다고 할 수 없다. 도성을 보려면 어디로 가야 하나? 도성은 서울에 있다. 그렇다면 서울은 어디 있나? 서울이 어디 있냐니? 이런 질문을 받으면 참으로 뜬금없다는 생각이 들 것이다. 그런데 질문이 성립되지 않는 당연한 이야기인 듯하면서도 막상 대답하려면 뭐라고 해야 할지 막연하기도 하다. 서울의 위치를 위도와 경도로 대답할 수도 있겠고, 교통편을 알려줄 수도 있겠지만 어딘지 만족스럽지 못하다. 그보다는 자연 지리의 바탕 위에서 서울이 어디에 있는가를 말하는 것이 좀 더 깊이 있는 답변

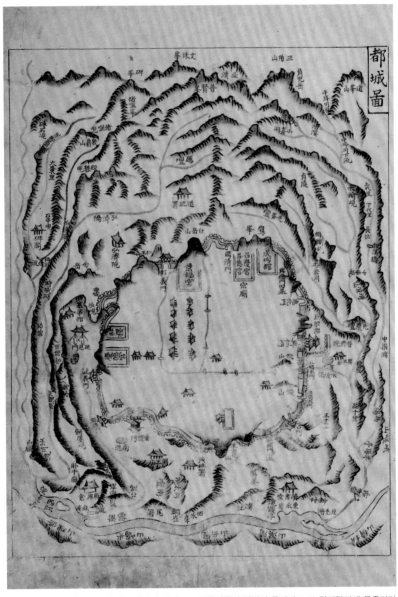

〈도성도〉, 《광여도》¹ 도성이 앉은 내사산 바깥으로 산줄기들이 겹겹이 둘러싸고 그 갈피갈피에 물줄기가 흘러 한강으로 모인다. (서울대학교 규장각한국학연구원 소장)

한강과 내사산 | 내사산의 남쪽 끝에 있는 목멱산과 한강이 서로 맞닿아 어울리는 짝을 이루고 있다.

이 되지 않을까 싶다.

사람 몸의 척추처럼 백두산에서 지리산까지 이어지는 큰 산줄기가 백두대간白頭大幹이다. 그 백두대간의 명치쯤 되는 곳, 철원에서 안변으로 넘어가는 고개가 분수령이다. 그 분수령에서 동남쪽으로 갈라져 나온 산줄기가 한북정맥漢北正脈이요, 한북정맥의 마지막을 이루는 산이 북한산이다. 백두대간이 내려가다가 충청도 속리산에서 다시 서북쪽으로 갈라져 나온 산줄기가 한남금북정맥漢南錦北正脈, 더 서북으로 온 부분을 한남정맥漢南正脈이라고 한다. 한남정맥이 가다가 과천 지경에서 북쪽으로 갈라져 나가 관악산이 되었다. 한북정맥이 내려오다가 양주 홍복산에서 한 줄기가 남으로 갈라져 수락산, 불암산, 용마봉, 아차산을 이루면서 서울의 동쪽 바깥 경계를 이루었다. 북한산 원효봉에서 서쪽으로 나지막한 한 줄기가 갈라져 나가 한강변에 이르러 덕양산으로 솟았다. 북한산, 아차산, 덕양산, 관악산이 서울의 외사산外四山이다.

외사산으로 둘러싸인 지역의 물들은 한강으로 모여든다. 특히 한강 이북에서는 동으로 아차산 안쪽의 중랑천에서부터, 서로 덕양산 안쪽의 창릉천昌陵川에 이르기까지 만초천蔓草川, 홍제천弘濟川, 불광천佛光川을 비롯한 크고 작은 물줄기들이 모두 한강으로 흘러든다. 한강은 한북정맥의 북한산과 한남정맥의 관악산이 마주 보고 있는 사이로 흘러 서해로 들어간다. 한강은 외사산과 짝을 이루어 서울을 바깥에서 감싸주는 외수外水이고, 서울은 한강물이 모여들어 서해 바다로 빠져나가기 전 힘을 모으는 급소에 해당하는 곳이다.

서울은 북으로 북한산을 등지고 남으로 한강을 끌어안고 있다. 서울의 옛 이름은 한양漢陽이었다. '양陽'이라는 한자엔 '산의 남쪽, 물의 북쪽[山南水北曰陽]'이라는 뜻이 있다. 한양이라는 이름부터 '북한산의 남쪽이면서 한강의 북쪽'이라는 뜻을 품고 있는 것이다.

내사산 능선 따라   북한산에서 한북정맥은 다시 잔가지를 뻗듯 작은 산줄기들을 사방으로 퍼뜨린다. 그 가운데 북한산의 가장 남쪽에 솟은 보현봉普賢峯에서 한 줄기가 남으로 내려와 봉긋하게 백악白岳을 이루었다. 서울의 중심이 되는 산, 주산主山이다. 백악에서 동쪽으로 뻗은 산줄기에 응봉鷹峰이 낮게 솟았고, 응봉에서 동쪽으로 가다가 남으로 방향을 틀어 타락산駝駱山이 되었다. 조선시대에는 한자를 바꾸어 타락산駝酪山, 또는 낙타산駱駝山이라고 하였었는데, 일제강점기에 공식 명칭이 낙산駱山이 되어 오늘날까지 이어지고 있다. 타락산은 서울을 감싸 안은 왼쪽 팔에 해당하는 산, 곧 좌청룡左靑龍이다. 동으로 가던 흐름은 청계천에 막혀 끝난다.

다시 주산 백악으로 돌아와 서쪽으로 달려가던 산줄기가 인왕산仁王山으로 불끈 솟았다. 인왕산은 서울을 감싸 안는 오른팔, 우백호右白虎다. 바위 봉우리가 힘이 넘친다. 인왕산은 남쪽으로 이어져서 목멱산木覓山으로

타락산　　　　　　　　　　목멱산　　　백악　　　　　　　　인왕산

북한산에서 본 내사산 ┃ 북한산의 보현봉에서 내려오는 산줄기에서 내려다본 내사산. 그 바깥으로 한강이 감아돌고, 그 너머로 한남정맥의 산들이 펼쳐져 있다.

마무리되었다. 목멱산은 서울을 남쪽에서 마무리 짓는 종남산終南山이요, 앞을 살짝 막아주어 편안하게 해주는 안산案山이다. 백악, 타락산, 인왕산, 목멱산. 주변을 둘러 직접 서울의 터전을 만들어주는 내사산이다.

　분지를 이룬 내사산의 안으로 사방에서 물줄기가 모여드는데, 가장 큰 물줄기는 서에서 동으로 흘러나간다. 이 물줄기를 오늘날에는 흔히 청계천淸溪川이라고 부르지만, 조선시대에는 개천開川이라고 하였다. 조선 초기 태종 때 그 바닥을 퍼 둑을 돋우면서 구불구불한 하천을 곧게 만들었기 때문에 그런 이름이 붙었다. 개천은 내사산과 짝을 이루는 내수內水다. 좁은 의미의 서울은 내사산에 안겨, 내수 갈피갈피에 자리 잡고 있는 지역인 셈이다.

도성은 내사산의 능선을 따라 쌓았다. 그 규모가 전체 18,627킬로미터나 된다. 한걸음에 가기에는 너무 크다. 도성은 열려 있다. 다른 유적지와 달리 출입구가 따로 없다. 내사산 안에서 출발한다면 어느 방향으로 가든 도성을 만날 수 있다. 그러면 어디로 가야 좋을까? 어디든 가도 된다면, 먼저 백악으로 가는 것이 마땅하다고 나는 생각한다. 백악이 내사산의 주산이요, 내사산이 어디서 왔는가를 보여주기 때문이다.

태조 대 도성을 쌓을 때 도성 쌓을 구간을 정하고 번호를 매겼는데, 백악 정상을 기점으로 삼아 시계 방향으로 가면서 천자문을 순서대로 매겼다. 첫 번째인 '천天' 구간을 찾으려면 백악 정상으로 가야 한다. 백악 정상으로 한달음에 갈 수 없으니 그 오르는 발걸음을 어느 쪽에서 시작할까? 물론 백악 동쪽 기슭에서 오를 수도 있고, 그쪽이 경사가 완만해서 오르기도 좋다. 하지만 개념을 이해하기 위해서는 그보다는 창의문彰義門에서 시계 방향으로 오르는 것이 좋지 않을까 싶다. 창의문에서 오르는 길은 가파른 경사면, 끝도 없는 오르막이다. 어느 부분은 암반을 쪼아 만든 돌계단으로 이루어져 있어 오르기가 만만치 않다. 시선을 멀리 보낼 여유조차 내기 어렵다. 그래도 그 길을 오르면서 열리는 시야, 그 안에 보이는 산줄기와 물줄기를 살피는 것이 좋다.

도성을 따라 도는 길은 내사산의 능선을 따라가는 길이다. 때로는 멀리 산과 강, 서울 장안이 내다보이기도 하고, 때로는 가까이 성벽과 숲만 보이기도 한다. 그러므로 때로는 고개를 들어 멀리 내다보기도 하고 때로는 고개를 숙여 성돌과 거기 쓰인 글자를 보기도 하면서 가야 한다. 산봉우리에서는 멀리 내다보는 맛이 좋다. 지형이 낮아지는 고갯마루에는 길이 나 있고, 길과 도성이 만나는 지점에는 문이 있다. 이러한 것들을 챙겨가며 우선 한 바퀴 휘 둘러보아야 시작이 된다.

직접 도성 돌아보기

도성의 기점, 백악　창의문에서 백악 서쪽 기슭을 오르다가 뒤를 돌아보면 인왕산 암봉과 그곳을 오르내리는 도성이 보인다. 조금 더 올라가면 인왕산에서 북쪽으로 갈라져 나간 산줄기인 부암동 뒷산이 눈에 들어오는데, 그곳에는 도성과 북한산성 사이 터진 골짜기를 막아주는 탕춘대성이 있다. 조금 더 올라가서 북으로 보면 북한산의 장대한 모습이 펼쳐진다. 그중 보현봉에서 구준봉狗蹲峯으로 이어지고, 구준봉에서 팔각정을 거쳐 백악으로 내려오는 줄기를 유심히 살펴보면 좋겠다.

백악 정상에 오르면 앞이 탁 트이면서 남으로 서울 장안이 내려다보인다. 좌로 타락산, 우로 인왕산, 앞으로 목멱산으로 이어지는 내사산의 짜임새가 보인다. 그 안에 모여들어 흐르는 내수도 보여야 할 것이나, 지금은 빌딩에 가리고 도로에 덮여서 보이지 않는다. 하지만 거기 보이지 않는 가운데 흐르고 있으니, 마음으로라도 보았으면 한다.

백악 정상에서 동으로 내려가서 한숨 돌리는 지점에서 도성이 불쑥 북쪽으로 돌출된 부분이 있다. 백악 곡성白岳曲城이다. 곡성 끝부분으로 가면 여장女墻 사이로 북한산에서 내려오는 산줄기가 잘 보인다. 곡성에서 조금 더 동으로 도성을 따라 내려가면 촛대처럼 솟은 바위기둥이 있고, 그 인근에 남쪽으로 내다보기 좋게 만든 전망대가 있다.

거기서 보면 정작 백악 정상에서는 잘 보이지 않는 경복궁景福宮과 광화문앞길이 훤히 보인다. 빌딩 숲 사이로 자세히 보다 보면 왜 경복궁을 거기에 그렇게 앉히고, 이 도시를 어떻게 꾸미려고 했는지가 어렴풋이나마 보인다.

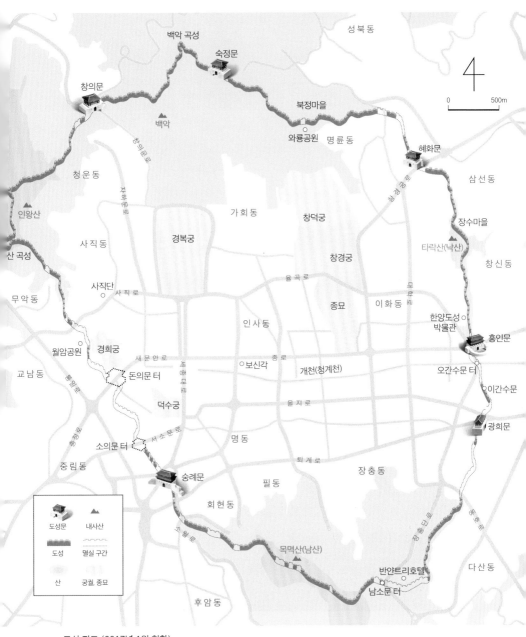

4

0   500m

도성 지도 (2017년 1월 현황)

범례:
도성문   내사산
도성   멸실 구간
산   궁궐, 종묘

백악 동쪽 도성 | 백악 정상에서 동쪽으로 흘러내리는 도성. 사진 가운데로 희게 보이는 성벽이 능선 쪽으로 튀어나가 있다. 그 부분이 백악 곡성이다.

숙정문 사진 중간 오른편에 숙정문이 보인다. 다른 문들과 달리 번듯한 길이 연결되지 않는다.

숙정문과 혜화문　　동쪽으로 쭉 내려가다 보면 경사진 자리에 숙정문肅靖門이 나온다. 도성의 정북 방향에 있는 문이다. 숙정문은 다른 도성문들과는 달리 그 안팎으로 대로가 놓이지 않았다. 통행을 위한 문이라기보다는 애초부터 구색을 갖추고, 주변 경치를 보기 위한 문으로 지었기 때문이다.

　숙정문을 지나 한참을 내려오면 말바위가 나온다. 옛 이름은 휴암鵂巖이다. 휴암 동쪽에 뭉긋한 봉우리가 있는데 서울의 왼편 젖가슴에 해당하는 응봉鷹峰이다. 휴암과 응봉 사이에는 남쪽으로 내려가는 소로가 있는데 그 길을 따라가면 삼청동으로 이어진다. 그 길을 내려가지 말고 말바위 바로 아래 있는 전망대에 서면 도성 안이 훤히 내려다보인다. 응봉에서 남으로 길게 흘려내린 산자락에 창덕궁, 창경궁, 종묘가 안겨 있는 모습도 일부 볼 수 있다. 응봉 정상부에는 군부대가 들어서 있어 올라가 볼 수 없는 아쉬움을 일부나마 달래준다.

전망대에서 다시 왔던 길로 돌아가면 휴암 바로 서쪽에 도성 밖으로 넘어갈 수 있게 나무 계단이 설치되어 있다. 그 계단에 연이어 북동쪽이 트인 전망대가 있다. 이곳에 서면 바로 북쪽으로 구준봉이 건너다보인다. 구준봉과 응봉 사이로 상당히 넓은 골짜기가 형성되어 있는데 그 골짜기에 안겨 있는 마을이 성북동이다. 눈을 들어 멀리 동쪽을 바라보면 수락산, 불암산, 용마산, 아차산으로 이어지는 산줄기가 장하다. 이 산줄기가 서울과 구리시를 가르는 서울의 동쪽 경계선이다. 저 산줄기의 서편 안쪽으로는 중랑천이 흐르고 있을 것이다.

도성 밖으로 나가 순심로를 따라가면 성벽이 몇 미터 잘려나가 사람들이 드나들 수 있게 되어 있다. 그 안으로 들어서면 와룡공원이다. 잘려나간 성벽 아래에는 성균관대학교 후문에서 성북동으로 통하는 터널이 뚫려 있다. 와룡공원부터 성벽은 산등성이를 따라 점점 낮아지고, 그 안팎으로 순심로가 나 있다.

성 밖으로 나 있는 순심로를 따라가다 보면 북쪽에 북정마을이 정겹게 자리 잡고 있다. 마을이 끝나는 부분에 이르면 성안으로 들어가는 암문이 있다. 그 문의 바깥은 성북동, 안쪽은 혜화동이다.

안쪽 혜화동 길로 성벽을 따라 내려가다 보면 서울과학고등학교 뒤편에서 도성은 도로를 만나 끊어진다. 어찌된 일인가 둘러보면 도성은 도로 건너편 경신고등학교 축대로 다시 살아난다. 경신고등학교 뒷담을 지나가면서 도성은 다시 주택가 사이로 끊어지는 듯 이어진다. 주택가가 끝나는 지점쯤에 오면 도성은 사람 키의 몇 배는 족히 됨 직한 높은 축대가 되어 있다. 그 축대 위에는 개인 주택들이 있고 그 끝에 예전 서울시장 공관이 있다. 지금은 한양도성 탐방안내센터 및 전시실로 탈바꿈하였다.

이전 서울시장 공관을 지나 도로로 한 번 끊어진 곳을 찾아들면 혜화문惠化門이다. 도성의 동북 방향으로 드나드는 문, 속칭 동소문東小門이다.

북정마을 ｜ 도성이 백악에서 응봉을 지나 동쪽으로 흘러내리는 지점. 성 밖에 마을이 들어섰다. 옛날부터 이 성북동 골까지는 빨래를 표백하거나 된장을 담가 파는 마을이 있었다.

혜화문에서 끊어진 도성은 길 건너 카톨릭대학교 동편 축대로 다시 이어진다. 거기서부터 타락산 구간이다.

좌청룡 타락산　　　　　카톨릭대학교의 안, 즉 도성의 안으로는 길이 끊어져 있는 데 비해, 바깥으로는 탐방로가 잘 조성되어 있다. 그 순심로에서 바로 장수마을로 골목길이 이어진다. 마을로 들어가서 다리쉼을 하는 것도 좋겠다.

　완만한 그 길을 올라가면서 앞만 보고 가면 안 된다. 어느 정도 올라왔다 싶으면 뒤를 돌아보아야 한다. 거기 북쪽에 자리 잡고 있는 북한산, 북쪽 인수봉과 백운대 주봉에서부터 남쪽 끝 보현봉으로 이어지는 연봉들이 얼마나 든든한가! 그 앞쪽으로 백악에서 응봉으로 또 이 타락산으로 이어지는 내사산의 품은 또 얼마나 포근한가! 그 능선을 따라 흐르는 저

타락산의 도성 | 타락산 북쪽 기슭으로 내려가는 도성. 멀리 북한산에서 백악으로 이어지는 산줄기의 흐름
이 장쾌하다.

타락산 좌룡정 각자 | 타락산 정상부 성벽에 새겨져 있다. 좌룡정은 타락산에 있던 활터였다.

도성은 인공물인가, 아니면 자연 능선의 일부인가? 자연과 인공의 절묘한 조화란 이런 것이구나! 보고 느끼고 깨달아야 한다.

타락산의 정상부에 가까이 가면 암문이 있다. 그 문으로 들어가면 꽤 넓은 공간이 있다. 여기저기 전망이 좋은 곳을 찾아 두루 살피게 된다. 그 가운데 도성이 끊기고 마을버스가 회차하는 곳의 남쪽이 그중 높고 전망이 좋다. 거기 올라서면 북으로 북한산 자락과 백악에서 타락산으로 흐르는 산줄기가 잘 보인다. 서쪽으로는 인왕산, 남으로는 목멱산이 건너다보인다. 목멱산 남쪽으로 한강 건너에 관악산도 보인다. 동쪽으로 성 밖을 내다보면 가까이 동망봉, 멀리 아차산으로 내려가는 산줄기가 보인다. 사방으로 전망이 탁 트인다. 눈을 다시 도성 안으로 돌려보면 가까운 쪽의 창경궁, 멀리 경복궁 등 도성 안의 주요 시설물들이 갈피갈피 숨어 있다.

흥인문 | 동남쪽에서 바라본 흥인문. 2층 문루를 감싸고 있는 옹성이 든든하다.

흥인문과 광희문　　　　타락산 정상에서 남으로, 흥인문興仁門으로 내려
　　　　　　　　　　　가는 길은 성 안으로도 연결되고, 성 밖으로도 연
　　　　　　　　　　　결된다. 성 안으로 가면 전망을 보기에 좋고, 성
밖으로 가면 체성體城의 모습을 살피며 각자刻字를 찾는 재미가 있다. 어느
쪽이든 선택하는 데 달렸다. 흥인문 못 미처 예전의 이화여대병원의 건물
하나를 남겨놓았는데, 그 안에 한양도성박물관이 들어서 있다.

　편액에 쓰인 대로 읽어 흥인지문興仁之門이라고도 하는 흥인문은 도성
의 동쪽 정문, 동대문東大門이다. 하지만 현재 흥인문은 더 이상 문이라고
하기 어렵다. 좌우의 성벽은 모두 잘려나갔고, 더 이상 그 문으로는 들 수
도 날 수도 없다. 타락산 끝에서는 횡단보도를 건너고 건너야 겨우 그 앞
으로 갈 수 있다. 흥인문에서 남쪽으로 가면서 보면 길바닥에 도성이 지나

광희문 | 도성 밖 남쪽에서 바라본 광희문. 치열함과 슬픔이 깃든 역사의 현장. 잔디밭과 소나무는 어울리지 않는다.

갔던 곳이라는 표지가 있다. 하지만 아쉽게도 그리 눈에 띄지도 않고, 눈여겨보는 이들도 드물다. 그 표지를 따라가다 보면 개천을 건너게 된다. 개천과 도성이 만나는 자리에는 홍예 수문이 다섯인 오간수문五間水門이 있었다. 지금은 다리 위에 그 흔적이 표시되어 있다.

개천을 건너서 다시 남쪽으로 가다보면 D.D.P.동대문디자인플라자라는 거대한 구조물이 앞을 가로막는다. 동대문운동장을 헐고 지은 특이한 모양의 건물이다. 그 D.D.P.의 동편에 도성이 지나간 흔적이 표시되어 있고, 도성 일부와 치성雉城, 이간수문二間水門이 복원되어 있다. 이간수문은 오늘날 국립극장 어간에서 시작된 남소문동천南小門洞川이 북으로 흘러가다가 동으로 도성을 빠져나가는 곳에 만들었던 수문이다.

D.D.P. 구간에서는 어색한 모습으로나마 자리를 지키던 도성은 조금 더 가면 어디로 갔는지 찾기가 어렵다. D.D.P. 구간이 끝나는 지점에서 그 앞 한양공고를 돌아서 가면 옛 성문이 보인다. 광희문光熙門이다. 별명이 수구문水口門이다. 그 문루門樓는 일제강점기를 겪으며 사라진 것을 1970년 대에 복원한 것이고, 자리도 퇴계로를 넓히면서 12미터 가량 남쪽으로 옮겨졌다. 그래서 지금 정면에서 보면 오른편 성벽은 없는 어색한 모습이다. 하지만 그나마 그 자리를 지켜주고 있으니 고맙다.

서울의 안산, 목멱   광희문에서 도성은 이어지고 끊어지길 반복하며 주택가 사이로 숨어든다. 그러다가 장충체육관 뒤편에서는 다시 제자리를 지키며 늠름한 모습을 드러낸다. 그렇게 신라호텔 뒤편으로 해서 신당동 일대를 비껴 지나간다.

도성에서 약간 떨어진 자리에 정자가 있다. 다산팔각정이라는 이름인데, 근래에 새로 지은 것이기는 하지만 북으로 남으로 전망이 좋다. 여기서부터는 도성이 끊어진다. 나무 데크를 따라가면 골프연습장이 나오고, 그 길은 호텔 경내로 이어진다. 옛 타워호텔, 지금의 반얀트리호텔 한가운데가 실은 도성이 지나가던 자리다. 여기서 계속 도성을 따라갈 수는 없고, 반얀트리호텔 정문으로 나와서 장충단로를 따라 남으로 조금 가야 한다. 그 도로의 고갯마루는 옛날에 남소문南小門이 있던 자리다.

다시 북으로 조금 가서 국립극장을 오른편에 두고 남산을 오르는 편도 차도를 따라가다 보면 길 양쪽으로 도성이 다시 나타난다. 왼편은 반얀트리호텔 쪽으로 이어지고, 오른편은 목멱산을 오른다. 그 도성 바깥쪽으로 숲속에 순심로가 나 있다. 다소 경사가 있는 그 순심로를 따라 올라가면서는 특히 성벽을 유심히 살펴보는 것이 좋겠다. 성돌들도 다채로울 뿐만 아니라 각자도 심심치 않게 숨어 있다. 하지만 그 길을 어느 정도 올라가다가 데크를 타고 도성을 넘어야 한다. 미군 휴양소인 캠프 모르스Camp

목멱산 동쪽 봉우리와 한강 | 목멱산 서쪽 봉우리의 N서울타워에서 본 동쪽 봉우리와 그 너머 한강. 도성은 캠프 모르스 안에 있는 철탑 오른쪽으로 감아 돈다.

Morse가 자리 잡고 있어서 길이 끊어져 있기 때문이다.

도성 안으로 들어온 순심로는 운동기구와 정자가 있는 숲속을 지나가다가 다시 차도를 만난다. 차도를 건너 왼쪽으로 조금 돌아 성벽 밖으로 난 순심로가 좋다. 이 길은 14세기 말 태조 대에 쌓은 성벽과 소나무가 어우러진 풍경이 멋지다. 이 길을 따라 올라가면 버스정류장과 주차장이 나오고 길이 두 갈래로 나뉜다. 여기서부터 성벽 안으로 가도, 바깥으로 가도 팔각정이 있는 광장으로 이어진다.

팔각정 앞은 늘 복잡하다. 남쪽으로는 한강과 강남 지역이 잘 보이지만, 사람이 많아 여유를 부리기가 어렵다. 북쪽으로는 서울 장안이 보여야 하는데 그럴 자리가 그리 마땅치 않다. 나무에 가리고 사람에 치인다. 봉수대라고 만들어 놓았는데 원래 이 목멱산에 있던 봉수대의 원래 모양인지 의문이다. 수원에 있는 화성의 봉돈烽墩을 그대로 모방했을 뿐이다.

도성은 목멱산 서쪽 기슭을 타고 내려간다. 순심로는 그 도성의 윗부분으로 나 있다. 길고도 긴 계단이다. 성 밖으로 내려가고 싶으나 길이 없다. 그 계단을 내려오다 보면 반갑게도 전망대가 있다. 잠두봉蠶頭峯이다. 거기서 북으로 보면 도성 장안이 잘 보인다. 참으로 명당자리다.

잠두봉에서 더 내려오면 길이 흔들린다. 1974년에 지은 반구형의 옥상을 하고 있는 옛 어린이회관 옆을 지나야 한다. 거기서 높은 계단을 내려오면 백범광장이다. 1960년대 중반부터 1970년대까지는 야외음악당이 있던 공간이다. 김구 선생과 이시영 선생의 동상이 있다. 한 단 더 내려오면 말을 타고 달려가는 모습을 한 김유신 동상이 있는 아동광장이다.

2012년에 이 일대에 도성을 재현하였다. 그러나 재현된 도성은 내려오다가 숭례문崇禮門에서 올라와 목멱산 남쪽 기슭으로 올라가는 소월로에 막혀 끊어진다. 그 끝은 높은 단층 위 전망대처럼 되어 있다. 거기서 도성의 흔적을 찾으려면 되돌아 내려와 도동 삼거리에서 횡단보도를 건너야 한다. 도동 삼거리에서 숭례문으로 내려가는 길, 소월로의 서편 인도에는

안산

인왕산

백인

현봉

응봉

도봉산

수락산

타락산

목멱산 잠두봉에서 바라본 서울 전경 | 빌딩숲이 들어찼지만 산줄기는 옛날 그대로 변함이 없다.

회현 자락의 성벽 | 목멱산 서쪽 기슭에 복원된 도성은 숭례문까지 가지 못하고 끊어진다.

여장이 있다. 하지만 그것은 새로 만든 것이지 본래 도성의 흔적이 아니다. 이 소월로는 일제강점기 일본인들이 만들었던 조선신궁朝鮮神宮으로 올라가는 참도參道였다. 숭례문에서 목멱산으로 올라가는 길에는 지금도 길양옆 인도에 돌로 된 난간이 있는데, 유심히 보면 일본인들의 손길과 정서가 그대로 남아 있다. 그 길을 따라 내려오는 발길은 허무하다.

남대문 숭례문, 목멱산에서 소월로를 따라 내려오면 그 끝에 숭
서소문 소의문 례문이 있다. 숭례문은 2008년 2월 불에 탄 뒤 새로 '복구'되었고, 남쪽과 서쪽은 접근할 수 있게 광장으로 연결되었다. 하지만 북쪽, 그러니까 숭례문 안으로 들어서면 끝이다. 길이 이어지지 않는다. 서쪽편은 세종대로, 예전의 태평로로 끊겨

숭례문 | 숭례문의 정면. 지금은 저 홍예문으로 들어가도 길은 이어지지 않는다.

있다. 도성의 흔적은 아무 것도 없다. 어디로 갈거나?

숭례문에서 북으로 세종대로 건너편 대한상공회의소의 서편에 있는 세종대로7길이 바로 도성 바깥 순심로였다. 인도의 한 편으로 낮은 축대가 이어지는데 그것이 무너지다 남은 도성의 흔적이다. 숭례문에서 그곳으로 가려면 서울역 쪽으로 조금 내려가서 횡단보도로 세종대로를 건너서 다시 북쪽으로 조금 올라와 칠패로를 건너가야 한다. 지금은 아무런 흔적도 없지만 세종대로와 칠패로 사이에는 남지南池가 있었다.

축대로 남은 도성의 흔적은 세종대로7길을 따라가다가 사라진다. 빌딩들만 가득하다. 그렇게 가다 보면 서소문로를 만난다. 서소문로는 도로의 폭은 바뀌었지만 예전부터 있던 길이다. 도성과 길이 만나는 곳에는 당연히 문이 있게 마련. 이곳에 있던 문이 태조 대부터 속칭이 서소문西小門

도심 속에 남아 있는 성벽 | 숭례문에서 소의문 사이 도로변에 축대로 옛 도성의 아랫부분이 끈질기게 남아 있다. 고맙다.

인 문, 소의문昭義門이다. 하지만 소의문은 일제강점기에 사라지고 없다. 지금 소의문의 정확한 위치와 규모를 확인하기는 어렵다. 굳이 확인하려면 서소문로를 막고 발굴을 해야 할 것이다.

정동을 지나
돈의문 건너

소의문을 지나 도성은 평안교회와 그 동편의 건물 사이를 지나서 조금 가다가 동편으로 방향을 꺾어서 난 좁은 길을 따라갔을 것으로 보인다. 그 길은 옛 배재고등학교 뒤편을 지나서 현재 러시아대사관 서편으로 연결되다가 갑자기 이화여고 안으로 사라진다. 이화학당이 성 안에서 시작해서 성 밖으로 터를 넓힌 탓이다. 러시아대사관에서 통제를 하기도 하고, 이화여고의 담장과 닫힌 문이 막아서기도 해서 더 이상 갈 수가 없다. 하릴없이 동쪽으로 배재공원을 지나서 가야 한다.

돈의문 터 | 돈의문 자리를 기념하는 조형물. 도로 한가운데, 사진 중단의 왼편이 본래 돈의문 자리이다.

배재공원을 나와 왼편으로 돌면 정동교회다. 정동교회를 끼고 왼쪽으로 돌아들면 정동길. 이 일대가 정동貞洞이다. 정동 일대는 한국 근대사에서 서양 세력의 집결지였다. 미국, 영국, 프랑스, 러시아, 독일, 이탈리아 등 여러 나라들의 공사관이 있었고, 선교사들과 그들이 세운 교회, 학교, 병원이 있었다. 서양 각국에서 들어온 사람들의 거처가 있었고, 그들의 상점이 있었다. 손탁호텔을 비롯한 호텔이 있어 서양 사람들이 묵어가고 만나고 하는 공간이 되었다.

정동길을 따라 올라가다 보면 왼편으로 이화여고 동문이 나온다. 거기서 길 오른편으로 올라가면 옛 러시아공사관 터다. 이화여고 안에는 성돌이 흩어져 있는 등 도성의 흔적이 약간 남아 있고, 그보다 이화여고 북쪽에 있는 창덕여중에는 더 뚜렷하게 남아 있다. 창덕여중 운동장에서는 프랑스공사관 터가 발굴되어 확인되었다. 프랑스공사관은 도성 바로 안쪽에 있었으니 그 프랑스공사관 터 바로 서편, 현재 창덕여중의 서쪽 경계가 도성이 지나갔던 자리다. 그 경계 바깥 농업협동조합중앙회가 있는 곳은 안쪽보다 훨씬 지대가 낮다.

도성과 새문안길이 만나는 곳에 있던 문이 돈의문敦義門이다. 오늘날 돈의문을 흔히 '서대문西大門'이라고들 하지만 조선시대에 돈의문을 서대문이라고 불렀다는 기록은 매우 드물다. 그보다는 '새 문', '신문新門'이라고 했다. 그래서 이 길 이름이 새문안길, 신문로新門路가 되었다. 돈의문의 정확한 위치는 어디인가? 새문안길과 통일로가 만나는 네거리를 '서대문 네거리'라고 하지만, 돈의문은 서대문 네거리에 없었다.

새문안길은 서대문 네거리에서 성 안을 향해서 올라간다. 그러다가 살짝 고갯마루를 이루고 다시 완만한 경사를 이루며 내려간다. 그 고갯마루가 바로 돈의문이 있던 자리이다. 오늘날 정동길이 맞은편 송월길로 향해 가면서 새문안길과 교차하는 지점이다. 도성문을 세울 때 자리를 잡는 이치가 그렇고, 다른 모든 사례도 그렇다. 송월길은 옛 도성의 자리를 따라가는 길이다. 도성 바로 바깥의 순심로였을 것이다. 지금은 도성의 흔적은 없고 조금 더 가면 서울특별시교육청이 있다.

도성은 서울특별시교육청 다음에 있는 서울복지재단 인근에서 오래간만에 모습을 드러낸다. 그 서쪽 경계부터 도성이 '복원'되어서 기상청 옛 터 쪽으로 이어진다. 바깥에는 월암공원이 조성되어 있다. 월암月巖은 본래는 바위 이름인데, 도성의 서쪽에서 경관이 좋기로 유명했던 곳이다. 재개발지구에 포함되어 주위 환경은 많이 바뀌었으나 그 바위만은 명맥을 유지하고 있고, 다행히 바위에 "월암月巖"이라는 각자가 있어서 서울시 문화재로 지정되었다.

우백호 인왕산　　　월암공원을 지난 도성은 다시 주택가로 숨어든다. 연립주택의 축대가 되기도 하고, 아예 자취를

월암공원의 도성 | 월암은 도성의 서쪽 바깥에 있는 큰 바위로서 일몰 경치가 좋은 곳이었다. 지금은 아파트 도로변에 남아 있다. 그 부근을 지나는 도성은 거의 허물어져 있던 것을 근년에 새로 쌓았다.

찾기 어렵게 사라지기도 한다. 그러다가 사직터널 바로 북쪽 지점서부터 다시 모습을 드러낸다. 그곳에서부터 도성 안쪽과 바깥쪽 양쪽에 길이 나 있다. 둘 모두 원래 길이라고 하기는 어렵다. 안쪽은 숲속 등산로처럼 되어 있고, 바깥쪽은 차도를 따라가다가 성 밑 오솔길로 변한다. 바깥쪽 길이 더 매력이 있다. 도성의 모습을 살펴보고, 또 먼 데 경관을 둘러보는 데도 유리하다. 그 길을 따라 올라가면서 보면 옛 돌로 쌓은 부분과 새 돌로 쌓은 부분이 섞여 있다. 드물지만 각자도 있다. 올려다보면 인왕산이 언뜻언뜻 모습을 보여주기도 한다. 예전에는 건물들이 도성에 붙어 있어서 길이 없었는데, 이제는 모두 뚫렸다. 그렇게 올라가다 보면 도성을 끊고 지나가는 차도가 나온다. 차도로 올라서면 남으로 전망이 트인다. 목멱산은 물론이요, 멀리 관악산과 그 사이에 펼쳐진 도시가 다 보인다.

차도를 건너 계단을 오르면서부터는 이제 본격적인 인왕산. 경사가 급

인왕산 기슭의 도성 │ 본격적으로 인왕산을 오르기 전의 도성. 멀리 보이는 목멱산에서 인왕산까지는 산줄기가 끊임없이 이어진다.

해지는데, 도성은 그 산기슭을 타고 오른다. 도성 안과 밖으로 순심로가 다듬어져 있다. 옛날에도 그랬을 것이다. 바깥 순심로를 따라 오르다 보면 계단이 있어 안으로 들어가게 되어 있다. 일반인들에게 더 이상 바깥 순심로는 허용되지 않는다.

도성 안으로 올라서면 바로 위쪽에 상당히 넓은 너럭바위가 있다. 그 바위에 서면 도성 안이 한 눈에 보인다. 이렇게 주위가 잘 보이는 높은 지형을 '대臺'라고 하였다. 인왕산 자락에는 필운대弼雲臺, 세심대洗心臺 등이 있었고, 백악 기슭에는 경무대景武臺가 있었다. 이곳은 그런 이름은 얻지 못하였다. 너무 높아서 옛날에는 여기까지 많이 올라오지 않았나 보다. 하지만 대라는 이름을 붙여 손색이 없을 자리이다.

이 자리에서 보면 백악에 안겨 있는 청와대가 원래 경무대라는 자리

인왕산의 도성 | 인왕산 정상부의 남쪽이다. 바위가 그대로 성벽이 되었다.

를 중심으로 한, 경복궁의 후원이었다는 설명이 이해가 된다. 그 앞으로 경복궁, 경복궁의 정문 광화문, 광화문 앞의 광화문앞길의 관계가 드러난다. 조금 더 뒤편으로는 응봉에서 창덕궁을 거쳐 종묘로 이어지는 숲이 있다. 그 뒤로 타락산이 보인다. 빌딩 숲 속에서도 그나마 유지되고 있는 옛 도시의 흔적들을 찾아볼 수 있다.

거기서부터는 경사가 더 급해진다. 도성 바깥을 내다보면 선바위가 있고, 위쪽으로는 곡성이 보인다. 인왕산의 기세가 서쪽으로 무악冊岳을 향해 뻗어나간 줄기 위에 도성을 돌출시켜 쌓은 부분을 말한다. 예나 지금이나 무악재를 지키는 요지인지라, 지금도 군부대가 차지하고 있다. 인왕산 정상을 오르려면 쇠말뚝에 매어놓은 밧줄에 의지하기도 하고, 엉금엉금 기기도 하고, 마주 오는 관람객이 지나가기를 기다려주기도 해야 한다.

인왕산 구간 여장 | 인왕산 구간에는 여장의 원형이 제대로 남아 있는 경우가 드물다. 다만 정상에서 북쪽으로 내려가는 길에는 옛 모습을 간직한 여장이 간혹 보인다.

지세가 그러하니 성을 굳이 높이 쌓을 필요도 없다. 지형에 따라 높은 바위 절벽에는 손을 댈 필요가 없고, 그저 낮고 평탄한 곳만 조금 보완하는 정도로 성을 쌓으면 된다. 그 성 여장 안을 돌면서 인왕산 정상에 오르면 사방이 탁 트인다. 서북으로 멀리 개성 송악산이 보이고, 서쪽으로는 인천 앞바다가 보인다. 남으로는 유유히 흘러가는 한강과 그 양안에 펼쳐진 도시가 끝이 없다. 동으로는 서울 장안이 환히 내려다보인다.

인왕산 정상에서 동북 방향으로 흐르는 능선을 따라 내려가는 길도 경사가 만만치 않다. 그래도 북한산의 문수봉에서 서쪽으로 달려가는 비봉 능선을 보면서 그 남쪽으로 안겨 있는 홍제천 골짜기를 향해 내려가며 맛보는 풍광이 좋다. 동쪽으로는 백악의 서쪽 경사면과 그곳으로 기어오르는 도성이 가까이 보인다.

그렇게 내려오다 보면 갈림길을 만난다. 갈림길에서 북쪽으로 난 능선

원형을 유지하고 있는 여장 | 체성 아래에서 올려다 본 옛 여장은 검게 퇴색했지만 든든한 느낌을 준다.

길로 들어서면 곧 기차바위가 나오고, 계속 능선을 따라가면 결국 홍제천
변에 있는 홍지문弘智門으로 가게 된다. 동편으로 부암동, 서편으로 홍제동
을 가르는 능선이다. 이 능선을 따라서 탕춘대성이 가다가, 홍제천을 건너
북한산에서 갈라져 나온 비봉 능선으로 올라간다. 탕춘대성은 도성과 북
한산성 사이 홍제천 골짜기의 허전함을 보강하기 위해 쌓은 성이다.

갈림길에서 동쪽으로 내려가 남쪽의 청운동과 북쪽의 부암동 사이 등
성이에 올라앉은 도성을 따라가면 청운공원에 닿는다. 2008년에 아파트
를 철거하고 조성한 공원이다. 서울 시내가 잘 내려다보이는 남향받이다.
그 중간쯤에는 땅밑으로 경복궁역에서 세검정으로 통하는 4차선 큰길, 자
하문터널이 지나간다. 이렇게 땅 밑이 뚫려버렸지만 이곳은 본래 백운동
천白雲洞川이 시작되는 곳으로, 길게 보면 개천의 발원지라고 할 수 있다.
상해임시정부에 참여해 독립운동을 했던 김가진 선생이 쓴 "백운동천白雲

백운동천 ┃ 백운동은 백악과 인왕산 사이의 골짜기이다. 지금은 그 아래로 자하문터널이 뚫렸다. 터널 위에는 아직도 옛 모습이 남아 있고, 바위에는 동농 김가진의 글씨가 새겨져 있다.

洞天"이라는 각자도 있는데, 물길을 잃어버린 수원의 쓸쓸함만 감돈다.

다시 창의문으로　　　청운공원의 끄트머리에 있는 윤동주문학관 바로
　　　　　　　　　　동편으로 지나가는 길은 창의문로다. 자하문터널
　　　　　　　　　　이 뚫리기 전에는 청와대 방면에서 세검정 쪽으
로 통하는 유일한 길이었다. 그 창의문로에서 인도는 끊어지고, 옆에 있는
계단을 올라야 한다. 그 계단을 오르면 북쪽으로 정면 고갯마루에 창의문
彰義門이 의젓하게 맞아준다. 창의문은 도성의 서북으로 나가는 문이었다.
별명은 자하문紫霞門. 조선시대에는 그 문 안 동네의 이름을 따서 장의동문
藏義洞門이라고도 불렀다. 지금은 그 서편 체성이 창의문로가 나는 바람에
끊어졌고, 그 바로 정면 북쪽으로는 북악스카이웨이가 지나고 있어 주변
환경이 크게 망가졌다. 하지만 제자리를 지키고 있을 뿐만 아니라 1741년

창의문 홍예 천정 | 봉황으로 보이는 상서로운 새 두 마리가 구름 사이로 날고 있다.

영조 17에 세운 문루도 골격을 유지하고 있어 도성문들 가운데 제 모습이 가장 잘 남아 있는 편이다.

　창의문에서 시작하여 도성을 한 바퀴 돌아 다시 출발점으로 되돌아왔다. 이제 어디로 갈거나? 문화유산을 깊이 이해하려면 그 공간, 곧 위치와 형태를 보아야 할 것이며, 또한 그것이 만들어지고 쓰였던 시간을 보아야 할 것이며, 그것을 만들고 쓴 인간을 보아야 할 것이다. 도성의 공간을 우선 한 바퀴 돌았으니 이제는 도성이 품고 있는 시간 속으로 들어가 보자.

제2장

도성의
탄생과 시련

1

태조,
도성을 쌓다

새 나라의 수도, 한양

태조, 한양에 오다   고려를 무너뜨리고 조선왕조를 개창할 때 태조는
고려의 수도인 개경에서 즉위하였다. 하지만 개
경은 고려의 중심 세력의 근거지였기에 조선 개
창에 반대하는 세력이 적지 않았고, 태조는 즉위하자마자 개경을 벗어나
고자 천도를 추진하였다. 천도를 반대하는 의견도 없지 않았으나 태조는
의지를 굽히지 않았다. 여러 곳을 후보지로 삼아 마땅한 곳을 찾았으나 쉽
게 결정이 나지 않자 태조가 직접 나섰다.

    임금이 된 지 3년이 되던 해인 1394년, 태조는 8월 8일에 중앙 관서
의 관원 몇과 서운관원書雲觀員들을 데리고 친히 새 도읍터를 살펴보러 나
섰다.¹ 첫 대상지는 무악毋岳이었다. 8월 11일, 무악에 도착하여 살펴보았

〈**조선태조어진**〉 | 태조는 직접 나서서 한양을 새 수도로 정했다. 도성을 비롯한 왕도의 중요한 건조물들은 태조 때 갖추어졌다. (전주 경기전 소장)

지만 의견은 모아지지 않고 좋다 나쁘다 논란이 벌어졌다.[2] 결정을 내리지 못한 태조 일행은 고려의 남경(南京)이었던 한양의 옛 행궁(行宮)에 머물게 되었다. 그곳의 산세를 관망하면서 이곳은 어떠한가 다시 여러 사람의 의견을 물었고, 또 다시 찬반양론이 갈렸다. 이 자리에서 태조는 내심 이곳을 새 왕도로 삼기로 정하였으나,[3] 그 자리에서 최종 결정을 내리지는 않고 개경으로 돌아와 도평의사사에 천도 문제에 대한 의견을 내게 하였다. 도평의사사는 당시 핵심 고위관료들의 집합처로서 국정을 논하는 최고 관서였다. 도평의사사에 의견을 내게 한 것은 공식적인 절차를 밟음으로써 불필요한 논란을 예방하려는 노력이었다.

도평의사사에서는 8월 24일에 문서를 올렸다. "저으기 살펴보니 한양이 안과 밖을 둘러싼 산하(山河)의 형세가 빼어남은 예부터 이야기되던 바이고, 사방으로 통하는 도리(道里)가 균등하고, 배와 수레가 통하니 이곳에 도읍을 정하여 후세에 영구토록 전승하여 하늘과 사람들의 뜻에 합하시라"는 내용이었다.[4] 산과 강으로 이루어진 지형의 형세가 빼어난 점, 전국의 중심에 자리 잡고 있는 점, 수로와 육로 교통이 편리한 점을 한양이 도읍이 될 만한 조건으로 꼽은 것이다. 이러한 조건은 오늘날 보아도 수도의 조건으로 중요한 것이다. 한양은 도읍이 될 만한 조건을 충분히 갖추었기에 도읍이 될 수 있었다.

도리가 균등하다는 말은 서울이 한반도의 한가운데에 있다는 말이다. 남북으로 긴 한반도의 네 모서리에서 X자를 그으면 그 교차점 즈음에 서울이 있다. 왕도이자 수도인 도시가 어느 한 쪽으로 치우쳐 있으면 여러모로 불리할 것이다. 전국의 한가운데 있는 것이 좋다. 서울이 대체로 그런 위치에 있다.

배와 수레가 통한다는 말은 교통이 편리하다는 뜻이다. 위치가 한가운데 있다고 해서 반드시 교통이 편리한 것은 아니다. 한반도는 백두대간이 동쪽으로 치우쳐 있기 때문에 동쪽은 산악지대, 서쪽은 평야지대를 이루

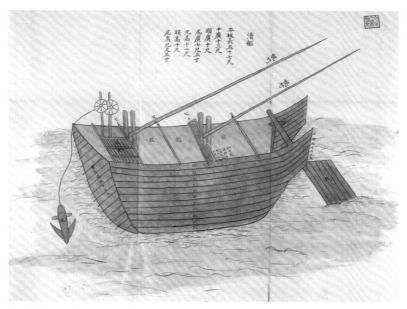

〈조선〉, 《각선도본》 | 바다를 오가던 조운선은 뱃전이 깊어 많은 짐을 실을 수 있었다. (서울대학교 규장각 한국학연구원 소장)

고 있다. 길은 꼭 필요한 경우가 아니면 대개 산악지대를 피해서 평야지대로 나게 마련이다. 그렇게 전국을 잇는 길들이 모였다가 흩어지는 요지에 서울이 있다. 그러니 서울은 수레가 잘 통하는 곳이다.

하지만 구릉이 많은 한반도 지형에서 수레가 짐과 사람을 나르는 주된 교통수단이 되기는 어렵다. 수레보다는 많은 짐을 실을 수 있는 배가 더 유리하다. 배는 물길이 있어야 다닐 수 있다. 물길은 강물을 따라가는 길이 있고, 바닷길이 있다. 서울은 강물길과 바닷길이 함께 닿는 곳이다. 우리나라 강 가운데 가장 바탕이 넓은 강이 한강이다. 남한강과 북한강에서 짐을 싣고 내려온 배들의 종착점이 서울이다. 남에서는 경상도, 전라도, 충청도 그리고 북에서는 평안도와 황해도에서 짐을 실은 배들이 한강을 거슬러 올라와 마지막으로 닿을 수 있는 곳도 서울이다.

〈한성전도〉,《고지도첩》| 서울을 둘러싼 산과 강의 형세가 조화를 이루고 있다. 특히 한강이 푸르게 칠해져 강조되어 있다. (영남대학교박물관 소장)

서울의 산줄기를 보면 내사산은 동쪽이 터진 C자 모양을 하고 있다. 물줄기는 개천의 본류와 중랑천 그리고 한강을 이어보면 C자를 좌우로 뒤집어놓은 모양을 하고 있다. 산줄기와 물줄기가 서로 맞물고 있는 형국이다. 산줄기와 물줄기가 마치 태극太極 모양과도 같아 '산태극수태극山太極水太極'이라고 불리기도 한다. 태극은 음과 양이 분리되어 있지 않으나 그 안에 음과 양, 천지자연의 모든 원리와 기운이 들어 있는 상태를 가리킨다. 태극이 그렇듯이 서울의 산줄기와 물줄기도 잘 어울려 하나가 되어 서울의 터전을 만들고 있다는 뜻으로 해석된다. 그만큼 서울의 산수의 형세는 좋다. 다른 어느 곳보다도 더 좋다. "안과 밖을 둘러싼 산하의 형세가 빼어남은 예부터 이야기되던 바"라는 말이 담고 있는 뜻이다.

**종묘 사직,
그 다음 경복궁**
1394년태조 3 도평의사사에서 한양으로 천도하는 것이 좋겠다는 문서를 올린 다음 바로 태조는 9월 1일에 새 도읍의 궁궐 조성을 담당할 기구인 신도궁궐조성도감新都宮闕造成都監을 설치하였다.[5] 핵심 고위 관료인 심덕부沈德符, 김주金湊, 이염李恬, 이직李稷을 새 도감의 최고위직인 판사判事로 삼았다. 태조의 측근이요, 당시 권력의 중심에 있던 인물들 가운데 토목과 건축에 조예가 있는 것으로 인정받던 인물들이었으리라.

9월 9일에는 당시 조정에서 주요 역할을 담당하던 인물들을 한양에 보내어 종묘, 사직, 궁궐, 관아, 시장, 도로의 터를 정하게 하였다.[6] 신도궁궐조성도감의 판사인 심덕부, 김주, 이직 외에 고위 관료인 권중화權仲和, 정도전鄭道傳, 남은南誾 등 당시 조정의 최고 핵심 인물들이 함께 갔다.[7] 궁궐의 터는 고려의 제15대 임금인 숙종肅宗 때 지은 행궁의 옛 터가 좁고 답답하다 하여 그 남쪽에 터를 잡았다. 해亥, 곧 북북서 방향에 있는 산을 주산으로 삼고 전체 좌향坐向을 임좌병향壬坐丙向, 그러니까 북북서에서 남남동을 바라보는 방향으로 하는 곳이었다. 지세가 평탄하게 흐르면서 넓고 탁 트여, 여러 용들이 조하를 드리며 손을 모아 읍을 하는 형국이라 마주 보는 형세가 아주 좋았다. 그곳이 바로 오늘날의 경복궁 터이다.

그 터의 동쪽으로 몇 리 정도 떨어진 곳에 감坎, 곧 정북에 있는 응봉을 주산으로 하면서 전체 터는 역시 임좌병향으로 하는 곳을 종묘 터로 삼았다. 이 전체 터들의 형세를 도면으로 그려 바쳤다. 정도전 등 한양 현장에 갔던 사람들은 9월 23일 개경으로 돌아오고, 신도궁궐조성도감의 판사인 심덕부와 김주는 한양에 남아서 새 도시를 만드는 일을 맡았다.[8]

한양으로 천도할 준비를 하는 단계인 10월 25일에 태조는 한양으로 천도를 단행하여,[9] 28일에 한양에 도착하였다. 이때는 궁궐 공사는 착수하지도 않은 상태여서 한양부漢陽府 객사客舍를 이궁離宮으로 삼아 기거하게 되었다.[10] 종묘와 궁궐 공사는 12월 4일에 가서야 착공할 수 있었다.[11] 종묘와 첫 궁궐 경복궁은 1395년태조 4 9월에 완공하였다.[12] 새 왕조 조선의 정신적 지주인 종묘와 정치와 행정 등 모든 분야의 중심 무대가 될 궁궐을 지음으로써 새 왕도이자 수도의 면모를 상당 부분 갖추게 되었다. 한양으로 천도한 지 1년 2개월이 지난 12월 28일에 태조는 경복궁에 들었다.

두 해 겨울 만에 쌓은 도성

선바위 무학대사?   도성을 어디에 어떻게 쌓을까를 놓고 정도전과 무학대사가 논쟁을 벌였다는 이야기가 전한다. 무학대사는 인왕산을 주산으로 삼아 궁궐을 비롯한 도시를 동향으로 배치해야 하며, 인왕산 자락의 선바위를 도성 안에 포함시켜야 한다고 한 데 반해 정도전은 백악을 주산으로 남향을 해야 한다고 주장했다. 결과적으로 정도전의 뜻대로 되어 경복궁이 백악을 등지

선바위 | 무학대사와 관련한 전설이 얽혀 있는 선바위. 전설의 사실 여부와 관계 없이 오늘도 도성 밖에서 도성 안을 바라보고 있다.

고 남향을 하였고, 선바위는 도성 밖으로 밀려났다. 이를 보고 무학대사는 200년 안에 큰 화가 미칠 것이라 예언했고, 과연 200년 뒤에 임진왜란이 일어났다. 대강 이런 내용이다.

이 내용이 과연 사실일까? 그럴 리가 없다. 우선 이런 이야기를 뒷받침할 당대의 자료는 전하는 것이 없다. 이런 이야기를 담고 있는 자료들은 모두 임진왜란 이후에 쓰인 것들이다. 보고 들은 이야기를 쓴 것이 아니다. 임진왜란이라는 큰 전쟁을 겪고 나서 왜 이런 일이 일어났을까를 되짚어보다가 원인을 엉뚱한 데서 찾은 결과, 말하자면 '조상 탓'으로 돌린 결과가 아닌가 생각한다.

도성을 쌓는 일은 국가적인 사업이었다. 태조가 지대한 관심을 갖고 있었음은 물론이다. 태조는 1395년태조 4 9월 26일에 이미 그 이듬해 정월에 여러 도의 백성들을 징발하여 도성을 쌓고자 하는 뜻을 갖고 있었고, 이를 좌우 정승政丞 등 고위 관원들에게 알려 추진하도록 명을 내렸다.[13]

하지만 태조가 그 실무까지 직접 챙길 수는 없었을 터. 조선이라는 새 나라를 세우고 갖추어나가는 데 가장 핵심적인 인물이라고 할 정도전에게 도성 터를 정하는 일을 맡겼다.[14] 정도전은 태조의 명을 받아 곧바로 도성 터를 확정하였던 듯하여, 태조가 다시 정도전이 정한 도성 터를 둘러보기도 하였다.[15] 도성을 쌓는 장면에 무학대사는 등장하지 않는다.《태조실록太祖實錄》이 전하는 사실이다.

백성들의 피와 땀　　아무리 정도전이라도 혼자서 도성 쌓는 사업을 담당할 수는 없었다. 담당 기구로서 1395년태조 4 윤9월 13일 도성조축도감都城造築都監을 설치하였다.[16] 도성조축도감은 상당히 격이 높고 규모도 큰 조직이었던 것으로 보인다. 판사判事, 부판사副判事, 사使, 부사副使, 판관判官, 녹사錄事 등의 관직을 두었다. 태조 연간에 판사는 여러 관서에 있었는데, 관서에 따라 정1품에서 정3품까지 그 품계에 차이가 있었다. 가장 높은 관서인 도평의사사의 판사는 문하부門下府의 정1품직인 시중侍中이 맡았다. 도성조축도감의 위상으로 보건대 그 판사는 아마도 도평의사사의 판사에 준하여 정1품의 관원이 맡았을 수도 있다.

태조 연간에 설치되었던 또 다른 도감인 신도궁궐조성도감에서 각각 삼사三司의 정2품직 좌복야左僕射인 김주, 정당문학政堂文學을 맡았던 이염 그리고 종2품인 중추원학사中樞院學士인 이직을 판사로 임명한 예가 있다. 이러한 정황으로 미루어 보건대 도성조축도감의 책임자인 판사는 정1품에서 정2품의 관품을 갖고 있는 인물을 임명하였을 것이다.

판사 아래 부판사, 사, 부사, 판관 순으로 차례대로 관품이 낮아져, 판관은 정5품 정도의 관원이었다. 이들이 공역을 감독했다. 녹사는 정8품에서 정9품 정도의 낮은 관원으로 행정 실무를 맡았을 것이다. 도성 조축 공사가 시작되는 단계에서 판사와 부판사는 각 한 명이고, 사, 부사, 판관은 모두 합하여 12명이었다. 14명의 관원들이 도성 공역을 추진하고 감독하는 일을 담당한 것이다.[17]

건조물을 짓기 위해서 땅을 파는 것을 옛날에는 개기開基라고 하였다. '터를 연다'는 뜻이다. 개기를 할 때는 땅의 신에게 이를 알리는 제사를 지냈다.[18] 도성을 쌓기 시작할 때도 마찬가지여서, 1396년태조 5 1월 9일에 개기하면서 백악 및 오방신五方神에게 제사를 올렸다. 그리고 바로 도성을 쌓는 공사에 들어갔다.

도성에는 전국 백성들의 피와 땀이 배어 있다. 성을 쌓으려면 엄청난 노동력이 필요하다. 태조 대에는 이 노동력을 민정民丁을 징발하여 충당하였다. 민정이란 16세에서 60세까지 신체 건장한 남성으로서 국가에 역役을 바칠 의무를 지는 양인良人을 말한다. 양인이 지는 역이란 국경이나 군사 시설에 가서 군인으로서 복무하는 군역軍役, 국가에서 벌이는 토목 사업에서 일을 하는 요역徭役 등으로, 아무런 대가를 받지 못하는 노동력 제공이었다. 힘들고 어려운 일이지만 국가의 구성원으로서 지는 의무였다. 군역이든 요역이든 역은 모두 힘들고 어려운 일이었지만, 특히 돌을 다루는 일은 역 가운데서도 아주 어려운 역, 고역苦役이었다.

태조 2년에서 3년 초, 한양으로 천도하기 전 개경에 있을 당시 개경의 성곽을 고쳐 쌓는 사업을 한 바 있다.[19] 개경을 둘러싼 성곽인 경성京城의 옛 터가 넓어서 고치기 어렵기 때문에 그 절반으로 줄이려는 목적이었다. 1393년태조 2 8월 1일 경기도, 양광도楊廣道, 서해도西海道, 교주도交州道, 강릉도江陵道 등의 백성을 징발하였다. 이때 경성의 규모를 줄이지 말고 옛 터대로 쌓자는 주장이 있었으나 태조는 윤허하지 않고 규모를 반으로 줄여서 쌓게 하였다.[20] 이 사업을 담당할 기구로 경성수축도감京城修築都監을 설치하고,[21] 태조가 성을 가보는 등 관심을 기울이기는 하였다.[22]

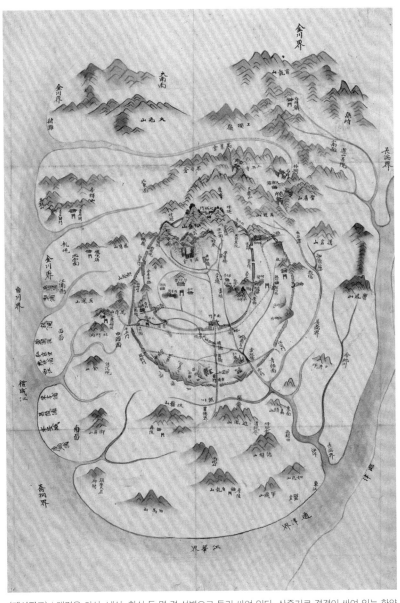

〈개성전도〉 | 개경은 외성, 내성, 황성 등 몇 겹 성벽으로 둘러 싸여 있다. 산줄기로 겹겹이 싸여 있는 한양
과 대조된다. (서울대학교 규장각한국학연구원 소장)

이 가운데 양광도, 교주도, 서해도의 성 쌓는 역부役夫들은 두 달 보름 가량 뒤인 10월 13일에 돌려보냈다.[23] 아직 농번기라고 할 수 있는 시기에 백성들을 징발하여 일을 시키고, 농번기가 끝날 무렵에야 돌려보낸 것은 일반적인 관례는 아니었다. 10월 말에는 성을 고치는 공사가 마무리된 듯 경성수축도감의 책임자인 판사들에게 비단이나 명주 각 한 필이라는 간략한 상을 내렸다.[24] 하지만 겨울이 지나면서 공사한 곳에 문제가 생겨서 현장 감독자를 유배 보내기도 하였고,[25] 이러한 문제가 나타남에 따라 보수 공사를 추가로 진행하기도 하였다.[26] 하지만 추가 공사는 그리 오래 끌지는 않아서 2월 말에는 역에 동원되었던 무리들을 모두 돌려보냈다. 새 왕조를 세우자마자 성을 쌓으려 백성들을 징발하는 데 태조는 부담을 느끼고 있었다.[27] 그리하여 공사 중에 죽은 사람들에게는 3년 동안 그 집의 역을 면제하여 주도록 조치하였다. 이때 왜 개경의 경성을 고치는 공사를 했는지에 대해서는 별도로 따져봐야 한다. 하지만 그리 꼭 필요한 사업도, 그리 큰 규모의 사업도 아니었던 듯하다.

이에 비해 한양으로 천도한 뒤에 새 도성을 쌓는 일은 하지 않을 수 없으며 그 규모도 줄일 수 없는 사업이었다. 이때 민정을 징발한 대상 지역은 경상도, 전라도, 강원도 및 서북면西北面의 안주 이남, 동북면東北面의 함흥 이남이었다.[28] 서북면이란 오늘날의 평안도 지역이고 동북면은 함경도 지역이다. 서북면의 안주 이북과 동북면의 함흥 이북은 주민들이 국경 수비에 동원되어야 하는 국경 지방이었기 때문에 빼준 것이다. 또 경기도, 충청도, 황해도가 빠졌는데 이 지역들은 이 시기에 다른 부담을 지고 있었기 때문에 도성 공역에서 면제되었던 것으로 보인다.

동원된 민정의 수효는 총 118,070여 명이라고 《태조실록》에 나와 있다. 이 수치가 얼마나 정확한지는 모르겠다. 다만 당시 한양의 인구가 몇 명인지 정확한 자료를 찾기는 어려우나 아마도 10만에서 15만 정도 아니었을까? 수도 인구와 맞먹는 엄청난 수의 민정을 동원한 셈이다. 징발한

동북면 함흥 이남
天-日(1-9구간)
5,400척

강원도
月-寒(10-17구간)
4,800척

서북면 안주 이남
師-弔(74-97구간)
14,400척

전라도
李-龍(59-73구간)
9,000척

경상도
來-珍(18-58구간)
24,600척

1396년(태조 5) 도성 조축 당시 지역별 분담 구간

인원수를 보자면 거국적 사업이라고 할 수 있다.

도성을 쌓는 공사는 태조의 지극한 관심 속에 진행되었다. 태조는 사
흘을 연이어 도성 공사장을 둘러보기도 하였다.[29] 1396년태조 5 2월 28일,
도성이 일단 완성되어 축성에 동원된 역부役夫들을 귀가시켰다.[30]

도성, 위용을   하지만 전례 없이 큰 공사를 단번에 아무 문제없
드러내다   이 마무리하기는 어려운 일이다. 문제가 생기지

목멱산 동쪽 기슭의 도성 ┃ 자연석을 거칠게 다듬어 쌓은 태조 대 도성이 비교적 잘 남아 있다. 그 사이 무너진 부분은 조선 후기에 반듯하게 사각형으로 다듬은 돌로 때웠고, 그 윗부분은 1970년대에 또 고쳤다.

않을 수 없었다. 실제 7월 초에는 비바람이 갑자기 크게 일어나 도성 수구水口의 옹성甕城 일부가 두 차례 무너지기도 하였다.[31] 태조는 각 도의 군인들, 결국 민정을 징발하여 도성 쌓는 일을 마무리하려고 마음먹고 신하들에게 이에 대한 의견을 구하였다. 신하들은 풍년을 기다린 뒤 하자며 반대하였다. 하지만 태조는 각 도의 관찰사들에게 명하여 역을 지러 오는 백성들에게 식량을 지급하도록 조치하였다고 하며 뜻을 굽히지 않았다.[32] 이에 2차로 8월 4일, 아직 농사철이 끝나기 전인데도 다시 경상도, 전라도, 강원도에서 79,400명의 역부를 동원하였다.[33]

2차 공사에서 주로 시행한 공사는 이전에 공사를 한 곳 가운데 땅에서 물이 솟아 무너진 곳을 돌로 다시 쌓는 것이었다. 사이사이에 빗물이 들이쳐서 무너진 토성土城 부분을 다시 쌓기도 하였고, 물살이 세고 수위가 높은 곳의 석성石城을 덧쌓는 등 주로 물과 관련된 공사였다.[34] 그와 더불어 월단루합月團樓閣을 짓고 문을 내었다.[35] 월단은 육축을 가리키고, 누합은 문루를 가리킨다. 이때 이름을 갖게 된 도성문은 여덟이었다. 이 여덟 문이 세워짐으로써 도성은 제 모양을 갖추게 되었다.

도성을 보완한 2차 공사는 시작한 때로부터 두 달이 못되는 시점인 9월 24일에 모두 끝냈고, 공사에 동원되었던 정부丁夫들을 돌려보냈다.[36] 이렇게 1396년태조 5 말에 도성 공사는 마무리되었지만 아직 준공식을 할 단계는 아니어서 한 해 남짓 더 손질이 필요하였던 듯하다. 1397년태조 6 1월에 풍해도豊海道, 황해도 관찰사가 풍수해와 황충蝗蟲의 재난을 입은 시기에 도성의 역사에 나가는 도민들이 스스로 양식을 갖고 가는 것은 매우 어렵고 고통스런 일이니 도 내에 보관 중인 쌀과 콩을 지급해줄 수 있게 해달라고 청하자 태조가 허락한 것을 보면,[37] 전국은 아니지만 일부 지역의 사람들을 동원하여 보완하는 공사를 더 하였음을 알 수 있다. 태조는 직접 1397년태조 6 1월 27일에 흥인문에 행차하여 옹성 터를 살펴보기도 하였다.[38] 그해 8월 14일에는 다시 경기도의 백성을 징발하여 도성을 고쳐 짓

는 공사를 하였다.[39]

1398년태조 7 2월 8일에는 드디어 도성의 남문, 숭례문이 완공되어 가서 보았다.[40] 이는 숭례문이 최종 완공되어, 오늘날로 치자면 임금의 참석하에 준공식을 하였다는 뜻으로 해석된다. 그러고도 필요할 때는 계속 백성들을 징발하여 도성을 고치게 하였다. 서울에서 가까운 경기좌도京畿左道와 충청도 백성들이 동원되었다.[41] 당시 쌓은 도성의 둘레는 9,767보步 남짓이었다고 한다. 한 보는 여섯 자[尺]이고, 조선 초기에 한 자는 약 32.21센티미터였으므로 한 보는 약 1.9326미터가 된다. 따라서 9,767보는 지금의 단위로 환산하면 대략 18,876미터에 해당하는 길이다. 현재 남아 있는 도성의 규모와 거의 차이가 없다.

1396년태조 5 1월에 개기하여 1398년태조 7 2월에 준공을 하였으니 공사 기간이 2년이 넘게 걸린 셈이다. 하지만 2년 내내 공사를 한 것이 아니고, 주로 가을 농사가 끝나고 봄 농사가 시작되기 전 겨울 농한기에 공사가 이루어졌다. 두 해 겨울 동안에 도성을 쌓은 것이다. 도성이 완공됨으로써 비로소 한양은 왕도이자 수도로서 면모를 갖추게 되었다.

"성은 철옹성   1398년태조 7 4월 26일 태조는 새 도읍을 그린 여
천길 높이 솟았는데" 덟 폭 병풍을 좌정승左政丞 조준趙浚과 우정승右政丞
                     김사형金士衡에게 각각 한 틀씩 하사하였다. 정도
전에게는 무엇을 주었는지 나와 있지 않고, 오히려 정도전이 새 도읍의 팔경을 읊은 시를 지어 바쳤다고 기록되어 있다. 물론 그 병풍은 지금 남아 있지 않으나, 모르긴 몰라도 정도전의 팔경시八景詩가 그 그림의 화제를 따라서 지은 것이 아닌가 짐작된다. 팔경시의 주제는 첫째는 서울 주변의 산하, 둘째가 도성과 궁원宮苑, 셋째가 별처럼 벌려 있는 여러 관서들, 넷째가 바둑돌처럼 빽빽한 마을, 다섯째가 동문 근처의 군사 훈련장, 여섯째가 서쪽 강가의 조운선이 닿는 포구, 일곱째가 남쪽에서 강을 건너오는

〈동궁책봉도감계회도〉(그림 부분) | 1557년에 명종의 원자를 세자로 책봉하는 대례를 행하기 위해 설치
되었던 동궁책봉도감 관원들의 계회를 그렸다. 전통적인 산수화처럼 보이나 서울을 감싸고 있는 산줄기,
도성과 숭례문(확대한 부분) 등이 잘 묘사되어 있다. (일본 개인 소장)

행인, 여덟째가 북쪽 교외의 목장이다. 새 왕도이자 수도 한성부의 장한
모습의 대표들이다. 그 가운데 도성은 둘째 시에 들어 있다.[42]

　　성은 철옹성鐵甕城 천길[千尋] 높이 솟았는데,
　　봉래산蓬萊山 오색구름이 감싸 둘렀네.
　　해마다 궁궐 후원에 꽃 피고 꾀꼬리 노래하니,
　　철따라 도성 사람들 노닐며 즐기네.

정선, 〈세심대상춘〉 | 인왕산 세심대에 상춘객들이 모였다. 세심대는 필운대와 더불어 인왕산 기슭에서 도성이 잘 내려다보이는 높은 지형이다. 상단 오른편에 숭례문(확대한 부분)이 보이고, 그 너머 멀리 관악산이 보인다. (개인 소장)

직접 순성에 나선 태조

태조의 세 차례 순성　　관리 책임이나 감독 권한이 있는 사람들이 성을 둘러보는 것을 순성巡城이라고 한다. 순성은 큰 책임과 권한이 따르는 행위이다. 민간인이 유람 목적으로 성을 도는 것도 순성이라고 한 바가 전혀 없지는 않으나 그것은 조선 후기에 가서야 나타나는 현상이요, 그리 흔한 일이었다고 하기는 어렵다. 국가 공식 기록에 나타나는 순성에 대한 기록을 살펴보면, 우선 임

백악 정상 | 백악 서쪽 능선으로 도성이 구불구불 기어오르고 있다. 정상 북쪽으로 살짝 비껴 넘어간다.

금이 순성하였다는 기록이 눈에 띈다.

태조는 종묘와 경복궁이 완공된 직후인 1395년태조 4 윤9월 10일에 도성 터를 정하는 단계에서 몸소 도성 터를 둘러본 바 있다.[43] 도성이 아직 지어지기도 전에 순성을 한 셈이다. 그 뒤로 두 차례 공사 끝에 도성이 완공된 1396년태조 5 9월 24일로부터 7개월이 지난 1397년태조 6 4월 28일에 흥인문에 행차하여 옹성을 둘러보고 이어서 타락산을 넘어 혜화문까지 순성을 하였다.[44]

태조는 해를 넘긴 1398년태조 7 2월 15일에도 또 순성을 하였다.[45] 임금이 직접 순성을 하는 일은 그 이후 조선의 임금들에게는 흔치 않은 일이었다. 활동력이 넘치는 무장 출신다운 거동이었다고 하겠다. 새 나라를 세우고, 새 수도를 건설하고 그 마무리로 도성을 축성한 다음 순성을 하면서 태조는 무엇을 보았을까? 태조의 마음은 어떠했을까?

처음 태조가 도성 터를 보러 갔을 때 간 곳은 어디였을까? 어디서 어디까지 돌았을까? 본 위치에 따라서 본 바도 달랐을 텐데…. 아쉽게도《태조실록》은 태조가 어느 곳으로 올라 어디까지 돌았는지는 기록하지 않았다. 아마도 경복궁에서 가까운 백악, 아니면 인왕산을 오르지 않았을까? 어디로 올랐든 내사산 안, 종묘와 경복궁을 비롯하여 관아와 가옥들이 들어서서 이룬 시가지를 내려다보면서 이 도시를 건설하는 공사의 대미를 이루는 도성은 어디로 가는가, 도성이 지나갈 자리를 보았을 것이다.

도성이 가는 길, 그것은 내사산의 능선이다. 백악에서 시작하여 응봉을 살짝 넘어 타락산을 지나 흥인문을 찍고 개천을 건너 광희문에서부터 목멱산을 휘감아 돌아 숭례문, 소의문, 돈의문을 꿰고 인왕산을 굽이굽이 넘어서 창의문에서 다시 허위허위 백악을 오르는 그 구불구불 길고도 자연스러운 모습을 그려보았을 것이다. 내사산의 능선은 고맙게도 지금도 큰 변함없이 제자리를 지키고 있다. 오늘날 우리가 도성을 보면서 가장 먼저 눈길을 던져야 할 것이 도성이 있는 자리, 내사산의 능선이다.

태조, 타락산에 오르다   1397년태조 6 4월 28일 흥인문에서 시작하여 혜화문까지 이어진 두 번째 순성에서 태조는 무엇을 보았을까? 타락산을 시계 반대 방향으로 넘는 이 순성에서 태조가 먼저 본 것은 흥인문과 그 옹성이겠다. 공사 책임자가 흥인문의 지반이 약해서 보강을 많이 하였으나 완벽하지는 못하다고, 또 안팎 지형의 높이가 거의 같아서 옹성을 쌓았다고 설명을 하였을 것이다. 태조는 그런가 하며 육축과 좌우의 체성도 둘러보고, 홍예문을 살펴보기도 하고, 밖으로 나가서 옹성을 둘러보기도 하였을지 모른다. 새로 지은 건물이니 튼튼해 보였을 테지만, 혹 무슨 문제는 없었을까? 다시 들어와 체성 옆의 계단을 올라 1층 문루로 들어가서 도성 안쪽으로 운종가와 그 좌우로 빽빽한 건물들을 보고, 도성 밖으로 나가는 큰길도 내다보았을 것이다.

　　1층만 보고 말지는 않았을 것, 내친 김에 2층 문루까지 올라가지 않았을까? 거기서 기둥이며 방이며 보며 서까래며 목조 가구를 둘러보고, 아랫사람들이 열어놓은 창을 통해 허리 굽혀 다시 도성 안쪽과 바깥쪽을 내다보았을 것이다. 당시로서는 주변에서 가장 높은 건조물이었을 흥인문의 2층 문루에서 내다보는 광경은 지면에서 보는 것과는 사뭇 다르게 다가왔을 터. 과연 좋구나 치하하며 내려와 옹성으로 올라가 보았겠지. 옹성에서

인왕산 너머로 바라본 서울 | 인왕산 북쪽 기슭을 감싸 도는 도성 안으로 서울의 전경이 넓게 펼쳐져 있다. 빌딩 숲으로 덮인 남쪽과 그렇지 않은 북쪽이 확연히 구별된다.

이곳저곳을 바라보기도 하고, 흥인문 육축과 문루 전체를 지그시 한 눈에 넣어보지 않았을까? 북쪽으로 타락산을 오르는 도성을 바라보며, 이제 저곳으로 가보자 하면서 옹성으로 통하는 문을 나왔을 성 싶다.

타락산 정상에 올라 태조는 다리쉼을 하며 사방을 둘러보았을 것이다. 수행한 고위 관원들과 도성 안을 내려다보며 저기는 어디며, 저 건물은 무엇인지 꼽아보며 감회에 젖었을지도 모른다. 타락산 정상에서 둘러보니 맞은편에 인왕이 기세 있게 버티고 있고, 오른편에 백악이 반듯하게 경복궁을 품고 있으며, 그 앞에 목멱산이 백악을 마주하며 답답하지 않으면서도 푸근하게 감싸 안아주는 형세를 음미하였을 것이다. 그 안에 모여든 물줄기들이 합쳐져 서에서 동으로 빠져나가는 개천이며, 목멱산과 인왕산 너머로 물결 반짝이며 흐르는 한강이 먼발치로 바라보였을 것이다. 북쪽으로 혜화문을 향해 내려가는 길에 보이는 북한산 연봉도 든든하고, 멀리 동편으로 수락산에서 불암산, 용마봉, 아차산으로 흐르는 산줄기가 품고 있는 지역도 넉넉해 보였으리라. 언제 보아도 잘 짜인 형승이다.

도성은 형승의 일부인 양 녹아들어 있었다. 하지만 그 속으로 잦아들지 않고 내사산과 그 내사산에 안겨 있는 한성부라는 도시를 돋보이고 품격 있게 만들어주었다. 태조는 도성을 둘러보면서 이로써 한성부가 왕도이자 수도로서 위용을 갖추게 되었음을, 그 자신은 임금으로서 번듯하게 존엄을 온 천하에 과시하게 되었음을 가슴 벅차게 느꼈을 것이다.

우리는 태조가 아니며, 그의 백성도 아니다. 600년 하고도 20년이 지나고 있는 지금, 태조가 느꼈을 감동을 그대로 느끼기는 어렵다. 가늠해보기조차 쉽지 않다. 하지만 태조가 보았던 도성의 모습을 전혀 찾아볼 수 없는가? 그 산천이 크게 바뀌지 않았고, 도성도 많이 훼손되고 변형되기는 했지만 제자리를 지키고 있는데 흔적이 전혀 없을 리야 있나. 어느 정도 남아 있는 부분이 있을 것이요, 보는 눈이 있으면 찾을 수 있을 것이다.

태종과 세종,
도성을 고쳐 짓다

태상왕 태종이 주도한 도성 수축

태종의 눈물 　태조 대 쌓은 도성은 약점을 안고 있었다. 토성으로 쌓은 부분은 아무래도 그 모양도 반듯하지 못했을 것이요, 또 석성에 비하여 견고하지도 못하였을 것이다. 이를 고쳐 쌓으려는 움직임이 제3대 임금 태종太宗 대부터 시작되었다. 1413년태종 13 8월에는 좌정승 하륜河崙이 주동이 되어 나라의 근본이 되는 도성을 고쳐 쌓는 공사를 하여야 한다고 주장하여 경성수보도감京城修補都監을 설치하기까지 하였다. 하지만 태종은 이를 따르지 않았다. 태종의 말을 들어보면 근본적으로 반대하지는 않지만 현실적인 어려움을 이야기하는 태종의 고충이 묻어난다.[46]

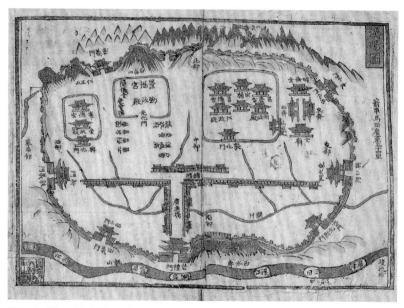

〈한양도〉, 《천하도》 | 태종은 새 수도를 정비하는 데 주도적 역할을 맡았다. 이 지도에는 남대문로와 운종
가에 태종 때 처음 지은 장랑이 부각되어 있다. (서울역사박물관 소장)

"태조께서 나라를 세우고 도읍을 건설하느라고 여러 사람들의 원망을 사셨
다. 상왕 대에 이르러 세력 있는 가문들이 모두 옛 개경에 기반을 두고 있어
서 마침내 개경으로 되돌아갔다. 내가 임금이 되어 다시 한양으로 돌아오느
라 공공과 사적인 영역에서 모두 토목 공사를 하는 수고가 이루 말할 수 없이
컸다. 또 연전에는 개천을 파는 공사를 했고, 금년에는 도로변에 장랑長廊을
지었다. 이제 또 성을 쌓으려 하면 백성들의 힘이 고갈될 것이다. 나는 백성
들을 쉬게 해주고 싶다."

태종의 속에서는 백성을 쉬게 해주고 싶다는 뜻과 도성을 증축하고
싶은 마음이 갈등하고 있었다. 1413년 11월에도 태종은 의정부議政府에 도
성을 증축할 터를 둘러보도록 명을 내렸다.[47] 그러나 바로 착수할 수는 없

광통교 | 태종은 태조의 계비이자 자신의 정적이었던 신덕왕후의 무덤인 정릉을 옮기고 그 석물들을 가져다 광통교를 다시 지었다. 과감하다.

였던 듯하다. 그로부터 3년이 지난 1416년태종 16 10월에 도성수축도감都城修築都監을 설치하였다.[48] 하지만 태종이 평강 지방에 가서 실정을 보니 풍년이라고 말하지만 실상은 그렇지 못하였다. 이에 도성을 고쳐 짓는 공사를 멈추게 하였다.[49]

태종 연간의 축성 논의를 이어받아 1421년세종 3부터 도성을 수축하자는 논의가 시작되었다. 세종世宗 대 도성을 고쳐 쌓자는 의논을 내고 이 일을 실질적으로 주도한 사람은 태상왕太上王 태종이었다.[50]

그해 10월 13일 태상왕 태종이 종친과 고위 관원 몇을 데리고 임감현에 나가 있었는데, 도성이 무너졌다는 보고가 들어왔다. 태종은 눈물이 흘러내리는 것도 깨닫지 못하면서 우의정右議政 이원李原 등에게 다음과 같이 말하였다.[51]

"도성을 고쳐 짓지 아니할 수 없는데, 큰 역사를 일으키면 반드시 사람들이 원망하며 탄식할 것이다. 하지만 잠깐 수고하지 않으면 오랫동안 편안할 수 없는 법이다. 내가 그 수고를 담당하여 주상에게 편안함을 물려주는 것이 또한 가하지 않겠는가?"

이원이 '도성은 가옥의 담장이나 울타리와 같은 것이라, 지금 벼농사가 조금 풍년이 들었으니 고치지 아니할 수 없다'고 동의하는 말을 하였다. 이에 바로 도성수축도감을 설치하여 도제조都提調와 제조提調, 그리고 실무 책임자로 사使, 부사副使와 판관判官을 두었다.

세종은 도성을 고쳐 짓는 일에 무관심하지는 않았으나, 실상을 정확히 파악하고 있지는 못하였다. 1421년세종 3 10월 말에 고위 관원들과 논의하는 자리에서 토성으로 고칠 것인가 석성으로 바꾸어 쌓을 것인가 하는 문제가 대두되었을 때 판단을 내리지 못하고 태상왕인 태종에게 다시 아뢰겠다고 말하는 정도였다.[52]

팔도 백성
32만여 명

10월 29일 도성수축도감에서 구체적인 계획을 세워서 보고하였다.[53] 우선 준비하여야 할 것이 일을 할 역부를 어떤 사람들로 하는가였다. 도감에서는 여러 도의 군정軍丁 가운데 갑사甲士, 별패別牌, 시위패侍衛牌, 수군水軍, 진군鎭軍, 수성군守城軍, 익정군翼正軍을 제외하고 봉족奉足 및 잡색군雜色軍을 골라 징발하겠다고 하였다. 말하자면 현역 정규군으로 군무하는 사람들은 제외하고, 이들을 지원하는 사람들이나 정규군에서 비껴나 있는 사람들을 동원하겠다는 것이었다. 공역의 규모에 따른 수요 인력도 미리 계산하였다. 토성 가운데 허물어진 데가 25,525척인데, 한 척마다 필요한 인력이 15명이니 이를 합하면 383,025명이었다. 석성 가운데 허물어진 데가 3,946척인데, 한 척마다 5명씩이 필요하니 합계가 19,730명이었다. 서전문西箭門과 그 앞 옹성을 고쳐 쌓는 데 1,000명이 필요하니 모두 합쳐 403,755명이 필요하였다. 공사 기간은 40일로 잡고, 한 명당 40일치 식량을 싸 가지고 와서 구간을 나누어 공사에 착수하게 하였다.

역부를 뽑아 올리는 일의 최종 책임자는 각 도의 관찰사들이었다. 해당되는 도의 관찰사가 자기가 맡은 도 내의 바다와 육지를 방어하는 데 단단히 해야 할 부분과 느슨하게 해도 될 부분, 그리고 호구가 많고 적은 것을 계산하여 정부를 뽑아 보내야 하였다. 공사 기간은 40일로 잡고, 그 안에 도성을 고쳐 쌓는 일이 끝나면 바로 돌려보내 주기로 하였다. 공사 감독 책임자는 여러 층위로 구성하고자 하였다. 만약 단단하게 쌓지 아니한 곳이 있으면 그 구간을 감독한 제조와 수령 및 총패摠牌와 두목頭目들에게 모두 중죄를 내리기로 하였다. 만일 고쳐 쌓은 뒤에 그 부분이 다시 무너지면 처음에 쌓은 고을이 다시 쌓아야 하였다. 실제로 도성을 쌓고 두 해가 지난 1424년세종 6 8월에 함경도 북청부에서 쌓은 부분이 무너져서, 이 부분을 쌓은 감역관 및 두목, 총패 등에게 명을 내려 때를 맞추어 서울로 와서 고쳐 쌓게 한 사례도 있다.[54] 말하자면 군현 단위의 실명제였던 셈이다. 이러한 도성수축도감의 계획을 검토하고 최종 판단을 내려준 이는 태상왕 태종이었다.

준비가 한참 진행되던 1421년세종 3 12월 10일 즈음, 실제 내용이 일부 변경되었다. 우선 최고 책임자를 교체하였다.[55] 처음에는 병조참판兵曹參判 이명덕李明德이 이 일을 주관하였는데, 그는 역을 지는 정부丁夫를 43만 명이나 징발하려고 했다. 언관들이 태조 대에도 20만여 명만 동원하였는데 지금은 그저 고치는 일을 하는 것인데 너무 많다고 지적을 하였다. 그래서 임금 세종이 태상왕 태종에게 다시 보고를 하여 인원을 감축하도록 명을 내리게 되었다. 하지만 이명덕이 자신의 주장을 고집하자 그를 교체하고 인원을 줄이게 하였다. 이런 흐름에서 우의정 정탁鄭擢을 도제조로 삼고, 부제조를 33자리나 늘렸다. 온 조정의 힘을 모았다는 이야기다. 그리고 실

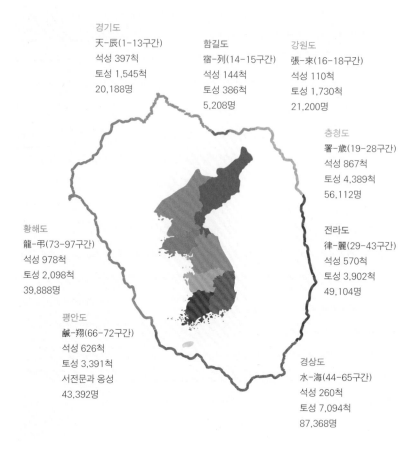

경기도
天-辰(1-13구간)
석성 397척
토성 1,545척
20,188명

함길도
宿-列(14-15구간)
석성 144척
토성 386척
5,208명

강원도
張-來(16-18구간)
석성 110척
토성 1,730척
21,200명

충청도
署-歲(19-28구간)
석성 867척
토성 4,389척
56,112명

황해도
龍-弔(73-97구간)
석성 978척
토성 2,098척
39,888명

전라도
律-麗(29-43구간)
석성 570척
토성 3,902척
49,104명

평안도
鹹-翔(66-72구간)
석성 626척
토성 3,391척
서전문과 옹성
43,392명

경상도
水-海(44-65구간)
석성 260척
토성 7,094척
87,368명

1422년(세종 4) 도성 수축 당시 지역별 분담 구간 및 동원 인력

무 감독자로서 사, 부사, 판관, 녹사를 190인이나 두었다.

　동원한 정부는 경기도에서 20,188명, 충청도에서 56,112명, 강원도에서 21,200명, 황해도에서 39,888명, 전라도에서 49,104명, 경상도에서 87,368명, 평안도에서 43,392명, 함경도에서 5,208명, 해서 모두 322,460명이나 되었다. 돌을 다루는 석수石手를 비롯하여 여러 분야의 기술자인

공장工匠은 2,211명이었다. 군정을 동원하여 공사 현장까지 이끌고 오는 임무를 맡은 사람들도 지정하였다. 차사원差使員 한 사람이 세 군현의 군정을 인솔·지휘하고, 또 여러 도에 배치되어 있는 경력經歷이 자기 도의 군정을 인솔하게 하였다. 서울까지 군정을 이끌고 온 경력과 수령의 수효는 115명이었다. 성을 고쳐 쌓는 일은 험한 일이라 부상자나 사망자도 나오지 않을 수 없었다. 도성수축도감에서 이들을 치료할 인력을 늘려달라는 청원을 임금께 올려 승낙을 받았다.[56]

"지금 혜민국惠民局과 제생원濟生院으로 하여금 성 쌓는 군사의 질역疾疫을 치료하게 하였으나 군사의 수효는 많은데 비해 두 관사官司의 의원醫員은 적으니 쉽사리 구료救療할 수 없습니다. 청컨대 한 차사원이 맡은 세 고을 군사마다 각기 의학생도醫學生徒 두세 명을 인솔하되 약재까지 준비해 오게 해서 서울 의원의 지시를 받아 치료하도록 하게 하소서."

이 일은 농번기를 피하다보니 한겨울에 할 수밖에 없었다. 태상왕 태종은 여러 도에서 사람들을 이끌고 오는 차사원·수령들에게 기한에 맞추느라고 무리하지 말고 날씨가 추우면 길을 멈추고 불을 때면서 묵었다가 날씨가 따뜻해지면 다시 출발하게 하여 동사하는 사람이 하나도 없게 하라고 당부를 하였다.[57]

토성이 석성으로 변모하다

고역 성역   1422년세종 4 1월 15일 드디어 목멱산과 백악의
                               신에게 제사 지내어 도성을 고쳐 쌓음을 고함으

성돌 | 왼편에는 태조 때 쌓은 거친 돌, 오른편은 세종 때 쌓은 다듬은 돌인데 아랫부분은 큰 돌로, 윗부분
은 작은 돌로 쌓았다. 부조화의 조화를 이루고 있다.

로써 성역을 시작하였다.[58] 제사를 지낸 바로 그 다음 날부터 도성을 수축하기 시작하였다.[59] 태상왕 태종과 임금 세종은 사람을 보내어 술을 내리어 도성수축도감 제조들을 태평관太平館에서 위로하였다. 또한 군인들의 출입하는 길을 통하게 하려 숙정문과 창의문 두 문을 열고, 도성의 동쪽과 서쪽에 구료소 네 곳을 설치하여 의원 60명과 승려 300명이 병들고 다친 역군들을 치료하여 주도록 하였다.

도성을 쌓는 공사를 하면서 수문도 좀 더 크게 만들었다. 개천이 넘쳐서 천변의 인가가 물에 잠겼기 때문이다. 그래서 세 칸이었던 북쪽 수문에 한 칸을 더하고, 두 칸이었던 남쪽 수문에도 한 칸을 더하게 하였다.[60] 그와 함께 수문 양옆을 돌로 쌓아 하천을 넓히도록 하였다. 태조 대에 쌓은 도성을 단순히 고치는 데 그치지 않고 근본적인 취약점을 보완한 것이다.

임금은 교지를 내려 도성을 고쳐 쌓은 뒤 혹시 돌 한 개라도 무너져 떨어지는 것이 있으면 즉시 그 감독관으로 하여금 고쳐 보완하게 하되, 그것으로 그치는 것이 아니라 관계자들을 모두 죄를 물으라고 하였다.[61]

도성을 쌓는 일에 동원된 군정들은 고역을 지는 데 대해서 아무런 대가를 받지 못하였다. 자기들이 먹을 식량도 스스로 준비해야 했다. 그렇게 마련해온 식량이 불에 타면 어쩌겠는가? 금세 다시 조달하기도 어려운 일이다. 자칫 굶어죽을 수밖에 없는 지경이었다. 이러한 경우에는 어쩔 수 없이 조정에서 양식을 나눠주기도 하였다.[62] 이렇게 고달픈 사정은 군정들에게만 해당되었다. 이들을 이끌고 온 차사원이나 수령 같은 관원들은 그 어려운 상황 가운데서도 먹고 마시는 데 도를 넘는 짓을 하기도 하였나보다. 사헌부에서 임금께 문서를 올려 아뢰었다.[63]

"지금 도성을 고쳐 쌓는 역사를 수행하는데 각 도에서 역부들을 이끌고 온 수령관首領官과 수령守令들이 규정에 따라 공급하는 물품 외에 술과 고기를 많이 준비하여 끊이지 않고 실어 날라다가 각 작업 구역을 감독하는 제조提調와

삼선동 일대의 성벽 | 세종 대 쌓은 성돌은 세월의 무게가 더해져 검게 변했다. 그 위에 1970년대에 새로 쌓은 부분이 올라앉았다.

낭청郎廳 및 서울의 벗이나 동료들에게 제멋대로 음식을 공궤합니다. 각 고을의 총패, 두목, 담당 아전[色吏]들도 그들이 관할하는 군인들에게 강제로 물품을 거두어 폐단을 일으킵니다. 또 각 도의 수령관과 차사원들도 다투어 서로 공을 과시하고자 수효 외의 정부들을 더 뽑아서 데려오기도 합니다. 임금의 교지를 어겨서까지 작업 시간이 넘도록 일을 시켜 곤고하게 하고 병들게 하는 경우가 간혹 있습니다. 저희 사헌부에서 이러한 일들을 검찰하여 죄를 다스리기를 청합니다."

임금이 이 말을 따랐다. 도성을 쌓으러 끌려온 백성들을 누가 괴롭히는가? 더 근본적으로 누가 이들을 징발하였는가? 물론 이들을 직접 대하는 관원들, 수령관과 수령, 각 고을의 총패, 두목, 담당 아전[色吏], 그리고 각 도의 차사원들을 1차적으로 손꼽아야 한다. 하지만 이들에게만 죄와 허물이 있는가?

중세 왕조국가를 유지하기 위해서는 생산의 근본이 되는 토지와 그 수확물에 대해서 세稅를 거두지 않을 수 없고, 국가의 정식 구성원인 인정人丁에 대해서 역役을 징발하지 않을 수 없었다. 비단 중세 왕조국가만이 아니라 현대 민주국가도 크게는 다를 바 없다. 그렇게 보면 백성들에게 대가를 지불하지 않고 동원하는 중세 왕조국가의 체제 자체가 문제의 근원이다. 그 정점에 있는 임금이 원죄의 출발점이요 귀결점이다. 하지만 왕조국가에서 임금에게 책임을 물을 수는 없다. 국가를 상대로 따질 수도 없다. 그러니 결국 현장에서 직접 정부를 동원하고 이끌고 와서 부리는 실무자들에게 책임을 물을 수밖에 없게 된다.

도성을 쌓으러 서울까지 와서 일을 하는 것은 고역 중의 고역이었다. 이 상황을 벗어나려는 시도가 왜 없겠나? 도망해 고향으로 돌아가는 이들도 있었다. 국가에서는 그들을 용인하고 방관할 수는 없었다. 그렇게 한다면 성을 쌓을 수 없을 것이요, 국가를 유지하기 어렵게 될 것이다. 도망자들에게는 가혹한 형벌이 내려졌다. 초범은 장 100대를 치고, 재범은 참형에 처하도록 정하였다.[64] 또한 도성수축도감에서는 판관을 각 도에 보내어 끝까지 찾아내어 장杖을 침으로써 다른 사람들에게 본보기로 삼았다.[65]

세종, 약과 술을 내리다

세종은 부왕인 태종의 셋째 아들 충녕대군忠寧大君이었다. 애초에 왕위는 그의 것이 아니었다. 그럼에도 태종이 세자를 폐위시켜 양녕대군讓寧大君으로 되돌리고 충녕대군을 세자로, 결국에는 임금으로 세워주었다. 임금 자리에 앉혀준 데 그치지 않고, 임금이 된 다음에는 태종 자신이 태상왕이 되어 임금으로서 부담스런 일들을 대신 감당해 주었다. 그러니 세종으로서는 임금 노릇을 하면서 백성들에게 원성을 들을 일은 하지 않아도 되었다. 그보다는 주로 환영받을 만한 일, 칭송받을 만한 일들을 하면 되었다. 오늘날 세종이 받고 있는 평가의 상당 부분은 어쩌면 태종에게 돌려야 할지 모르겠다. 태종이 태상왕으로서 임금을 대신해서 처리한 부담스런 일 가운데 대표적인 것이 바로 도성을 고쳐 쌓는 일이었다.

성역이 거의 끝나가는 무렵인 1422년세종 4 2월 26일, 세종은 관원들을 만나 국정을 처리하는 자리에서 성을 쌓는 군인들이 죽는 자가 많다는데 그 이유가 무엇이냐고 물었다. 이에 공조참판工曹參判 이장李蔵이라는 사람이 무책임하기 짝이 없는 대답을 하였다. "공사 감독인 제조들 수십 명 가운데 박춘귀朴春貴라는 사람도 병들어 죽었습니다. 30만여 명이나 되는 군사들 가운데 5백, 6백명쯤 죽는 것이 괴이할 바가 무엇이 있습니까?" 세종은 이장이 나간 뒤에 측근들에게 말했다. "이장의 말이 참으로 옳지 못하다. 군인들이 죽는 것이 어찌 박춘귀가 죽은 이유와 같단 말인가?"[66]

세종은 태상왕 태종을 뵌 자리에서 군정들 가운데 죽은 자가 많음을 아뢰었다. 태상왕은 노해서 그 자리에 있던 조말생趙末生, 이명덕 등 고위 관원들에게 소리쳤다. "성을 쌓는 군사들 가운데 죽은 자가 많다고 하는데 경들은 어찌해서 내게 알리지 않았는가? 지금 다행히 주상의 말을 듣고 이를 알게 되었지 그렇지 않았으면 알 도리가 없지 않았는가? 이는 사슴을 가리켜 말이라고 하는 것과 무엇이 다른가?" 그러고는 곧바로 병조에 명을 내려 의원을 이끌고 성 바깥을 돌면서 병든 자와 굶주린 자, 죽은 채로 버려진 자들을 두루 찾아 조치하도록 하였다. 한성부에는 성 밖 십리 안을 살펴보도록 영을 내렸다.[67]

태종의 이 말은 곧이곧대로 믿기 어렵다. 노회한 태종이 성을 쌓는 군사들이 고통 받고 심지어 죽기까지 한다는 사실을 몰랐을 리가 없다. 다만 세종의 면을 세워주느라 짐짓 언성을 높인 것으로 볼 수밖에 없다. 세종은 이어서 도성에 부역했던 군인들이 집으로 돌아가는 길에 병을 얻으면 치료를 받지 못하고 죽음에 이르는 경우까지 있으니 그 가는 지역의 수령과

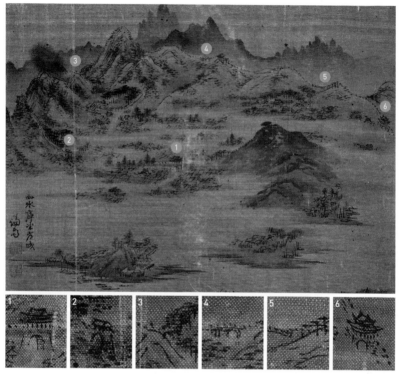

정선, 〈서빙고망도성도〉 | 도성 서쪽 바깥 서빙고에서 본 도성 전경이다. 상단에 도봉산과 북한산 줄기가 배경을 이루고, 아래로 내사산이 벌려 있으며, 하단으로 한강이 흐른다. 그림 가운데의 숭례문(1)부터 시계 방향으로 돈의문(2), 창의문(3), 숙정문(4), 혜화문(5), 흥인문(6)이 보인다. (삼성미술관 리움 소장)

역승驛丞들은 친히 스스로 그들을 둘러보고 약재와 죽으로 잘 치료해 주라고 교지를 내렸다. 그것만으로 안심이 되지 않았던지 지인知印이라는 감독관을 각 도로 보내어 살피게 하였다.[68] 세종다운 배려였다.

역을 징발하여야 유지될 수 있는 왕조국가에서 그저 이 정도의 배려와 통제를 하는 것만으로도 성은이 망극하여이다 하고 머리를 조아려야 하나? 폭압적으로 이들을 착취하는 것보다야 낫지만 근본적인 문제의 소재는 임금과 왕조국가에 있음에는 변함이 없다. 세종으로서는 정부들을

보살피면서 동시에 역부들을 이끌고 온 수령관, 차사원, 수령들 또한 위로
하지 않을 수 없었다. 그들에게 술을 하사하였다.[69]

　1422년세종 4의 도성을 고쳐 쌓는 일은 비교적 순탄하게 진행되었다.
공사를 시작한 지 한 달 만인 2월 15일에는 거의 마치는 단계에 이르렀고,
2월 23일에는 역사를 마쳤다.[70]

　도성의 역사를 마쳤다. 성을 모두 돌로 쌓았다. 험지險地는 높이가 16척이요,
그 다음으로 높은 곳이 20척이요, 평지는 높이가 23척이었다. 수문 두 간을
더 설치하여 물의 흐름이 막힌 것을 통하게 하였다. 서전문을 막고 돈의문을
설치하였다. 성의 안팎에 길을 열었는데, 모두 너비가 15척으로 순심하기에
편리하게 하였다. 사용된 쇠가 10만 6천 1백 99근이요, 석회石灰가 9천 6백 10
석이었다. 그 사용하고 남은 쇠를 거두어 각 도의 세공歲貢에 충당하였다.

　태조 대에는 토성이 전체의 3분의 2에 달했는데 이를 모두 석성으로
바꾸었다. 험지에 쌓은 석성의 높이가 태조 대에 쌓은 것은 15척이었는
데 세종 대에는 16척으로 조금 높아졌고, 평지의 성 높이는 태조 대의 토
성이 25척이었던 데 비해서 23척으로 조금 낮아졌다. 높이는 대체로 태조
대의 규모에서 크게 벗어나지 않았음을 알 수 있다. 개천이 흘러나가다가
도성과 만나는 곳의 수문은 넓혔다.

　세종 대 태상왕 태종의 주도로 고쳐 쌓음으로써 도성은 이제 온전히
제 모습을 갖추었다. 그 터는 태조 대의 터를 거의 그대로 이어받아서, 오
늘날까지 그 기본선을 지키고 있다. 구체적인 모양이야 변하였지만, 그래
도 그 골격은 그대로 유지하고 있다고 보아야 할 것이다. 서울은 이제 몸
에 맞는 의관을 갖추었고, 그 의관은 왕도이자 수도 한성부를 겉으로 드
러내는 대표적인 표상이 되었다.

3

도성,
전란을 겪다

임진왜란이 일어나다

맥없이 함락된 도성   1592년^{선조 25} 4월 13일 왜군이 부산성으로 쳐들
어왔다.[71] 임진왜란이 일어난 것이다. 다음 날 동
래가 함락되고, 이어 김해와 밀양, 4월 25일에는
상주, 28일에는 충주가 연달아 무너졌다. 충주 패배 소식이 전해지자 28
일 조정에서는 거빈^{去邠}, 곧 임금이 서울을 떠나는 문제가 논의되었고,[72]
그 다음 날 거빈이 결정되었다.[73]

　　바로 다음 날인 4월 30일 새벽 쏟아지는 빗속에 선조^{宣祖}와 왕실, 그리
고 조정 신료들은 빗속에서 창덕궁 인정전^{仁政殿}을 떠나 돈의문을 나서 서
행 길에 올랐다.[74] 5월 2일에는 개성에 당도하여 머물렀다. 개성에 머무르
고 있던 5월 3일, 서울이 함락되었다는 소식이 전해지자 선조는 다시 개

변박, 〈부산진순절도〉 | 1592년 4월 13일 왜군이 대대적으로 부산으로 쳐들어왔다. 정발 등 조선군은 힘껏 싸웠으나 모두 순절하였다. (육군박물관 소장)

성을 떠나 북쪽으로 향했다.[75] 임금과 조정이 백성들의 마음과 힘을 모아 왕도를 지키지 못하고 무력하게 떠났으니 도성을 누가 지키겠는가?《선조실록宣祖實錄》은 당시의 상황을 다음과 같이 전한다.[76]

왜군은 충주에서 먼저 조선군 모습으로 변장한 정탐을 보내 임금과 조정이 모두 서울을 떠났음을 확인한 다음 부대를 나누어 진격하게 하였다. 한 부대는 양지, 용인을 거쳐 한강진漢江鎭으로 왔고, 한 부대는 여주, 이천을 거쳐 용진龍津으로 왔다. 왜군 기병 몇이 한강의 남쪽 강안에 도달하여 거짓으로 강을 건너는 모양새를 취하자 조선군의 여러 장수가 얼굴색이 변하여 좌우 장졸들에게 말안장을 지우라고 하면서 도주하니 조선군은 대오를 잃어버리고 무너졌다. 도검찰사都檢察使 이양원李陽元이 도성을 버리고 도주하였다. 도원수都元帥 김명원金命元과 신각申恪의 부대도 각자 도망하여 흩어졌다. 이렇게 되자 경성은 텅 비게 되었다.
적군은 흥인문 밖에 도달해서 성문이 열려 있고 수비하는 군사가 없는 것을 보고 의심을 품고 들어오지 못하고 병사 수십 명을 먼저 성 안에 들여보내 수십 번을 정탐하였다. 종루에 이르러 조선 군병이 한 명도 없음을 확인한 다음에야 본진이 들어왔다. 그때에 궁궐이 모두 불타 없어졌다. 왜군 대장 평수가平秀家가 도성에 들어와 종묘에 진을 쳤다. 밤마다 신병神兵이 나타나 왜군을 치자 적병들은 문득문득 놀라며 두려워하면서 자기들끼리 서로 칼로 쳐서 죽임으로써 상한 자가 생기고 죽는 자도 여럿이 생겼다. 평수가가 부득이 남별궁南別宮으로 주둔지를 옮겼다.

서울에 있던 임금과 조정 그리고 도망할 능력이 있는 양반들, 심지어 장수와 병졸들까지 모두 도망한 상황에서 누가 이러한 사정을 보고 기록하였을까?《선조실록》은 무엇을 근거로 이렇게 기술하였을까? 조선 측 자료라는 것은 모두 어차피 근본적인 한계를 안고 있을 수밖에 없다.

누가 왕도를
불태웠는가?

일본 측 자료라고 정확하겠는가? 그쪽도 한계는 안고 있다. 하지만 현장에 있었거나 현장에 있었던 사람의 말을 전해 듣고 쓴 것이라면 조선 측 자료보다 신빙성이 더 크지 않겠는가? 임진왜란 당시 일본인들의 참전기나 종군기 등 일본 측 자료들을 보아야 할 이유다. 먼저 고니시 유키나가[小西行長] 휘하의 장수 오제키 사다스케[大關定祐]의 전기인 《조선정벌기朝鮮征伐記》를 보자.

(5월 3일) 술시戌時. 오후 7~9시 조선의 도읍 동대문 안으로 진입, 그곳에서 황성皇城의 모습을 바라보니 옥루금전玉樓金殿 늘어선 기와집, 널따란 성벽들의 조형미는 극치에 달하고 수천만 헌軒과 늘어선 대문들, 보귀로운 모습은 이루 말로 다할 길 없다. 그런데도 막아 싸우려는 병사들은 보이지 않고 대문은 굳게 닫혀 있어 온통 적막하였다. …

내리內裏 안으로 들어가 보니 궁전은 텅 비었고 사대문은 제멋대로 열려 있었다. 그제야 전각殿閣을 자세히 살펴보니 궁궐은 구름 위에 솟아 있고 누대는 찬란한 빛을 발하여 그 아름다운 모습은 진궁秦宮의 장려함을 방불케 하더라. … 후궁後宮에는 화장품 향기가 감돌고 산호의 대상臺上에는 화려한 거울이 덧없이 남아 있었다. 난 향기는 전각 밖까지 풍기고 사람 살던 자취도 그렇거니와 하염없는 구슬로 장식한 침상들이 고스란히 남아 있었다.

건물마다 문이 열려 있고 궁문을 지키는 자 없으니 어디를 보아도 처량하기 짝이 없다. 그토록 용맹한 고니시도 천자天子의 옥좌玉座에 절을 하고 신성하고 고아한 분위기에 휩싸여 두 눈에 눈물이 괴니 소오 쓰시마, 아리마, 오무라도 따라 눈물을 흘리었다.

위 내용을 그대로 다 믿을 수는 없지만 그래도 조선 측 자료보다는 신빙성이 크다고 인정하지 않을 수 없다. 이 기록을 어느 정도 인정한다면

〈은대계회도〉(그림 부분) | 1560년 승정원 관원들이 창덕궁 인정전 동쪽 회랑 바깥에 있는 승정원에서 모였다. 임진왜란 이전 창덕궁 인정전과 그 동편 궐내각사의 모습을 확인할 수 있는 자료다. (개인 소장)

왜군의 선봉대로서 고니시 유키나가 부대가 서울에 처음 들어온 5월 3일에는 궁궐이 파괴되지 않은 상태였음을 확인할 수 있다.

　왜군의 두 번째 부대인 가토 기요마사[加藤淸正] 부대가 서울에 들어온 때는 이튿날인 5월 4일 오전이었다. 그때까지도 궁궐은 보전되어 있었다. 가토 부대의 종군 승려 제타쿠[是琢]는 자신의 종군기인 《조선일기朝鮮日記》에 그가 처음 서울에 들어와서 청기와로 이은 궁궐의 모습을 보고 경탄하였던 일을 기록하였다. 그러나 또 다른 종군 승려 덴케이[天荊]의 《서정일기西征日記》에는 궁궐이 5월 7일자에 불타 없어졌다고 쓰여 있다.

금중禁中에 들어가니 궁전은 모두 초토로 변해 있었다. ⋯ 곁에 누원漏院이 남아 있는데 이는 실로 화후火後의 일봉초라 하겠다.

이상 일본 측 기록들을 종합해 보면 궁궐은 5월 4일에서 7일 사이 어느 때 불에 타서 파괴되었다고 추정할 수 있다. 궁궐이 불에 탄 시점이 일군이 서울을 점령한 직후라면 궁궐의 파괴한 주범도 왜군이라는 추정이 가능하다.

왜군 중에서도 한양을 파괴해서는 안 된다고 도요토미 히데요시[豊臣秀吉]에게 건의한 바 있고, 무역이 단절될 것을 염려해 조선을 파괴해서는 안 된다는 생각을 갖고 있었던 고니시 유키나가보다는, 주전파이며 초토작전의 명수로서 이미 경주 등을 닥치는 대로 방화했던 가토 기요마사 쪽에 혐의를 두는 견해를 억지라고 할 수 없다.

이렇게 임진왜란으로 서울의 궁궐들은 완전히 파괴되어버렸다. 종묘도 관아도 많은 민가들도 불에 탔다. 이러한 터에 도성이라고 온전할 수 있었겠는가? 서울은 단지 건축물만이 탄 것이 아니라 왕도이자 수도로서의 면모를 크게 잃어버리게 되었다.

반정과 반란

반정군, 창의문으로 들어오다   임진왜란을 겪은 선조의 뒤를 이은 임금인 광해군光海君 대에 이르러 국제 관계와 내정을 재정립하기 위한 노력이 시작되었다. 중국에서 명나라와 청나라가 교체되는 환경 속에서 광해군은 균형 외교를 추구하여 조선의 실리를 추구하였다. 하지만 내정에서는 광해군 자신의 취약한 정통성을 방어하려고 무리한 조치를 남발함으로써 위기를 자초하였다. 그 무리한 조치 가운데 한 가지로 과도한 토목 공사가 있었다. 광해군은 과도하다고 할 정도로 창덕궁 및 창경궁, 그리고 인경궁仁慶宮과 경덕궁慶德宮 등 여러 궁궐과 관아를 다시 짓는 토목 공사에 집착하였다. 그 결과 서울은 외형상 임진왜란의 상처를 극복하면서 어느 정도 제 모습을 찾아갔다. 이러한 흐름은 1623년광해군 15 3월 12일에 인조반정仁祖反正이 일어나면서 끊어졌다.

선조 대부터 붕당이라는 이름의 정치 집단이 둘 이상 공존하면서 서로 견제하고 비판하는 정치 형태인 붕당정치가 자리를 잡았다. 하지만 광해군 그리고 광해군과 밀착된 대북大北 집단은 과도하게 권력을 독점하여 행사함으로써 붕당정치의 흐름을 거슬렀다. 인조반정은 이에 대한 반발이라고 할 수 있다. 인조반정을 일으킨 주체는 흔히 서인西人으로 이야기된다. 하지만 서인은 여러 갈래의 개인과 집단이 뒤섞여 있어 단일한 정치 집단이라고 할 수 없었다. 이들이 광해군의 이복동생인 정원군定遠君의 아들인 능양군綾陽君을 추대하였으니 이 능양군이 곧 인조仁祖다.

거사 당일에 능양군은 자신의 별서別墅와 가까운 연서역延曙驛이 있는 마을에 나와 있었다.[77] 연서역은 서울에서 서오릉西五陵으로 가는 길목에 있던 역이다. 반정군은 홍제원弘濟院 터에 모였다. 서울에서 의주로 가는 대로와 홍제천이 만나는 지점이다. 거기서 홍제천변을 따라 올라와 한밤중인 3경에 창의문으로 들어왔다. 창의문 빗장을 부수고 들어가며 그곳을 지키던 선전관宣傳官을 죽이고 북을 울리며 진군하였다.

반정군의 동태는 임금에게도 일찌감치 보고되어서, 광해군은 조정 관료들을 궁궐로 불렀다. 또한 장교를 보내 창의문 밖을 수색하게 하였으나 그 장교는 한밤이 되어도 명을 따르지 않았다. 반정군은 그 뒤 아무런 저항을 받지 않고 창덕궁에 당도하였다. 궁성을 호위하는 임무를 맡은 훈련도감訓鍊都監 대장은 은밀히 반정군과 내통하고 있었기에 반정군이 이르자

정선, 〈창의문〉, 《장동팔경첩》 | 도성 안에서 바라본 창의문 일대를 그렸다. 인조반정 때 반정군도 창의문을 통해 이 길로 들어왔을 것이다. (국립중앙박물관 소장)

무기를 버리고 나와 맞았다. 고위 관료들도 모두 도주하여 흩어졌다. 반정군은 단봉문^{丹鳳門}을 열고 창덕궁으로 들어갔다. 뒤이어 능양군이 창덕궁에 당도하여 인정전 월대^{月臺}의 서쪽 계단으로 올라 동향하고 넓은 평상 위에 앉자 여러 장수와 병졸들이 열을 지어 시위하였다. 광해군은 후원의

소나무 숲을 지나 사다리를 놓고 궁성을 넘어가 내시에게 업혀 가서 사복시司僕寺 옆 수로변에 있던 의관醫官의 집에 숨었다.

　조선왕조에서 의관은 중인 신분이었다. 사복시 옆으로 흐르는 수로는 삼청동에서 내려와 개천으로 흘러드는 삼청동천三淸洞川을 가리키는 것으로 보인다. 사복시는 오늘날의 종로구청 서북쪽가에 있었다. 한 나라의 임금이 사다리를 타고 궁성을 넘어 내시의 등에 업혀 가서 의관의 집에 숨는 모습은 참으로 초라하다. 광해군도 그렇지만 당시 조정 관료들이나 장수들도 비겁해 보이기는 마찬가지다. 이미 대세가 기울었다고 판단했는지 별다른 저항을 하지 않고 도망하기에 급했다. 이러한 상황에서 도성이든 궁성이든 군사적 방어 시설로 무슨 기능을 발휘할까? 도성의 서북편에 있어 그리 통행이 많지 않은 한적한 문이었던 창의문만 의병이 들어온 문이라 하여 그 이후 높임을 받았다.

이괄, 난을 일으키다　인조반정 이후 권력을 배분하고 국가 경영 체계를 재편하는 과정에서 반정에 참여한 개인 또는

〈이귀초상〉(왼쪽) | 인조반정 이후 반정의 중심 인물이었던 이귀는 정사공신 1등에 책봉되었다. (국립중앙
박물관 소장)
〈이시백초상〉(오른쪽) | 이귀의 아들인 이시백은 정사공신 2등으로 책봉되었다. (국립중앙박물관 소장)

집단 사이에 대립과 갈등이 생겼다. 그 쟁점으로 처음 불거진 사안이 반정 가담 인물들에 대한 논공행상, 공신 책봉이었다. 이때의 공신 칭호는 정사공신靖社功臣이라고 했는데, 책봉은 1623년인조 1 윤10월에 김류金瑬와 이귀李貴가 주도하였다. 1등에 김류, 이귀, 김자점金自點 등 10인, 2등에 이괄李适, 이시백李時白, 장유張維 등 15인, 3등에 28인이 녹훈되었다.

반정에 참여한 소수 핵심 인물들의 독단과 그들 사이의 알력, 인조의 우유부단함에 더하여 반정에 참여하였던 이들 가운데는 논공행상에 불만을 품은 사람도 있었다. 이괄이 대표적인 인물이었다. 무관인 이괄은 1622년광해군 14 12월 16일에 북병사北兵使로 제수되었으나 부임하지 않고 있던 차에 1623년광해군 15 3월 12일에 반정이 일어나자 이에 참여하였다. 이괄은 반정 당일 홍제원에 모인 사람들이 동요하는 조짐을 보이자 대장이 되어서 흔들리는 군중을 조직하고 안정시켜 통솔하였다.이때 소극적인 태도를 보이며 집에 머물고 있었던 김류와 사이가 틀어졌다.[78]

이괄은 반정 이후 참여자들의 공을 임금 앞에서 논하는 자리에 이귀, 김류와 함께 참여하기도 하였으나 8월 17일에는 평안도 지방을 지키는 부원수副元帥가 되어 부임하였다.[79] 그가 임지에 내려가 있던 동안인 윤10월 18일에 정사공신 책봉이 확정되었고, 이괄은 2등에 녹훈되었다. 불만을 품을 만하다고 생각되지만 이괄이 바로 불만을 표출하였는지 알려주는 자료는 알려진 바 없다.

그러던 중 1624년인조 2 1월 17일에 이괄이 그 아들 이전李旃과 함께 변란을 꾀하였다는 고변이 들어왔다.[80] 1월 21일에 옛 동지 이귀가 이괄을 국문하여야 한다고 청하였고,[81] 다음 날에는 양사兩司에서도 국문할 것을 주장하였다.[82] 1월 24일 이괄은 자신의 군중에 와 있던 아들 이전을 체포하러 금부도사, 선전관, 내시가 오자 그들을 죽이고 반역의 군사를 일으켰다.[83] 조정에서는 최고위 관료를 방어 책임자로 임명하고, 전국에서 군사를 모으는 한편 재판을 진행 중이던 혐의자들 다수를 즉시 처형하고, 이괄의 친족親族과 처족妻族을 가두는 등 대응책에 부심하였다. 이괄의 군대는 관군이 있는 곳을 피하여 서울을 향해 빠르게 진격했다.

2월 4일 이괄군이 황해도 황주에서 관군을 격파하자 조정에서는 이괄의 가족을 처형하였다.[84] 2월 7일 예성강 상류 평산 인근의 마탄에서 이괄군이 관군을 크게 이기고,[85] 2월 8일에는 임진강을 건넜다.[86] 이날 왕대비와 왕비는 강화도로, 임금 인조는 공주로 피난길에 올랐다. 임금이 밤에 떠나는데 미처 숭례문을 열어놓지 못하여서 승지의 하인이 돌로 자물쇠를 부순 뒤에 문을 열고 나갔다.[87] 임금이 한강을 건널 즈음에 도성을 돌아다보니 궁궐이 불에 타면서 나는 연기가 하늘을 덮었다. 임진왜란 당시 선조는 외적에게 쫓겨 돈의문을 나섰는데, 이때 인조는 자신을 임금으로 추대하는 데 동참했던 신하가 일으킨 내란에 떠밀려 숭례문을 나섰다. 도성을 뒤돌아보는 인조의 심경은 어떠했을까?

이괄군의 패퇴　　　　　　인조는 그렇게 도성을 떠나 과천, 수원, 직산을
　　　　　　　　　　　　거쳐 2월 11일 해질 무렵 천안에 도달하였다. 그
　　　　　　　　　　　　날 서울 안현鞍峴에서 관군과 이괄군 사이에 결전
이 벌어져 관군이 크게 이겼다.[88] 안현은 안산 자락의 어느 고개를 가리키
는 것으로 보인다.《인조실록仁祖實錄》의 이 시기 다른 기사들이 소략한 데
비해 이 전투에 대한 서술은 비교적 상세하다. 오늘날 보기에는 참 명분
없는 전투이기는 하지만, 도성의 이곳저곳이 등장하니 찬찬히 읽어보자.

　　관군이 적병과 안현에서 크게 싸웠는데 적병이 크게 패하여 도망쳤다. 애초
　에 이괄이 정사靖社하던 날 큰 공을 세웠으나 조정에서 그를 대함이 그의 뜻
　에 차지 못하였다. 이괄이 자기의 재능을 믿고 국가를 경시하여 반역을 음모
　하였는데 그의 아들이 체포되게 되자 자기 휘하를 협박하고 한명련韓明璉과
　연결하고 모의하여 군대를 일으켜 반역하였다. 두 역적은 모두 용병用兵을 잘
　하여 허술한 틈을 타서 곧바로 서울을 치려는 생각을 가졌는데 원수 이하 장
　수들이 겁내고 무서워하여 머뭇거리고 피하면서 감히 교전하지 못하였다. 마
　탄에서 패배하면서는 관군의 기세가 더욱 꺾여 적병이 마치 무인지경을 밟듯
　하여 마침내 경성에 들어왔다.
　　관군의 여러 장수들이 뒤따라 경성에 이르렀다. 원수 장만張晚이 처음에는 적군
　이 있는 도성을 둘러싸 지켜서 적을 곤궁하게 하려 하였다. 이에 정충신鄭忠信이
　말하였다. "지금 취할 계책으로는 곧바로 안현에 올라가 적과 결전을 겨루는
　것이 가장 좋습니다. 이것은 병법에 이른바 먼저 북쪽 산을 차지한 자가 이긴
　다는 것입니다." 남이흥南以興이 그 계책을 찬성하였다. 이에 정충신 등이 밤
　을 틈타 안현에 진을 쳤다.
　　적군은 거침없이 달려와 궁궐을 차지하고 있었으므로 스스로 대적이 없다고

돈의문과 안산 ㅣ 경희궁 남쪽 상림원에서 북으로 바라보고 찍은 사진이다. 사진 왼쪽에는 돈의문이 보이고, 오른쪽으로 이어지는 성벽 너머로 안산이 크게 보인다. (월터 힐리어 사진, 1889-1892년)

믿고 싸우지 않아도 패배시킬 수 있다고 말하였다. 이튿날 이른 아침에 무리를 출동시켜 성을 나와 길을 나누어 전진하였다. 험한 지형을 올려다보며 공격하므로 포탄과 화살이 사람을 맞추지 못하였다. 관군의 여러 장수들도 적군을 놓쳐 도성에 들어오게 한 죄를 스스로 알기에 죽기를 각오하고 힘껏 싸웠다. 험한 지세를 먼저 차지한 데다가 하늘까지 도와서 교전하는 초기에 풍세가 갑자기 바뀌었다. 관군이 승세를 타서 사기가 절로 배나 되었다. 적군이 마침내 크게 패해서 되돌아 달아났는데 적병 400여 급級을 베고 300여 인을 사로잡았다. 적군이 남은 무리를 거느리고 수구문光熙門을 통해 달아났다. 유효걸柳孝傑이 20여 기를 거느리고 추격하였다. 이 전투에서 선천부사宣川府使 김경운金慶雲이 앞장서서 힘껏 싸우다가 탄환에 맞아 죽었다.

본래는 이괄군이 먼저 도성을 차지하고 있으면서 방어를 하고 관군이 뒤늦게 따라와 공격을 하는 형세였다. 그런데 역으로 관군이 안현에 진을 치자, 이괄군이 경사지를 올라가며 공격을 하는 형국으로 바뀌었다. 이괄군이 너무 자만하지 않았나 생각된다. 결과는 이괄군의 대패. 그런데 안현은 도성의 서북쪽 바깥이고, 광희문은 동남쪽의 문인데 패주하는 이괄군은 왜 안현에서 광희문을 통해서 도성을 빠져나간 것일까? 상황이 확연히 이해되지 않는 면이 있다.

성 위의 싸움 구경　　보통 《승정원일기承政院日記》는 실록보다 내용이 상세하다. 《인조실록》이 다 전하지 못하는 부분을 혹시 《승정원일기》가 보완해 주지 않을까 기대하기 마련이다. 《승정원일기》는 영조 대에 불에 타서 다시 만들었는데, 인조 1년분부터 다시 만들었다. 그런데 웬일인지 이괄의 난이 일어난 인조 2년분만 빠져 있다. 비변사에서 취급한 문서를 모은 《비변사등록》을 찾아보니 인조 대 기사들이 있기는 있는데…. 아니? 이번에는 바로 그 2월 9일부터 11일 사이의 기사가 빠져 있다. 공식 기록에 이 부분이 누락되어 있는 것은 이 부분을 기록하는 데 뭔가 껄끄러운 점이 있었기 때문이 아닐까 추측할 수 있다.

　개인이 남긴 기록물에 이괄의 난에 대한 기사가 몇 군데 나오는데, 그 가운데 이중협李重協이라는 사람이 쓴 《비어고備禦考》라는 책이 있다. 아마도 병자호란 뒤 어느 시기에 국방에 관련된 자료들을 모으고 또 자신이 글을 써 책으로 묶은 것으로 보인다. 그 7책에 이괄의 난에 관한 기사가 있다. 얼마나 신빙성이 있는지는 따져보아야 하겠지만, 분량도 꽤 되고 서술 내용도 마치 현장에서 본 듯이 상세하다. 이 가운데 도성과 직접 관련되는 부분을 발췌해보자. 먼저 이괄군이 도성으로 들어오는 장면이다.[89]

초10일에 이괄과 한명련이 연이어 입성하였다. 이괄의 아우 이수李邃, 이충길李忠信, 이시언李時言의 아들 욱煜 등이 수천 명을 모집하여 이끌고 사라치沙羅峙 북쪽에 이르러 적병을 영접하여 선도하였다. 또 각사의 이서吏胥와 예대隷臺들이 복장을 갖추고 나와서 맞이하는 자들도 있었고, 방민坊民들은 도로를 닦고 황토를 펴서 맞이하였다. 이괄이 성중으로 들어가 경복궁에 주둔하였다.

이괄의 난이 평정된 뒤의 기록이므로 이괄군을 '적賊'으로 기술한다. 이괄군이 들어오기 전에 이미 도성 안에 내응하는 집단이 있어서 나가서 맞아들였고, 방민들은 대대적으로 환영하였다는 것이다. 그런 사실이 있

인왕산 남쪽의 도성 | 상단 왼편의 인왕산 남쪽 기슭으로 도성이 흘러내리고 있다. 오늘날 현저동 인근에서 동쪽으로 바라본 모습이다. (헤르만 산더 사진, 1907년)

었다고 할 수 있겠지만 그 규모와 열기가 어느 정도인지 실상을 판단하기는 어렵다. 사라치는 어디인지 다른 기록에서 찾기 어렵다. 아마도 서울에서 의주로 통하는 제1대로의 녹번현이나 박석고개쯤 되지 않을까 추측할 뿐이다. 확인할 수 있는 사실은 이괄군이 아무런 전투를 벌이지 않고 도성 안으로 들어갔으며, 빈 궁궐터인 경복궁에 주둔하였다는 점이다.

　관군은 이괄군을 뒤쫓아 서울로 왔다. 이괄군이 도성을 차지하고 지키는 가운데 관군이 공격을 하는 이상한 상황이 벌어졌다. 관군이 전투를 어떻게 치를지 작전을 논의하는 가운데 정충신이 도성을 포위하는 작전은 불가하고, 안령鞍嶺을 선점하여 도성을 내려다보며 싸우면 승산이 있다고

안산에서 바라본 인왕산 | 사진 중앙에 인왕산이 자리 잡고 있다. 그 너머 오른편으로는 서울 장안이 훤히 보인다.

역설하였다. 안령은 안현을 달리 표기한 것이다. 이 고개를 넘으면 돈의문이나 소의문, 숭례문으로 길이 통하여 바로 도성으로 들어갈 수 있다.

정충신은 날랜 기병 수십 기를 이끌고 몰래 고개 위로 올라가 봉졸烽卒들을 장악하여 평상시대로 봉화烽火를 올리게 하여 이괄군을 안심하게 하였다. 그리고 군졸을 무악재 너머 상암裳巖에 매복하게 하여 창의문으로 가는 퇴로를 막았다. 이렇게 유리한 높은 지점을 선점하여 공격해 올라오는 이괄군을 크게 이길 수 있었다.

그런데 이 장면에서 도성 백성들이 보인 반응이 뜻밖이다.[90] "이때 도성 백성들이 모여서 서성西城에 올라서 전투의 승패를 관망하다가, 마침내 이괄군이 패하자 돈의문과 서북문西北門을 닫아서 적병을 막았다"는 것이다. 도성 백성들이 어느 편도 들지 않고 전투 장면을 관망하였다는 상황이 참 낯설다. 그리고 그 지점이 서성, 다시 말해서 도성의 서쪽 구간이다. 도성이 공격이든 방어든 전투를 위한 시설이 아니라 전투가 벌어지는 전장을 관망하는 장소로 쓰였다니? 서북문은 창의문을 가리킨다. 안현에서 가까운 문이 돈의문이고, 인왕산 능선을 타넘으면 창의문이다. 도성민들이 전투에 패한 이괄군이 들어올 것이 예상되는 가까운 도성문들을 닫아서 들어오지 못하게 했다는 사실도 특이하다. 자신들에게 전화가 미치는 것을 막기 위함이겠지만 쉽게 예상하기 어려운 행동이다.

이괄군은 하는 수 없이 남쪽으로 더 가서 숭례문을 통해서 도성으로 들어갔다. 전투에 적극적인 정충신은 이들을 쫓아가자고 주장하였으나 이시백 등 곁의 장수들은 이괄 등이 어차피 붙잡힐 것이니 무리하게 쫓아가지 말라고 말렸다. 이에 수하의 박진영朴震英을 보내어 도성의 동쪽 교외에 매복하였다가 적병을 기다리게 하였다.

이괄 등은 밤새 몰래 이동하여 광희문으로 나가 남쪽으로 도주하였다. 정충신이 유효걸 등을 인솔하여 추격하여 경안역慶安驛에서 따라잡았다. 적병이 다음 날이면 자신들이 궤멸될 것을 알고, 이괄의 휘하에 있는 기

〈장만초상〉(왼쪽) ㅣ 이괄의 난 당시 관군을 이끌었던 장만은 병을 앓아 한 쪽 눈을 잃었다. (개인 소장)
〈정충신초상〉(오른쪽) ㅣ 정충신은 관군이 승리한 안현 전투에서 결정적인 공을 세웠다. (개인 소장)

익헌奇益獻과 이수백李守白 등이 이괄과 한명련의 목을 베어 인조가 있는 공주 행재소行在所로 달려와 바쳤다.[91]

다시 《인조실록》으로 돌아가면, 2월 12일 천안에 있던 인조에게 11일 밤 이괄이 흥안군興安君 이제李瑅와 함께 남은 군사를 거느리고 광희문을 거처 도주했다는 보고가 들어왔다. 보고를 받은 다음 날 인조는 공산성公山城으로 들어갔다. 다시 2월 14일에 이괄과 한명련이 12일에 40여 기를 거느리고 광주廣州에서 이천으로 향하여 경안역 근처에서 머물러 묵었는데 그의 수하에게 참살되었다는 보고가 들어왔다. 2월 15일 이괄 휘하의 장수 둘이 이괄과 한명련의 수급을 가져와 바치니 인조가 이를 받았다. 2월 18일 대가大駕가 공주를 떠나 직산, 수원, 과천을 거쳐 2월 22일 정오에 숭례문으로 들어왔다. 온 성 안의 선비들은 물론 여인들까지 길가에 몰려나와 보았다. 곧바로 종묘로 나아가 신주神主를 봉안하고 환안제還安祭와 위안제慰安祭를 거행한 뒤 저녁 무렵에 경덕궁으로 들어갔다.[92]

경덕궁은 광해군 말년에 거의 완공되었으나 정작 광해군은 임어하지 못했던 곳이다. 반정으로 인조는 경덕궁에 임어하기는 하였지만 반정을 함께 일으킨 부하 장수의 반란을 피해 피난을 갔다 오는 처지였다. 임금으로서 위의威儀는 여지없이 추락하였다. 이괄의 난으로 도성이 훼손된 바는 없다. 외형상으로야 그렇지만, 내용상으로는 근본적인 의문을 갖게 되었다. 도성은 과연 누구의 것인가? 누가 누구를 지키기 위한 것인가? 막상 전투가 벌어졌을 때 얼마나 유용한가? 이러한 의문은 호란胡亂이라는 더 큰 위기를 맞닥뜨렸을 때도 다시 제기되었다.

호란, 그리고 도성의 퇴락

다시 도성을 버린
인조
　　　　　　　　1627년인조 5 1월 중순, 이번에는 북쪽의 후금 군대가 압록강을 건너 쳐들어왔다. 1월 13일 의주를 포위하여 전투를 벌였고, 계속 남쪽으로 내려왔다.[93] 그로부터 13일이 지난 1월 26일, 인조는 도성을 버리고 노량진을 건너 강화로 갔다.[94] 선조에 이어 임금으로서는 두 번째 몽진이었다. 2월 29일 인조는 강화 연미정燕尾亭에서 후금과 화친을 맺었다.[95] 명나라와의 관계를 끊고 후금을 적대하지 않으며, 후금을 형의 나라로 섬기고, 군대를 정리하고, 성城과 보堡를 새로 짓지 않는다는 내용이었다.[96] 강화에서 석

달을 지낸 인조는 1627년인조 5 4월 12일 노량진을 건너 숭례문 밖에 당도하였다. 그곳에서 도성 안의 남녀들이 몰려나와 눈물을 흘리며 그를 맞이하였다.[97]

정묘호란丁卯胡亂으로 인조는 즉위한 지 5년 만에 두 번째로 도성을 버리고 떠난 떳떳지 못한 임금이 되었다. 정묘호란 당시 후금 군대가 서울 도성까지 들어오지는 않았다. 하지만 성과 보를 새로 짓지 않는다는 조건 속에는 기존의 성이나 보를 수리하거나 보완하는 것도 포함되어 있었으며, 당연히 도성도 그 대상에 포함되어 있었다고 보아야 할 것이다. 도성은 임금을 보호하고 그 존재와 권위를 드러내는 시설물에서 임금의 한계와 못남을 드러내는 부끄러움의 상징으로 전락하였다.

정묘호란으로부터 9년 뒤, 1636년인조 14 12월 13일에 청나라 군대가 또다시 압록강을 건너 평안도 안주에 도달하였다.[98] 병자호란丙子虜亂이 일어난 것이다. 12월 14일에는 적병이 이미 개성을 지났다는 보고가 올라왔다. 청나라 군대는 아무런 교전도 없이 말을 달려 들어왔다. 조선 조정에서는 종묘사직의 신주와 왕실 가족을 강화로 옮기게 하였다.[99] 날이 저물어 인조는 겨우 말 한 필로 숭례문에 도달하였다. 거기서 적군이 이미 양철평良鐵坪에 도달했다는 소식이 들어왔다. 양철평은 지금의 은평구 불광동 일대다. 그야말로 적군이 지척에 당도한 것이다. 인조는 숭례문 문루에 올라가 문밖에 진을 치게 하였다. 최명길崔鳴吉이 적진에 들어가 정세를 살피며 강화를 요청하면서 그 움직임을 늦추는 사이에 인조는 광희문으로 나가 남한산성으로 향해, 초경初更이 지나서 남한산성에 당도하였다.[100] 이튿날 새벽에 대가가 남한산성을 떠나 강화로 가려하였으나 눈보라가 휘몰아쳐 결국은 되돌아서고 말았다.[101]

1637년인조 15 1월 1일 청나라 황제가 조선에 들어온 여러 부대를 모두 합하여 탄천炭川에 진을 쳤다. 그 규모가 30만이라고 할 정도로 커서 남한산성은 청군에게 포위되고 말았다.[102] 1637년 1월 한 달 동안 남한산성 안

〈남한산성도〉, 《동국여도》 | 병자호란 당시 인조는 도성 광희문을 나가 한강 송파진을 건너 남한산성으로 갔다. 지도의 좌상단에는 도성이 보이고, 한강 아래로 그려진 비석은 인조가 청나라에 항복한 곳에 세워진 삼전도비다. (서울대학교 규장각한국학연구원 소장)

에서는 화의和議와 척화斥和로 의견이 갈라져 치열한 논쟁을 벌였으며, 성 밖으로 청 진영을 오가며 피 말리는 외교전을 벌였다. 하지만 전쟁은 힘의 대결. 조선 조정과 인조는 결국 청에게 무릎을 꿇지 않을 수 없었다.

삼전도의 굴욕,　　　　청의 요구는 명나라와의 외교 관계를 끊고, 청
버려진 도성　　　　　나라에 대해 군신 관계를 맺으라는 것이 골자
　　　　　　　　　　였다. 그 가운데 옛것이든 새것이든 성원城垣,
곧 크든 작든 성곽 일체를 쌓거나 고치지 못한다는 내용이 들어 있다.[103]

　1월 30일 인조는 50여 명만을 거느리고 남한산성의 서문을 나섰다. 세 자가 뒤를 따랐다. 산을 내려가 가시나무 자리를 펴고 앉았다. 이제는 황 제를 자칭하는 청의 한汗이 앉아 있는 단 아래서 세 번 절하며 아홉 번 머

리를 땅에 찧는 항복의 예를 행하였다. 그러고서는 밭 가운데 땅에 앉아서 어디로 가야 할지 기다렸다. 그 밭이 있는 나루터, 거기가 삼전도三田渡다. 청 황제는 해 저물 무렵에야 환도하라는 처분을 내렸다. 인조는 세자와 세자빈, 두 대군과 그 부인들 그리고 수많은 사로잡힌 자들을 남겨두고 송파나루를 건너 인경[人定] 칠 무렵에 도성에 도달하였다.[104] 도성은 청나라 군대로서 들어온 몽고인들이 차지하고 있었다. 몽고인들은 특히 심하게 약탈을 자행하였다. 그 결과 서울에는 들어갈 집이 없어 관원들도 모두 궁궐로 들어가 머물렀다. 여염집들은 많이 불타 없어졌고, 길거리에는 시신이 뒹굴었다.[105]

한 달 반 만에 그렇게 인조는 도성으로 돌아와 창경궁 양화당養和堂에 입어하였다. 세 번째 도성을 떠났다가 돌아오는 그 모습은 임금으로서는 더할 수 없이 굴욕적이었다. 반정으로 임금이 되었으나 임금다운 체모를 지키지 못한 임금. 인조의 굴욕은 그 개인의 굴욕으로 끝나지 않았다. 조선이라는 왕조 전체의 굴욕이었다. 그 굴욕은 인조 재위 기간에 그치지 않고, 그 뒤에도 짧지 않게 그늘을 드리웠다. '옛것이든 새것이든 성원, 곧 크든 작든 성곽 일체를 쌓거나 고치지 못한다'는 강화 조약의 한 조항은 도성을 망가진 채로 버려두도록 묶었다.

제3장

도성,
위엄을 갖추다

1
숙종, 도성을 다시 세우다

2
영조, 도성 사수를 선언하다

1

숙종,
도성을 다시 세우다

본격적인 수축을 논의하다

훈련대장의
도성 보완 계책

조선의 제19대 임금인 숙종肅宗이 즉위할 당시 중국 정세는 급격히 변하고 있었다. 이제 안정되어 가는 청나라에 대해 오삼계吳三桂 등이 반란을 꾀하였다가 소멸되는 중이었다. 이러한 중국의 정세 변화는 조선에도 영향을 미쳤다. 효종 대의 북벌론北伐論은 현실적인 조치가 뒷받침되지 않은 채 명분과 허위의식에 머물렀다고 할 수 있다. 숙종 대에 와서는 그러한 관념적인 차원의 대응이 아닌 청나라에 대한 실질적인 인정과 대응을 모색하지 않을 수 없게 되었다. 그러한 대응의 첫걸음이 성을 쌓는 일이었다.

숙종 대의 축성 논의는 북한산성과 도성 가운데 어느 쪽을 쌓는 것이 좋은가를 놓고 논란을 벌이는 데서 시작하여,¹ 도성 주위의 여러 곳을 대상으로 축성의 가부를 따지는 쪽으로 확산되었다. 강화, 남한산성, 북한산성 등을 놓고 쟁론이 벌어졌으나 최종 결정은 미루어지다가 1704년^{숙종 30} 초에 이르러 숙종이 훈련대장과 어영대장에게 도성의 기지^{基址}를 가서 살펴보라고 명하였다.[2] 기지라면 터를 가리키는 말인데, 이 시기에 도성이 온전히 제 모습을 갖추고 있지 못한 채 그 흔적만을 유지하고 있었기 때문에 이렇게 말한 듯하다.

1704년^{숙종 30} 2월 15일에 두 대장이 도성 주위의 도면을 만들어 바쳐서 본격적으로 논의가 이루어졌다.[3] 이 날짜 《숙종실록^{肅宗實錄}》 기사가 우선 눈에 띈다. 다른 기사들에 비해서 분량이 많고 상세하여 얼핏 이해하기가 어려울 정도다. 실록의 기사는 분량이 많고 상세하기는 한데, 문장이 자연스럽게 연결되지 않는 바가 있다. 원래 실록은 편집된 글이라 그럴 수밖에 없는 한계가 있다.

《승정원일기》 같은 날짜에 같은 내용의 기사가 있다.[4] 더 나아가 찾아보니 《비변사등록^{備邊司謄錄}》도 2월 25일자에 이달 2월 15일의 일이라고 하여 거의 같은 문장을 싣고 있으며, 《금위영등록^{禁衛營謄錄}》, 《어영청등록^{御營廳謄錄}》에도 같은 내용이 있다.[5] 그만큼 이날의 논의는 중요하였다.

위의 자료들을 종합하여 그날 그 자리에서 어떤 이야기들이 오갔는지를 재구성하며 숙종과 조정 신료들이 그렸던 도성의 모습을 우리도 따라가 보기로 하자.

이기하^{李基夏}가 말하였다.

"이것은 도성도입니다. 이 봉우리는 구준봉입니다. 도성의 산세는 여기서부터 들어오는데, 구준봉의 한 가지가 동쪽으로 갈라져 나가서 정릉^{貞陵}의 주맥이 되니 이것이 곧 도성의 후면 휘장입니다. 감여가들은 실로 더할 나위 없이 아름답다고 하는 바 도성을 지키는 데도 울타리[^{藩蔽}]가 됩니다. 만약 이 줄기 위에다 외성을 쌓는다면 방어하는 곳으로서 매우 좋겠습니다만, 지금 물력이

〈도성도〉,《여지도》¹ 이 지도에는 도성과 도성문들이 잘 표기되어 있다. 북한산에서 흘러내려온 산줄기가 내사산을 이루었고, 내사산 능선을 따라서 도성을 쌓았다. 내사산 밖의 산줄기들이 외성처럼 겹겹이 도성을 둘러싸고 있다. (서울대학교 규장각 한국학연구원 소장)

그곳에까지 쓰기에는 어려움이 있으니 단지 돈대 서너 곳을 설치하기만 하여
도 막아 지키는 수단으로 족합니다. 봉우리와 비탈이 높고 험준하여 적병이
기어오를 수가 없고, 그 계곡이 깊고 길어서 그곳을 깨트리고 돌진할 수가 없
습니다."

이기하가 또 한 봉우리를 가리키며 말했다.

"이것은 타락봉입니다. 동으로 이어지는 한 가지가 도성 가운데로 돌진하여
임하면서 도성을 엿보는 봉우리, 규봉窺峯을 이루었습니다. 엄중히 지키지 않
을 수 없으니 반드시 돈대 서너 곳을 설치하면 방어하고 지키는 방도를 다할
수 있습니다. 동대문興仁門에서부터 수구문光熙門까지는 지형이 평탄하게 진행
하여 가장 낮은 곳이 되었습니다. 이곳에는 반드시 별도로 높은 시설물을 지
어서 두텁게 보완하는 데 힘써야 합니다. 이를테면 중국에서 평지에 열 마리
말을 부리는 부대나 다섯 마리 말을 부리는 부대를 수용할 만한 성을 쌓은 경
우에는 해자垓子를 설치하여야 방어할 수 있는 것과 같습니다."

또 한 봉우리를 가리키며 말했다.

"이것은 목멱산입니다. 동으로 달려 한강진으로 이어지는 한 가지가 도성 안
을 내려다보고 있습니다. 타락봉과 같은 형국입니다. 이곳에도 돈대를 설치
하기를 타락봉과 같이 하여야 합니다.

우수대禹壽臺에서 새 문에 이르는 구간에는 산등성이가 있어서 도성의 동쪽처
럼 낮지는 않지만 여기도 안팎으로 높은 시설물을 만들어 동문의 성제처럼
해야 방어할 수 있습니다. 안현은 곡성과 서로 마주 보고 있어 화살이나 돌은
서로 미치지 못하지만 대포는 필시 도달할 만하니 반드시 돈대 대여섯 곳을
쌓아야 적병이 점거하는 것을 막을 수 있습니다. 윤취상도 돈대를 쌓아야 한
다고 합니다.

대저 도성은 지존께서 거하시는 곳입니다. 모름지기 견고하게 완비하고 두텁
고 실한 시설을 해야 하는데, 지금 치첩雉堞은 무너지고 허물어져 완전한 것
이 하나도 없습니다. 도리어 지방의 절도사가 지키는 곳만도 못하니 어찌 한

강화도 광성보 용두돈대 | 인천 앞바다에서 한강으로 들어오는 물길 염하, 그 가운데서도 가장 물살이 험한 곳에 있다. 보장의 땅 강화도에는 해안을 따라 곳곳에 돈대가 있다.

심하지 않겠습니까? 체성은 상처를 입고 허물어져 무너지려 하기에 고쳐 짓지 않을 수 없는 곳도 있고 혹은 새것처럼 견고하며 완전하여 고쳐 지을 필요가 없는 곳도 있습니다. 어찌할지는 마땅히 상세히 조사하여 정해야 할 것인데 여장은 거의 모두 고쳐지어야 할 것입니다. 여러 신료들에게 순문詢問하시어 처리하심이 어떨지요?"

이기하의 도성의 형편과 지형에 대한 관찰이 뛰어나다. 현장을 꼼꼼히 둘러본 사람만이 말할 수 있는 내용이다. 한두 번 보아서 될 이야기가 아니다. 그곳을 임지로 하여 근무한 사람만이 할 수 있는 이야기다. 과연 훈련대장답다. 관찰의 대상에는 내사산만이 아니라 내사산 주위의 산자락들도 포함되었다. 북한산 보현봉에서 형제봉을 거쳐 구준봉을 지나 백악으로 이어지는 산줄기부터 살폈다. 특히 구준봉에서 정릉으로 이어지는 내사산 바깥 산줄기가 그의 첫 관심사였다. 그곳에 외성을 쌓으면 좋겠으나 물력이 많이 드니 현실적인 대안으로 돈대를 서너 곳 짓자는 제안이다. 돈대는 작은 봉우리를 둘러쌓은 작은 성을 가리킨다. 강화도에 모두 합쳐 53개 소를 쌓은 바 있다.

그 다음 두 번째 보강을 해야 할 지역이 타락산에서 동쪽으로 갈라져 나간 가지, 오늘날의 동망봉으로 이어지는 가지이다. 그곳에도 돈대를 쌓자는 방안을 제시하였다.

세 번째는 평탄하고 낮은 지역인 흥인문에서 광희문 사이. 오늘날의 D.D.P.가 있는 구간을 보강하는 문제다. 이기하는 중국의 해자를 예로 들기도 했으나 딱히 무어라 시설물을 짚어 말하지는 않았고, 뭔가 높은 시설물을 설치하여 보강을 해야 한다고 하였다. 결과적으로는 다다음 임금인 영조英祖 대에 가서 그곳에 치성雉城을 쌓았다.

네 번째는 목멱산에서 한강진으로 갈라져 나간 가지에도 돈대를 쌓자는 제안이다. 오늘날의 신당동 다산팔각정에서 버티고개를 지나 매봉산공원으로 가는 산자락을 가리키는 것으로 보인다.

다섯 번째는 우수대에서 돈의문 사이에도 흥인문과 광희문 사이처럼 무언가 시설 보강을 해야 한다는 말이다. 우수대는 숭례문 밖 길가에 있는 높은 지형으로, 오늘날 서울역 북쪽의 염천교 인근을 가리키는 듯하다.

여섯 번째는 인왕산 곡성 바깥의 안현이 곡성과 가까이 마주 보고 있어 위협이 되니 그곳에서 돈대를 쌓아야 한다는 지적이다. 인왕산 곡성은 바로 전 해에 이유李濡가 현지 조사를 하고 나서 '안쪽은 절벽이 가파르게 깎아질러 있으니 그곳에 곡성을 지어서 도성을 굽어보게 하면 아래위가 화응하고 앞뒤가 옹호하여 허술하고 빈 문제가 없어질 것'이라고 건의하여 쌓은 것이다.[6]

이상은 주로 도성의 약점이 있는 지점의 외곽을 돈대나 치성 같은 시설로 보강해야 한다는 제안이다. 또한 도성 자체 시설로 체성은 물론 치

일제강점기 인왕산의 도성과 곡성 | 커다란 암반 위에 도성을 쌓았다. 산줄기가 바깥으로 뻗어나간 곳에는 그 지형을 따라 곡성을 쌓았다.

첩, 여장 등도 보수할 곳을 보수하여야 한다고 하였다.

어영대장의 보고   훈련대장 이기하에 이어 어영대장이자 한성부 좌
                  윤左尹을 겸하고 있던 윤취상尹就商이 말하였다.

"제가 보기에는 도성은 트여 있고 커서 지키기가 어려운 듯합니다. 북문숙정문
밖에 떨어져 있는 봉우리는 더욱 염려가 됩니다. 이번에 훈련대장과 함께 가
서 그 형세를 살펴본 즉 도성의 내맥來脈은 형제봉으로부터 구불구불 이어져
오면서 높아졌다 낮아졌다 하다가 동쪽으로 한 가지가 갈라져 나가 불쑥 구
준봉이 솟아서 도성 북쪽의 뒤 휘장이 되었습니다. 이는 지형의 이치[地理]로

강희언, 〈인왕산도〉 | 서울의 오른쪽 팔뚝에 해당하는 인왕산. 그 능선을 따라 도성이 휘감아 도는 모습이 보인다. (개인 소장)

따지자면 이익이 되는 것 같으나 도성을 지키는 형세로 말하자면 도성의 북쪽은 낮고 약한데 높은 봉우리가 짓누르며 임하고 있어서 비유하자면 건장한 사람이 아기를 안고 내려다보고 있는 것 같습니다. 적병이 그곳을 점거하면 비록 기묘한 병기를 높이 쌓아도 방어하기가 어려울까 염려됩니다. 이곳은 반드시 싸움이 벌어질 곳입니다.

구준봉에서 서쪽으로 흘러와서 한 가지가 백악이 되었습니다. 이 구준봉과 백악 두 봉우리 사이에 돈대 하나를 설치하여 구준봉으로 이어 닿게 하고 이어서 네다섯 돈대를 늘어놓으면 겉과 안이 서로 돕는 형세를 이루어 적병이 압박하여 임하는 병통이 없을 것입니다.

삼각산 문수봉 같은 곳에는 옛날부터 내려오는 사찰이 없지 않았으나 근래에는 있는 것도 있고 없어진 것도 있습니다. 군문에서 관장하여 승려들을 불러 모아서 항상 살아갈 수 있도록 은혜를 베풀어서 급할 때 동원하면 이 또한 도움이 될 것입니다.

안현으로 말할 것 같으면 훈련대장이 말하기를 돈대를 설치하는 것이 마땅하다고 하였으나 저의 뜻에는 그렇지 않은 듯합니다. 안현과 곡성은 바로 마주 보는 봉우리라고는 하지만 곡성은 그 자체가 높고 험준하여 본디 안현이 누르는 형세가 아닙니다. 적들이 비록 대포로 친다 해도 어찌 방비할 계책이 없겠습니까? 대포는 우리도 갖고 있으니 이곳은 깊이 염려할 이유가 없습니다. 또 안현은 홀로 떨어져 외따로 있어서 달리 지원하는 곳이 없습니다. 비록 돈대를 설치하여 병사를 둔다 해도 적군이 와서 포위하여 땔나무와 물이 끊어지면 돈대에 있는 병사들은 어쩌지 못하고 스스로 죽게 됩니다. 이곳에는 돈대를 설치할 필요가 없습니다.

무릇 도성의 남쪽과 북쪽은 산세가 아주 험준하여 산으로 성첩을 삼을 곳이 있습니다. 옛날에 쌓은 것도 완전하게 견고한 곳이 많습니다. 천천히 수리하고 고쳐도 늦지 않습니다. 다만 동쪽과 서쪽은 지형이 평탄하고 성이 낮아서 가장 취약합니다. 넓고 높게 고쳐 짓지 않을 수 없습니다. 소요되는 물력 가운데 가장 조달하기 어려운 것이 석물입니다. 지금 만약 백성을 동원하여 돌을 나른다면 백성들이 소요하는 폐단이 없지 않을 것입니다. 군문으로 하여금 각자 스스로 석물을 준비하되 동쪽과 서쪽 평탄하고 쉬운 곳에서 편한 대로 운반하여 두었다가 거리를 구획하여 급한 곳부터 먼저 고쳐 짓고 다음에 남쪽과 북쪽으로 옮기는 것이 마땅하지 않을까 생각합니다."

윤취상은 말투가 매우 조심스럽다. 하지만 자기 할 말을 다한다. 도성의 수축에 있어 필요하고 또 현실적으로 가능한 곳부터 시작하여 차츰차츰 넓혀가자는 의견이다.

이후 영의정領議政 신완申琓으로부터 시작하여 좌의정 이여李畬, 병조판

북한산성 전경 | 북한산 열두 봉우리 능선을 따라가는 북한산성. 중앙 상단에 보이는 암봉이 백운대, 인수봉, 만경봉으로 이루어진 삼각산이다.

서兵曹判書 윤세기尹世紀, 형조판서刑曹判書 유득일俞得一, 이조판서吏曹判書 이유李濡, 공조판서工曹判書 홍수헌洪受瀗 그리고 교리校理 이만성李晚成에 이르기까지 토론을 벌였다. 도성을 고쳐 쌓을 것인가 아니면 북한산성을 쌓을 것인가? 누가, 재료는 무엇으로 하며 어떻게 조달할 것인가? 토론은 실로 치열하고도 길게 이어졌다.

흔들리는 숙종　　　숙종은 듣기도 하고 간간이 토론에 참여하기도 하다가 도성을 고쳐 짓는 것으로 결론을 내렸다. 숙종의 말을 《숙종실록》을 통하여 들어보자.

"북한산성의 역사役事는 성지城池를 설치하고 짓는 것뿐만이 아니라, 궁궐과 공해公廨와 부고府庫도 차례로 경영하였기 때문에 이에 들어간 비용이 매우 많

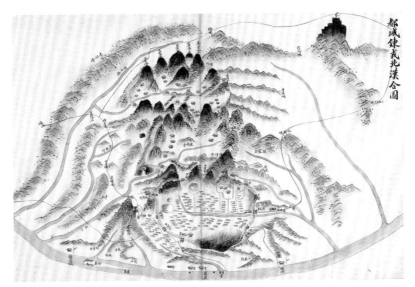

〈도성연융북한합도〉,《동국여도》| 도성과 그 위의 탕춘대성, 북한산성을 한눈에 볼 수 있도록 이어서 그렸다. (서울대학교 규장각한국학연구원 소장)

았다. 도성은 이와 같이 새로 설치하는 폐단이 없다. 종사宗社가 여기에 있고, 인민이 여기에 있다. 진실로 이 성을 견고하게 축조하여 목숨을 바쳐서 떠나지 않는다면, 백성들이 비록 각기 자신들의 부모처자를 위하는 목적이지만 반드시 힘을 다하여 사수할 것이다. 도성을 수축하는 것으로 계책을 결정함이 가하다."

숙종은 북한산성과 도성 사이에서 어느 쪽을 선택하여 공역을 벌일 것인가 오락가락 하는 형편이었다. 숙종 사후에《숙종실록》을 편찬한 사관은 이러한 숙종의 태도를 날카롭게 비난하는 글을 실었다.

삼가 살펴보건대, 일을 추진하는 사람은 시작할 때 반드시 신중해야 한다. 작은 일도 오히려 그럴진대 하물며 국가의 대계이겠는가? 북한산성을 축조하자는 논의를 낼 적에 임금이 뜻을 날카롭게 세워 결단하여 무릇 이의가 나오면 그때마다 꺾어 누르고 며칠 만에 완성할 것처럼 하였다. 그 뒤에 조정의 계획이 이런저런 이유로 늦추어지면서 별다른 이유도 없이 집어두었다. 해가 지난 다음에 비로소 북한산성은 축조할 수 없고 도성을 축조해야 한다는 주장이 나왔다. 임금도 그저 그렇게 하라고 하면서 마치 이해利害와 편부便否가 전혀 임금의 마음과는 관계가 없는 듯하여 오로지 남의 말만을 따라 아침에 영令을 내리고 저녁에 고치는 등 거조가 뒤집어졌다. 일을 추진함에 시작할 때 신중해야 한다는 도리가 어디에 있는가? 이렇게 하고도 일의 공을 이룩한 경우는 있지 않았다. 탄식할 일이다.

그러한 숙종이지만 이 자리에서 종묘와 백성들이 있는 이곳 도성을 목숨을 바쳐서 지키고 떠나지 않으리라, 즉 '효사물거效死勿去'하리라 다짐을 하였다. 하지만 이후에도 숙종의 생각과 태도는 자주 바뀌었다. 도성을 고쳐 쌓는 공사는 진행되었으나, 이날 논의에서 나온 시설들 가운데 체성과 곡성, 여장만 축조되고 나머지 돈대와 치성 등은 축조되지 않았다.

도성의 부활

도성 수축의 주역,   1704년숙종 30 3월 25일에 축성 공사를 시작하는
삼군문   고유제를 지내고, 다섯 군문에서 맡아서 경기도
             민 가운데 군문에 소속된 사람들을 동원하여 8월
부터 공사를 시작하였다.[7] 군문에 구역을 나누어 맡겨서 각 군문에서는 향
군鄕軍을 동원하여 돌을 떠서 나르는 사역에 충당하였다.[8]
   훈련도감 군졸은 임금을 호위하는 군사라 사역을 시키지 않는 것이

타락산의 숙종 대 성벽 | 성돌은 한 자 반 정도의 방형으로 규격화되었고, 이전보다 견고해졌다.

원칙이나, 도성 수축이 중요하니 금위영禁衛營, 어영청御營廳, 수어청守禦廳, 총융청摠戎廳 등 여러 군문과 함께 돌을 떠서 운반하는 일에 번갈아 뽑아 간간이 부역시키는 것으로 결정되었다.[9]

1705년숙종 31 초에 도성을 고치는 것을 청나라에 알리자는 주장이 제기되었으나 하지 않기로 결론을 내렸다. 그해 5월에 청에 갔던 사신이 돌아와 명나라 유민들로 구성된 해적海賊이 섬멸되었음을 보고하였다. 청의 상황을 주시하면서 군이 청에 성을 고치는 일을 알리지 않아도 된다는 판단을 내리고 다시 도성을 개축하는 공사를 진행하였다.[10] 8월에는 수어청과 어영청 담당 일부 구간에서 실적이 보고되었다.[11] 하지만 그리 순조롭게 진척되지는 못하였다.

숙종 연간의 도성 관련 용어를 살펴보면 '개축改築'은 무너지려고 하는 체성을 헐고 다시 고쳐 쌓은 것이고, '수축修築'은 개축보다는 공역의 범위가 작은 것으로 체성을 일부 보수하고 여장을 고치는 것 정도이며, '수훼수보隨毁隨補'는 아주 부분적으로 무너진 데를 보수하는 것으로 구별하여 썼다. 숙종 30년대의 공역은 주로 수축에 해당하였다.

도성의 수축은 다섯 군문에 나누어 맡겼다. 하지만 훈련도감, 어영청, 금위영은 재력과 인력이 있으나 수어청과 총융청은 자체 재력이 없이 비변사에 요구하는 형편이라 진행이 늦다는 지적이 나오는 것으로 보아, 재정 압박이 진척을 늦추는 가장 큰 원인이었다.[12] 거기에 숙종을 비롯한 몇몇 주요 관원들이 도성이 넓어서 방어하기에 불리하다는 생각을 갖고 있는 것도 진척을 늦추는 요인이었다.

도성이 매우 낮아서 한 길 가까이 더 높여 쌓아야 하며, 특히 동편과 서편 평평한 지형에는 표루標樓, 치첩, 돈대, 옹성을 설치하고 암문暗門을 내어서 나무꾼이나 물 긷는 이들, 망보는 군졸들이 드나들게 한 다음에야 성제城制가 완비되었다고 할 수 있다는 주장도 제기되었다.[13]

1709년숙종 35 가을이 지나면서 도성 여장을 개축하는 일이 다시 본격화되었다.[14] 그해 겨울을 넘기고 1710년숙종 36 봄에 이르기까지 공사는 진행되었지만, 역시 재정이 뒷받침되지 않아 지지부진한 상태였다.[15] 또한 청나라 내부의 황제 후계를 둘러싼 갈등, 조선 국내의 한재旱災 등도 진척을 늦게 하는 요인이었다. 그러던 가운데 1710년숙종 36 9월 청나라에서 해적을 소탕하는데 그 해적들이 조선으로 갈 수도 있으니 놀라지 말라는 취지의 문서가 왔다.[16] 조선 조정에서는 이를 해안의 성들을 수축하는 기회로 삼았다.

또한 홍복산성洪福山城과 북한산성을 축성할지 여부를 놓고 현지 조사를 하기도 하는 등 논의가 분분하게 벌어졌다. 도성은 너무 넓어서 지키기 어렵다는 단점이 부각되었다. 그 결과 북한산성을 축조하는 성역이 1711년숙종 37 4월 3일부터 10월 19일에 이르기까지 6개월이 조금 넘는 기간 동안 집중적으로 이루어졌다.[17] 숙종은 1712년숙종 38 4월 10일 북한산성에

행행行幸하였다.[18]

　이렇게 축성 논의가 진행되고 또 북한산성의 축성이 진행되는 가운데 1711년숙종 37 봄에 이르러 도성을 수축하는 공역이 다시 시작되었다. 어영청에서는 2월 23일에 도성의 남쪽 여장을 개축하겠다고 보고하였다.[19] 금위영이 맡은 세 구역 가운데 광희문과 숙정문 근처는 거의 끝나가니 멈추기 어렵지만, 소의문 근처는 아직 시작도 못하고 있으니 북한산성 공사를 마치기를 기다려서 하자고 하였고, 훈련도감이 맡은 구역은 거의 마쳤는데 어영청은 시작도 못한 곳이 많다고 하여, 어영청에서 시작도 못한 곳 역시 모두 멈추라는 숙종의 명을 받았다.[20] 도성 수축 공역이 1711년 숙종 37 5월 말 무렵에 상당 부분 진행이 되고 있지만, 아직 마무리 단계에 이르지는 못하였음을 알 수 있다.

　6월과 7월에는 훈련도감에서 몇 차례 인왕산 일대 체성과 곡장에 대한 공사를 마쳤음을 보고하였다.[21] 10월 29일에는 금위영에서 체성 440보, 여장 4,867보를 쌓기를 완료하였음을 보고하였다. 어영청 담당 구역도 그 해 겨울 동안 어느 정도 진척이 되었던 것으로 보인다.[22]

　도성 수축 공사는 하나의 조직을 구성하여 일시에 시작하고 일시에 끝낸 것이 아니라, 세 군문에 맡겨서 도성의 무너진 곳의 체성과 여장 등을 수리하고 축조하는 작업이었기에 군문과 작업 구간에 따라 시작과 끝이 서로 달랐다. 1712년숙종 38 2월 4일에는 도성 공사를 감독한 군문의 장사들에게 상을 주도록 왕명을 내렸다는 기사로 보건대 이 무렵에는 대체적으로 마무리되었음을 알 수 있다.[23]

　도성의 수축이 본격적으로 진행되던 1711년숙종 37 2월 무렵에는 도성의 성문들 가운데도 고쳐야 할 상태에 있는 것들이 있었다. 그 가운데 먼저 착수한 문이 광희문이다. 4월 21일 좌우 문비門扉, 문짝를 달았고,[24] 6월 4일에 가서는 좌우 체성을 다시 지었다. 재목을 마련하지 못해서 문루 공사를 착수하지 못하는 중에 숙종은 광희문의 문루는 나중에 하더라도 돈

인왕산 암봉과 성벽 | 인왕산 정상으로 오르는 길의 성벽. 큰 바위를 이용하여 쌓은 모습이 절묘하다.

의문의 문루를 지으라는 명을 내렸다.[25]

돈의문의 문루를 짓는 일은 당시 형조판서였던 김석연이 맡아서 수행하였다. 돈의문은 문을 설치한 곳이 협소하여 숭례문이나 흥인문처럼 문루를 2층으로 짓기 어려우니 이 문이 비록 어가御駕가 출입하는 곳이지만 그 제도와 모양을 작게 하자고 하여 숙종의 허락을 받았다.[26] 그로부터 넉 달 남짓 지난 11월 24일에 돈의문의 문루를 짓는 공사를 단청까지 다 마쳤다.[27] 그 사이에 유학幼學 조윤덕曺潤德에게 글씨를 쓰게 해서 편액을 걸었다.[28] 돈의문을 짓는 동안 광희문도 다시 공사를 재개하여 10월 29일 공사를 마쳤다.[29]

숙종의 변덕?
시대의 흐름!

조선왕조의 역사에서 숙종의 치세는 변동의 시기였다. 숙종은 성격이 급하고 변덕이 심하였다. 개

돈의문 | 도성 밖에서 돈의문을 찍은 채색 사진이다. 뒤로 백악과 북한산이 우뚝하다. (엔리케 브라즈 사진, 1901년)

인적인 성품이 그러했다. 그 결과 숙종과 그를 둘러싼 왕실 가족의 역사는 굴곡이 심하였다. 특히 인현왕후仁顯王后와 희빈禧嬪 장씨張氏의 대립과 왕비 교체는 영화나 드라마의 단골 소재이다. 숙종 대에는 정치적 변화도 극심하여 환국이라고 하는 급격한 정국 변화가 자주 일어났다. 처음에는 서인과 남인이 정국을 주도하는 역할을 두고 엎치락뒤치락하다가, 나중에는 노론과 소론이 그러기를 반복하였다.

이러한 숙종의 변덕과 환국 사이에는 분명 어떤 상관관계가 있다. 그 두 현상의 밑에는 더 크고 깊은 사회 변동이 깔려 있다. 숙종 대에는 경제 면에서 큰 변화가 나타났다. 이전까지는 지역 단위의 물물교환이 유통 형태의 주된 양상이었던 데 반해, 숙종 대에는 화폐를 매개로 한 전국적인 유통망이 형성되었다. 상평통보常平通寶의 전국적인 사용이 그를 보여주는 예표라고 할 수 있다.

김홍도, 〈부상도〉 ｜ 돈꾸러미를 지고 도성 밖 순심로를 걷는 상인들. 화폐경제의 발전상을 보여주는 그림이다. 축조 시기에 따라 모양이 대비되는 성벽도 잘 묘사되어 있다. (삼성미술관 리움 소장)

토지를 기반으로 하는 농업이 없어지지는 않았지만, 자급자족을 1차 목표로 하던 데서 상품을 생산하는 쪽으로 목적이 바뀌어가기 시작했다. 사회적인 관심도 상업을 통해 돈을 버는 데로 옮겨갔다. 사회적인 갈등도 폭이 커지고 깊어졌다. 이러한 흐름이 정치에 반영되어 나타난 것이 환국이다. 그 환국이 자주 일어나는 환경 속에서 숙종의 변덕은 개인의 가정사를 벗어나 정치 현상으로 증폭되었다고 할 수 있다.

숙종의 변덕은 도성을 수축하는 데서도 나타났다. 도성 수축은 뜻이 모이기만 하면 숙종 당대의 국력으로 보아서는 1년, 길어야 2년 안에 마무리할 수 있는 공역이었다. 하지만 숙종 즉위 초부터 축성 논의가 시작되어 1712년숙종 38에 가서야 공역이 겨우 마무리되었다. 거의 40년 가까이 걸린 셈이다. 그 사이 논의는 또 얼마나 복잡하게 진행되었는가?

그러면서 숙종은 신하들에게 목숨을 바치더라도 도성을 떠나지 않겠

탕춘대성 | 도성과 북한산성을 연결하는 탕춘대성의 홍지문. 옆으로는 홍제천 위에 쌓은 오간수문이 이어진다.

다고 말을 하긴 하였으나, 한편으로는 전란이 나면 옮겨갈 곳을 찾았다. 도성을 대신할 후보지로 북한산성을 쌓았고, 말년에는 탕춘대성을 쌓자는 논의가 다시 일어났다.

숙종 대의 성역城役과 그 논의는 참으로 정리하기가 어려울 정도로 어지럽게 진행되었다. 하지만 무의미한 것은 아니었다. 숙종 대에 씨를 뿌린 변화의 단초들은 그 다음 영조 대와 정조 대에 가서 결실을 맺었다. 도성을 고쳐 쌓고 관리하는 문제 역시 그러하였다.

2

영조,
도성 사수를 선언하다

도성에 깊은 관심을 쏟다

도성문 완비

영조는 불과 4년 동안 재위한 데 그친 형 경종景宗의 뒤를 이어 즉위하였다. 도성과 관련한 영조의 치적은 숙종 대 시작된 변화로부터 출발하였다. 영조가 추진한 대표적인 정책인 탕평蕩平 정치는 붕당 간의 역학관계에 얽매이지 않고 임금이 스스로 정국 운영의 주도권을 행사하는 데 핵심이 있었는데, 이는 숙종 대의 환국에 대한 반작용에서 출발하였다.

영조 대의 도성 경영도 마찬가지로 왕권의 기반을 다지고 강화하려는 노력의 연장으로 볼 수 있다. 영조 대에는 도성의 체성이나 여장을 고치는 공사는 매우 적었다. 이미 숙종 대에 대대적으로 수축을 하였기 때문에 그 것을 보완하는 정도면 충분하였다. 영조 대의 공사는 주로 도성문을 다시

〈영조어진〉 ¹ 영조는 목숨을 바쳐서라도 도성을 떠나지 않겠다 선언하고 도성 수비 체제를 마련하였다. (국립고궁박물관 소장)

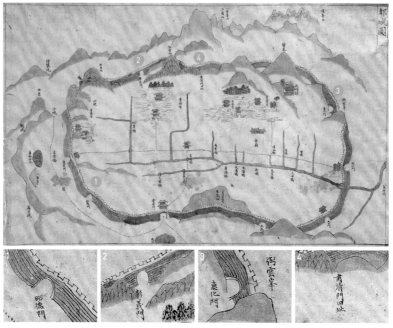

〈도성도〉, 《조선강역총도》 | 도성을 한눈에 보여주는 지도. 숭례문, 흥인문 외에 돈의문과 광희문만 문루가 있고, 나머지 소의문(1), 창의문(2), 혜화문(3)에는 문루가 없다. 숙정문(4)은 옛터[舊址]로 표기되어 있다. 숙종 이후 영조 사이에 그려졌음을 알 수 있다. (서울대학교 규장각한국학연구원 소장)

고쳐 짓는 정도였다. 영조 대의 도성의 변화와 진전은 공사보다는 도성을 관리하는 체제를 정비하는 데서 이루어졌다.

　도성문 가운데 영조 대에 먼저 손길이 닿은 문은 창의문이다. 1741년 영조 17 1월에 창의문의 홍예석 깨진 것과 문척門隻, 문짝을 고치다가 문루를 짓는 공사로 이어졌다. 6월에 가서는 문비를 달았고, 뒤이어 문루 좌우의 여장을 고치는 공사를 해나갔다.[30] 8월에는 공사를 감독한 관원들의 명단을 써 들이게 하였다는 기사로 보건대, 7월 어간에 공사가 마무리되었음을 알 수 있다.[31]

　도성문에 문루를 짓는 공사는 창의문 공사 이후 3년 뒤에 재개되었다.

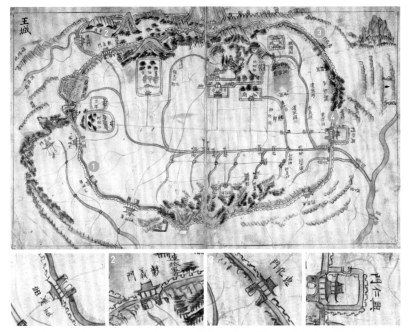

〈왕성〉, 《해동제국지도》 | 소의문(1), 창의문(2), 혜화문(3)에도 문루가 들어서 영조 이후 비로소 도성이 제 꼴을 갖춘 모습이다. 숙정문은 그려지지 않았고, 흥인문(4)에는 옹성이 묘사되어 있다. (서울대학교 규장각한국학연구원 소장)

그 첫째 대상이 서소문이었다. 1743년영조 19 11월에 이르러 영조의 관심과 의지에 따라 문루를 짓는 공사가 진행되었다. 1744년영조 20 7월 말에는 건물 공사가 끝나서 현판 글씨를 쓸 준비를 하였고,[32] 8월에는 문루를 완성하고 이름도 소덕문昭德門에서 소의문으로 바꾸었음이 확인되었다.[33] 같은 해 10월에는 모든 과정이 끝나서 공역을 감독한 관원과 장교들을 시상하기 위해서 명단을 써 들였다.[34]

도성문들 가운데 영조 연간에 마지막으로 문루를 새로 지은 문은 혜화문이었다. 혜화문은 1743년영조 19 11월에 소의문의 문루 공사를 시작할 때 함께 공역을 시작하였던 것으로 보인다. 1744년영조 20 4월 무렵에 공역은 진행되고 있었고,[35] 6월 말에는 육축 부분의 공사가 진행되었으나 아직 문루는 시작하지 못하고 있어서 영조의 질책을 받았다.[36] 8월 6일에 문비를 달고 문루에 기와를 올리는 단계에 도달하였다.[37] 8월 28일에는 어영청에서 공사를 마치고 이제 현판도 달겠다는 보고를 올렸다.[38]

조선 후기에 들어서 숙종 말년인 1710년대에 도성을 수축하는 공사를 크게 벌이고, 1744년영조 20에는 도성의 문들이 모두 재건되는 등 도성은 다시 새로운 모습을 갖추었다. 이렇게 도성을 수축하는 공사를 일으킨 장본인은 숙종이라고 할 수 있다. 그런데 숙종이 도성을 끝까지 지키겠다는 생각을 갖고 있었는지 의문이다. 유사시에는 도성을 떠나 북한산성이나 다른 곳으로 갈 마음을 품고 있지 않았나 싶다. 그러한 그의 마음이 드러난 단면이 순성이 아닌가 미루어 볼 수 있다. 숙종은 도성을 한 번도 순성하지 않았다. 1712년숙종 38 4월 10일 북한산성을 다시 쌓기 시작하는 초기에 북한산성에 행행하였던 데 비하면[39] 가까운 도성에 한 번도 가지 않았다는 것은 뜻밖이다. 숙종이 도성에 깊이 마음을 두지 않았다고 해석할 수 있는 장면이다. 숙종에 비해 그 아들 영조는 도성에 깊은 관심을 기울였다.

영조의 순성

1753년영조 29 4월 9일, 영조는 종묘에 제사를 지내러 갔다가 환궁하는 길에 갑자기 동쪽으로 방향을 틀어 도성을 순성하였다.[40] 미리 준비하지 않은 행차라 급히 시위 군사를 꾸리고, 수행하는 관원들도 단출하였다. 오히려 그래서 순성의 현장감을 생생하게 맛보기에 좋다. 그 순성의 경로를 따라가 보자. 《영조실록英祖實錄》은 압축되어 있어서 그 상세한 사정을 엿보기 어려우니 《승정원일기》로 들어가 보자.[41]

임금이 종묘의 외대문을 나서서 여輿에서 내려 연輦에 올랐다. 어가가 종묘 동구涮口에 이르자 임금이 말하였다.

영조 | "동성東城에 올라가 임어할 터이니 어영청의 군사들을 앞 뒤 시위 군대로 나누어 배치하라. 도감에서는 각자 맡은 지점을 지켜 서 있도록 표신을 보내어 분부하라."

연은 임금이 타는 가마로서 큰 것이며, 여는 그보다 조금 작은 것이다. 보통 어떤 공간의 안에 있을 때는 여를 타고 밖에서는 연을 탔다. 동성은 도성의 동쪽 구간, 곧 홍인문 일대를 이르는 말이다. 으레 예상되는 환궁 행차가 아니라 갑자기 동성에 올라가 보겠다고 한 것이다. 동시에 군사들을 행차할 곳으로 옮겨 배치하게 하였다. 이러한 상황에서 박문수朴文秀가 나서서 임금께 한마디 하지 않을 수 없었다. 박문수는 오늘날 '어사 박문수'로 널리 알려진 그 사람이다. 그 자리에서 임금을 모시는 신료들 가운데 가장 지위가 높고 영조와 친구처럼 가까운 친분을 갖고 있었다.

박문수 | "밤새 제향을 지내시고 또 동성에 임어하시겠다고 하시면 몸을 편안히 조섭하시는 데 저어될까 두렵습니다. 오늘은 바로 환궁하시고 온화하고 따뜻한 날을 다시 택하시어 여유 있게 동성에 오르시는 것이 좋을 듯합니다."

영조 | "어가를 움직이는 것이 쉽지 않다. 오늘 꼭 동성에 오르고 싶으니 대가가 돌아갈 때에 동성에 들러 임어하겠다는 내용을 이 어가 앞에서 하교하라."

박문수 | "어영청 중군을 어가 앞에 서는 부대로 하시고 어영대장을 뒤에 서는 부대로 삼아서 바로 어가를 따르게 하심이 좋을 듯합니다."

영조 | "좋다."

어가가 동성의 문루에 이르렀다.

영조 | "시위 군사들을 물리고 승지 사관과 홍문관원弘文館員만 입시하라."

임금이 여에서 내려서 성 위로 올라가 둘러보았다.

영조는 흥인문 인근까지 가마를 바꿔가며 타고 간 뒤, 성 밑에서야 비로소 걸어서 성으로 올라갔다. 아무리 임금이지만 가파른 계단을 가마를 타고 올라갈 수는 없었겠다.

임금이 성에 기대어 서서 신료들에게 물었다.

영조 | "이 성을 쌓은 것에 대해서 유신儒臣의 뜻은 어떠한지 각각 견해를 말해 보시오."

여기서 '유신'이란 홍문관원을 가리킨다. 늘 임금 곁에서 자문을 하는 임금의 측근 가운데 측근인 사람들이다. 종묘를 거쳐 도성까지 임금을 가까이 모시고 왔다.

한광회韓光會 | "성이 넓으면 지키기가 어렵습니다. 예로부터 둘레가 40리나 되는 성을 잘 지켜낸 경우는 있지 않았습니다. 비록 치성을 짓는다 해도 지키기가 쉽지 않을 것입니다. 마땅히 지리地利가 인화人和만 못하다는 훈계訓戒를 제일의 급선무로 삼아야 합니다."

한광조韓光肇 | "도성의 이쪽 면은 평소에 다소 허술하다고 지적되었습니다. 비록 이 성을 쌓는다 해도 어떻게 공고하게 하겠습니까? 또 삼문三門 밖은 앞으로 어찌하겠습니까? 성이 비록 공고해도 장수가 적임자가 아니면 지킬 수가 없습니다. 성을 지키는 것은 사람을 얻는 데 달려 있는 것이지 성을 쌓는 데 달려 있는 것은 아닙니다."

이득종李得宗 | "한광회가 말한 바 지리가 인화만 못하다는 말은 실로 옳은 말입니다. 인화가 첫째이고, 지리가 둘째입니다. 이는 실로 국가의 대계입니다만 금세 달성할 수 없습니다. 신은 다시 생각해 보고 나중에 연석에서 아뢰겠습니다."

채제공蔡濟恭 | "《시경詩經》에 '하늘이 장맛비를 내리기 전에 저 뽕나무 뿌리의

흥인문 2층 문루에서의 전경 | 바깥쪽을 내다보면 옹성이 문 앞을 감싸고 있는 모습이 한눈에 들어온다.

껍질을 가져다가 출입구를 단단히 만드네'라는 시가 있습니다. 오늘 한 번 대비하고 내일 또 한 번 대비한다는 것이 이 시의 뜻입니다. 이는 실로 국가의 원대한 계책이 되는 것입니다."

이 순성 장면을 보면 영조의 성격이 그대로 드러난다. 즉흥적이기도 하고 변덕스럽기도 한 듯하지만, 속으로 자기 생각을 갖고 신료들을 쥐고 흔든다. 하지만 신료들도 할 말은 다한다. 한광회와 한광조는 유신다운 원론적 반대 의견, 이득종은 회색적 신중론, 채제공은 치성을 짓는 데 찬성하는 뜻을 말하였다.

영조 | "유신들의 소견이 모두 옳다. 성을 지키기가 어렵다고 하는 말도 일리가 있다. 성을 지키는 것은 사람을 얻는 데 있다는 주장이 가장 옳은 말이다.

하지만 채제공의 말이 바로 내 뜻에 합치하는구나. 유신들을 불러 이 성을 보인 데는 나도 뜻이 있다. 유신들의 소견이 만약 성을 쌓는 것이 불가하다고 한다면 세자에게 글을 바쳐서 다투는 것이 좋겠다. 성 밖에 인가가 빽빽하니 제갈량이 썼던 적군을 태워 없애는 계책이 들어맞으리라고 생각한다. 혹여 적군이 먼저 그 계책을 쓴다면 두려운 일이다. 내가 있는 동안은 성을 지킬 수 있겠는데 내가 죽은 뒤의 일은 나는 모르겠다. 성 안에 가득 찬 백성들이 장차 고기와 생선처럼 적군의 먹이가 된다면 백성을 속이는 일이 될까 두렵다. 생각이 여기에 미치니 내 정신이 날아가 버리는 것 같다."

영조는 반대 의견을 세자에게 떠넘겼다. 자신은 결국 치성을 짓는 일을 밀어붙이겠다는 것이다.

박문수 "날씨가 좋지 않습니다. 이렇게 잠시나마 여기에 머무시는 것이 매우 마음이 불편합니다. 속히 환궁하시기를 신은 간절히 바랍니다."
영조 "어제는 심기가 매우 지쳤었다. 오늘은 종묘 제사를 잘 모셨으니 조상의 음덕이다. 환궁한 뒤에 효순孝純의 사당과 의소懿昭의 사당에 들러 곡을 하겠다."

'효순'은 영조의 첫 아들 효장세자孝章世子의 부인 현빈賢嬪 조씨趙氏를, '의소'는 사도세자의 첫째 아들인 의소세손懿昭世孫을 가리킨다. 영조는 마침내 누문樓門을 나가 여에 타면서 말하였다.

영조 "어영대장이 앞서 인도하라. 축성하는 곳으로 가겠다."
임금이 치성雉城 공사를 하기 위해 터를 파는 곳과 이미 완성된 곳을 둘러 살펴보았다. 그 자리에서 하교하였다.
영조 "연輦을 호위한 포수砲手들을 불러서 치성에 열을 지어 서서 포를 쏘게

흥인문 문루 2층의 현판 | 영조는 1743년(영조 19) 8월 20일에 정릉에 다녀오는 길에도 흥인문 문루에 오른 바 있다. 그때 시를 지어 걸게 한 현판이 지금도 여전히 그 자리를 지키고 있다.

하라."

예의사^{禮儀使} 홍봉한^{洪鳳漢}이 왕명을 받들어서 포수들을 부르려고 하였다.

홍익삼^{洪益三} | "불가합니다. 어찌 조총을 쏠 수 있단 말입니까?"

한광조 | "이 무슨 말씀입니까? 지금 여기서 포를 쏘는 도리가 있습니까? 이런 일은 결단코 불가합니다."

임금이 웃으면서 말하였다.

영조 | "이 일을 장차 어찌할꼬? 포를 쏘는 일은 내버려 두어라."

치성이란 체성에서 바깥쪽으로 튀어나가게 쌓은 성을 말한다. 흥인문에서 광희문 사이 구간은 지형이 낮고 평탄하여 방어에 특히 불리하였다. 그래서 영조 대에 그곳에 치성 여섯 곳을 쌓았다. 그리 대단한 역사는 아니라고 할 수 있다. 하지만 그 정도 공사를 하면서도 이렇게 말이 많았다. 치성에서 포를 쏘아보라고 한 영조는 과연 치성이 군사적으로 효능이 있는지 보고 싶었던 듯하다. 하지만 임금의 몸에 위해를 끼칠 수도 있는 일을 이렇게 즉흥적으로 명을 내린 것은 경솔하다고 할 행위였다. 영조도 그점을 인정했던 것이다. 마침내 어가를 돌려 성 쌓는 일을 하는 곳을 지날때 영조는 또 하교하였다.

> 영조 ¦ "내가 여기 왔으니 격려, 권면하는 조치를 내리지 않을 수 없다. 역부들에게 술동이를 내려 먹이고 어영대장은 초기草記를 올려 보고하라."

숙종 대부터 시작된 도성을 고쳐 짓는 공사가 영조 대에 와서 마무리되었다. 외형적으로만 도성이 다시 제 모습을 갖춘 것이 아니라 도성을 관리하는 체제도 정비되었고, 도성을 둘러싼 사람들의 문화, 도성 안팎에 사는 사람들의 삶의 방식에도 새로운 면모가 나타났다. 그 전에 도성을 쌓은주체와 그 동원 방식도 바뀌었다. 일꾼들에게 술동이를 내려주라는 영조의 말은 이들을 대하는 임금의 태도에 변화가 나타났음을 감지하게 한다.

삼군문 도성 수비 체제 정비

영조, 백성의
마음을 붙잡다

영조의 이 순성은 그저 한 번 지나가는 즉흥적행사였을 수 있다. 하지만 그 지나가는 행사도잘 들여다보면 그 안에 담겨 있는 여러 가지 그시대상을 볼 수 있다. 그 가운데 중요한 요소 가운데 하나가 사람들이다.모든 문화와 문화의 흔적인 문화유산에는 사람들이 관련되어 있다. 사람이 없는 문화유산은 없다. 설령 겉으로 드러나는 사람이 하나도 없더라도그 이면에 사람이 숨어 있다. 사람을 찾아보려면 물론 이름이 알려진 사람

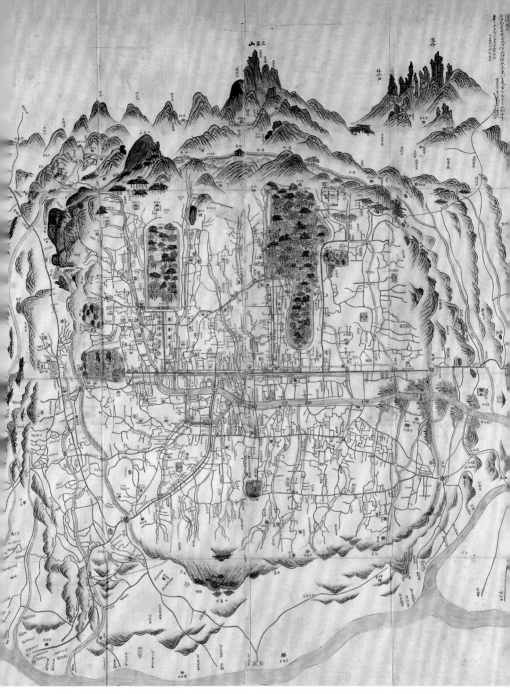

〈**도성도**〉│ 도성이 완전히 갖추어진 시기를 보여준다. 도성 동쪽의 오간수문으로 빠져나가는 개천변에 버드나무가 들어찼다. (삼성미술관 리움 소장)

들을 찾는 것이 쉽다. 하지만 더 궁금한 사람들은 이름이 알려지지 않은 사람들이다. 이를테면 영조가 술동이를 내려준 역부들은 어떤 사람들인가? 태조, 세종 때처럼 전국 각 도에서 징발한 양인良人 정부丁夫들인가? 그렇지 않다.

조선 후기 숙종에서 영조 연간에 도성을 고쳐 지을 때는 누가 일을 하였는가? 숙종 대는 조선 사회가 크게 바뀐 시기이다. 이제는 돈이 도는 시대요, 장사를 해야 돈을 버는 시대가 되었다. 역을 지는 대신 곡식을 내다가, 곡식도 아닌 돈을 내는 쪽으로 바뀌어갔다. 역役이 세稅가 되어갔다. 지방에서 양인 농민들을 불러올려 군역이나 요역을 지우는 대신 직업 군인이 생기거나 역을 대신 져주고 대가를 받는 사람들이 생겨났다.

군대도 전국적으로 일원적인 체계를 갖춘 조직이었던 오위五衛 대신 각각 독자적인 운영체계를 갖춘 군영軍營이 생겨났다. 임진왜란 당시 최초의 군영인 훈련도감이 생긴 뒤로 인조 대에 임금을 가까이서 지키기 위한 어영청과 남한산성을 담당하는 수어청, 한성부 외곽 경기도를 방어하기 위한 총융청이 생겼다. 숙종 초년에는 금위영이 생겨서 오군영五軍營이 자리 잡았다. 남한산성은 수어청, 북한산성은 총융청이 담당하고, 한성부 도성은 훈련도감, 어영청, 금위영 세 군영이 구역을 나누어 담당하는 체제가 굳어졌다. 숙종 대와 영조 대 도성을 비롯하여 북한산성, 탕춘대성 등을 쌓고 고치고 하는 역사는 이 군영들이 담당하였다.

사람들이 바뀌면서 그 사람들을 대하는 임금의 생각과 자세도 바뀌지 않을 수 없었다. 그러한 변화는 임금이 살고 있는 이 도성을 어떻게 생각하고 어떻게 대하는가에서도 표현되었다. 임진왜란 때 선조는 도성을 버리고 떠났다가 1년 반 만에 돌아왔다. 그 손자 인조는 세 번씩이나 도성을 떠났다가 돌아왔다. 그렇게 임금이 도성을 버리고 떠난 사실은 임금 자신에게나, 임금을 보필하는 양반 관료들에게, 그리고 누구보다도 백성들에게 쉽게 지워지지 않는 마음의 상처가 되었다. 병자호란 이후 도성을 고쳐

〈수문상친임관역도〉,《준천계첩》 | 영조가 오간수문 위 도성에 친히 와서 개천을 준설하는 작업을 바라보고 있다. 상단 왼쪽에 흥인문 문루가 살짝 보인다. (미국 버클리대학교 동아시아도서관 소장)

짓지 못한 표면적 이유는 병자호란 당시 청나라와 맺은 강화 조약 때문이었지만, 그것이 다인가? 효종 대 북벌을 외쳤지만 그 내실은 없었던 이유가 무엇인가? 백성들을 움직여 도성을 지을 명분도 힘도 없었기 때문이 아닐까? 그렇게 한 세대가 지나갔다.

인조 이후 효종, 현종 대를 지나 증손자인 숙종 대에 와서 국제 정세와 국내 제반 조건이 바뀌었다. 숙종은 이러한 변화 속에서 큰 공을 들여 도성을 고치고 북한산성을 쌓았다. 그러면서도 정작 백성들의 마음을 얻는 데는 실패하였다. 아니 숙종 자신이 마음을 정하지 못하였다. 도성을 끝까지 지키겠다는 생각을 하지 못하고, 북한산성을 쌓고, 또 다른 곳을 염두에 두었다. 이러한 생각을 밖으로 비쳤다. 그러니 백성들의 마음을 얻을 수가 있나? '이렇게 힘을 들여 도성을 쌓으면 무엇하나? 임진왜란 때 선조처럼, 병자호란 때 인조처럼 이 도성을 버리고 떠날 것을…' 이런 마음이 드는 한 아무리 인력과 물자를 들여 도성의 겉모양을 고쳐 쌓는다고 해도 그 도성은 제 기능을 발휘할 수 없었다. 도성이 제 기능을 발휘하지 못한다는 것은 곧 도성으로 둘러싸인 도시, 이 한성부가 왕도이자 수도로서 인정받지 못한다는 것을 가리켰다.

효사물거, 영조의 다짐

영조는 부왕 숙종의 한계를 읽고 있었던 듯하다. 그래서 백성들에게 천명했다. '효사물거效死勿去.' 목숨을 바치더라도 떠나지 않는다는 뜻으로, 《맹자孟子》〈양혜왕장구하梁惠王章句下〉에 나오는 말이다.

등문공滕文公이 물었다. "등나라는 소국입니다. 힘을 다해 대국을 섬기는데도 위험을 면할 수가 없습니다. 어떻게 하면 좋을까요?"

맹자가 답하였다 "옛날 주나라 태왕太王이 빈邠 땅에 거주했을 때 적인狄人이 쳐들어왔습니다. 가죽과 비단으로 그들을 섬겨도 침략을 면할 수가 없었고, 개와 말을 바치며 섬겨도 면할 수가 없었습니다. 구슬과 옥을 그들에게 주면서 그들을 섬겨도 어려움을 면할 수가 없었습니다. 이에 노인들을 불러 이런 사실을 알리며 말하였습니다. '적인이 바라는 것은 우리 땅입니다. 내가 듣기로 군자는 사람을 기르는 땅 때문에 그 사람을 다치게 하지 않는다고 했습니다. 여러분들은 임금이 없다고 근심하지 마시기 바랍니다. 나는 이곳을 떠나겠습니다.' 그러고는 빈 땅을 떠나 양산을 넘어 기산岐山의 아래에 도읍을 정하고 머물렀습니다. 빈 사람들은 말하기를 '그는 어진 사람이다. 그를 잃을 수 없다'고 하여, 태왕을 따르는 사람이 시장에 모여든 사람처럼 많았습니다. 하지만 어떤 사람은 '대대로 지켜온 땅이니 내가 마음대로 할 수 있는 바가 아니다. 목숨을 바치더라도 떠나지 말자'라고 말하였습니다. 임금께서는 이 둘 중에서 선택하십시오."

전자, 즉 땅을 버리고 떠나는 것은 현실을 고려한 편법이요, 후자는 임금이 사직을 위해서 죽는다는 상법常法이라는 것이다.

영조 이전의 임금들도 '효사물거'를 말하거나 듣거나 하였다. 선조는 임진왜란 당시 1592년선조 25 4월 29일 자신이 기거하는 건물의 문 앞에 와서 통곡하는 종실들에게 경들과 함께 '효사물거'하리라고 다짐을 하였다. 그렇지만 그날 이미 도성을 버리고 떠나기로 결정한 터였다.[42] 1624년인조 2 2월 4일 이괄의 난 당시 이괄군이 황해도 일대에서 기세를 올리는 상황에서 좌의정과 여러 고위 관료들이 함께 상소를 올려 말하였다. "마땅히 '효사물거'하셔야 합니다. 만약 도성을 버리고 떠나신다면 인심이 마구 무너져서 장차 수습할 방도가 없게 될 것입니다."[43] 인조도 물론 그러겠다고 했다. 그리고 그로부터 닷새 뒤에 도성을 떠나 피난길에 올랐다.

숙종 대에 도성을 수축하자는 주장을 하던 사람들은 기회만 있으면 '효사물거'를 주장하였다. 숙종 자신도 '효사물거'를 말하였다. 하지만 숙종이 말하는 '효사물거'에는 힘이 실리지 않았다. 여차하면 북한산성이나 다른 곳으로 가려는 속마음을 숨기지 못하였다. 숙종이 말하는 '효사물거'는 속이 빈 구호처럼 들렸다.

수성윤음   이에 비해 영조가 말하는 '효사물거'에는 무게가 실렸다. 이 말은 1751년영조 27 9월 11일 창경궁 숭문당崇文堂에서 고위 관료들을 만나 국정의 논의하는 자리에서 나왔다. 어영대장 홍봉한洪鳳漢이 "군병이 평시에 하는 일이 없이 물자만 소비하니 이들을 부려서 돌을 모으게 하는 것이 무엇이 문제가 되겠는가?"라는 말을 하였다. 이에 대해서 영조는 힐난하듯 말하였다.[44]

"이 말은 어영대장의 잘못이다. 향군鄕軍의 군역이 어찌 여기서 그치겠는가?

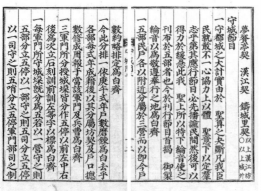

《수성윤음》 | 목숨을 바쳐서라도 도성을 지키겠다는 영조의 뜻을 담은 책이다. 〈어제수성윤음〉과 〈수성절목〉, 〈도성삼군문분계지도〉가 함께 들어 있다. (한국학중앙연구원 장서각 소장)

도성민들로 하여금 단지 '효사물거'하게 할 뿐이다. 돌을 모으거나 하는 이러한 일들은 오직 장수된 자가 그때그때 사정에 맞추어 처리하면 될 일이다."

여기서 영조가 말한 '효사물거'의 주체는 위 《승정원일기》 기사의 문장만 보면 도성민들로 보인다. 도성민들이 죽음을 바치더라도 도성을 떠나가지 않게 하겠다고 해석된다. 그런데 실제 취지는 그렇지 않았다.

영조는 바로 이날로 당시 병조판서였던 홍계희洪啓禧에게 명하여 영조 자신의 명의로 글을 짓게 하였다. 〈어제수성윤음御製守城綸音〉이라는 글이다. 윤음이란 임금의 글이라는 뜻이다. 윤발綸綍이라고도 하고, 아무리 길어도 열 줄로 짓는다 해서 십행十行이라고도 한다. 요즈음 말로 하자면 임금의 담화문이다. 실제 지은 이는 홍계희지만 거기 담긴 마음과 의지는 영조의 것이라고 해야 할 것이다. 조금 긴 듯하지만 이 윤음에 들어 있는 영조의 뜻, 영조의 마음을 읽어보자.[45]

아! 지금 〈수성절목守城節目〉은 나라의 중대한 문제인데 절목을 완성하고서도 아직까지 반포하지 않았으니 도성의 사서士庶들이 어떤 부部가 어느 영營에 속 하였는지 어찌 알겠으며, 또 어떤 방坊이 어느 구역에 속한다는 것을 어찌 알 수 있겠는가? 만약 불러 소집을 하게 되면 서로 어지러이 뒤섞여서 군대의 규율을 범하게 될 것이다. 이는 백성을 위한다는 뜻이 백성을 가르치지 않음 으로써 규율을 범하는 데로 떨어지게 하는 꼴이다.

이 윤음은 〈수성절목守城節目〉의 반포에 즈음하여 내린 것이다. 절목이 란 어떤 일을 시행하는 데 필요한 세부 규정을 조목조목 정리한 것이다. 〈수성절목〉은 도성을 지키는 데 대한 규정이다. 도성의 사서, 곧 사대부와 서민을 합한 모든 도성민들이 도성을 지키는 데 참여하는 방식을 규정한 것이다. 이를 상세하고 명확하게 알려주어서 도성민들이 혼란을 겪지 않 으려는 데 〈수성절목〉의 목적이 있다는 것이다.

이런 까닭에 비변사로 하여금 당초의 절목節目에 내용을 보태고 윤색하게 해 서 오부五部에 반포하게 하였다. 보태고 윤색한 내용 가운데 민폐를 끼치게 하 는 것이 없지 않으므로 이러한 부분은 삭제하게 하였다.

〈수성절목〉의 내용을 최종적으로 정리한 관서는 비변사이다. 비변사 는 조정의 핵심 고위 관원들이 당상堂上으로 참여하는 합좌合坐 기구이다. 국방 문제에서 시작해서 조선 후기에는 군사와 경제, 그리고 지방에서 올 리는 보고서 등을 주로 관장하면서 국정 전반에 대해서 논의하여 그 결 과로 정리된 의견을 임금께 제시하면서 큰 영향력을 발휘하였다. 〈수성 절목〉의 반포 대상은 한성부의 오부五部이다. 오부란 한성부를 동부, 서부, 남부, 북부, 중부로 다섯으로 나눈 행정 구역이자, 그 행정을 담당하는 한 성부 하위의 관서를 가리킨다.

단지 군문 사이의 정해진 경계와 세부 구역을 도면으로 그려서 소집령이 내리면 부관部官이 부민部民들을 이끌고 가는 일 등을 그대로 남겨서 이를 오부의 영令에게 간행하여 반포하노라. 사서들은 평상시에는 각자가 소속된 영營과 지켜야 할 위치를 마음속에 밝히 새겨질 정도로 상세히 알게 가르치고, 혹 일이 있어서 불러 소집할 때는 부관을 따라 성첩城堞에 오르게 하라.

여기서 말하는 도면이란 이 책자에 함께 포함되어 있는 〈도성삼군문분계지도都城三軍門分界之圖〉를 말한다. 도성 수비와 관리 업무를 나누어 맡은 훈련도감, 금위영, 어영청 세 군문이 담당한 구역을 표기한 도면이다. 오부에서 자기 구역의 사서들이 각자 어느 군영에 소속되어 있는지, 그래서 유사시에는 어느 구역으로 가야 하는지를 잘 알게 하는 것이 목적이라는 말이다.

그러나 성첩에 올라갈 때는 어찌 주먹만 갖고 오르겠는가? 성을 지키는 기구는 화살 및 돌과 총밖에 없다. 활과 화살, 조총鳥銃을 갖고 있는 이는 이것을 가지고 올라가겠지만, 이 두 가지가 없는 이들은 마땅히 돌을 가지고 올라가야 할 것이다. 이것은 사서들이 그때그때 편의대로 해야 할 것이다. 또 돌보아서 도울 바가 있으면 해당 군문에서 그 도울 수 있는 것을 미리 준비하여 지휘할 일이다.

사서들이 자기에게 맡겨진 위치 성첩으로 올라가는 목적은 성을 지키러 가는 것이요, 그러려면 무기가 있어야 한다. 활과 화살이나 조총은 훌륭한 무기다. 이러한 것을 갖고 있는 사람은 그것을 갖고 가고, 그렇지 못한 사람들은 돌이라도 갖고 가야 함을 주지시키고 있다. 군문에서는 이들이 적절한 무기를 갖고 갈 수 있도록 지원해야 한다.

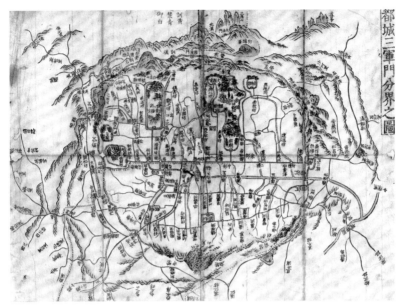

〈도성삼군문분계지도〉 | 훈련도감, 어영청, 금위영 세 군문이 각각 맡은 도성의 구간을 표시하였다. (성신
여자대학교박물관 소장)

아! 사서들이 능히 나의 뜻을 알 수가 있겠는가? 옛적에 촉한蜀漢의 소열 황제
昭烈皇帝는 신야新野라고 하는 일개 작은 성의 백성도 버리지 못하고 하구夏口라
는 곳으로 이끌고 갔다. 이는 역사상 높이 평가하는 일이다. 아! 소열 황제는
한 작은 성의 백성도 오히려 차마 버리지 못하였거늘 하물며 도성의 수십만
의 사서들은 바로 옛 임금들이 사랑하고 마음 쓰던 백성이니, 어찌 차마 버리
고 나만 홀로 갈 수가 있겠는가? 이로써 생각해 보면 이 마음이 모든 백성과
같은 마음이라고 말할 수 있다. 지금 나의 이 하교下教는 한갓 나의 뜻을 중하
게 하려는 데 그치는 것이 아니라 실상은 백성을 위한 것이다.
지금 비록 나의 기운이 곤비하고 정신이 몽롱하지만 도성을 지키려는 뜻은
저 푸른 하늘에 맹세할 수 있다. 설혹 이런 일이 생긴다면 내가 먼저 기운을
내서 성첩에 올라가 백성을 위로할 것이다. 이 하교 후에 만일 부박한 논의로

그 지키는 바가 굽혀진다면 이는 다만 우리 백성들을 속이는 것일 뿐만 아니라, 이는 마음을 속이는 것이다. 비록 기운은 약하고 수염이 희다 해도 어찌 차마 이런 짓을 할 수가 있겠는가? 어찌 차마 이런 짓을 할 수가 있겠는가? 그 인쇄하여 반포한 바는 신실함이 부신孚信과 같다. 아! 나의 사서들이여, 과인의 뜻을 헤아릴지어다. 과인의 뜻을 헤아릴지어다.

소열 황제는 널리 알려진 《삼국지》의 유비劉備다. 영조는 소열 황제처럼 자신도 결코 도성민을 버리고 홀로 다른 곳으로 옮겨가지 않겠다, 목숨을 바치더라도 떠나지 않겠다는 다짐을 하는 데 윤음의 후반 4할 가량을 할애하였다. 수성절목을 만들고 이 윤음을 반포하는 '정치적' 목적이 이러한 자신의 다짐을 널리 알리는 데 있음을 보여주는 대목이다. '효사물거'는 결국 영조 자신에게 하는 다짐이었다.

이 〈어제수성윤음〉은 독자적인 글이 아니라 〈수성절목〉과 짝을 이루었다. 〈수성절목〉은 모두 9개 조로 이루어져 있다. 각 조목을 분석해보면 어떻게 수성을 하려 했는지 일단 그 의도는 이해할 수 있다.

1. 도성을 지키는 큰 계책은 실로 임금의 결단에서 비롯되었다. 모든 우리 신민들 가운데 누가 감히 일심으로 협력해서 위로 임금의 뜻을 체현하고 아래로 여러 사람의 뜻을 정하지 않겠는가? 다만 그 응행절목을 반드시 먼저 민간에 널리 전파하여 유시한 다음에 급한 일이든 느슨한 일이든 힘을 얻을 수 있다. 이것이 우리 임금께서 특별히 윤음을 내리셔서 오부에 간행 배포하게 하신 까닭이다. 이제 절목을 간행함에 앞머리에 윤음을 게재함으로써 그 뜻을 공경히 받들어 행하는 근거로 삼는다.

제1조는 임금의 뜻을 받들어서 절목을 만들어 배포한다는 취지를 밝혔다. 〈수성절목〉이 〈어제수성윤음〉과 연결되어 있는 것임을 밝히는 수성

절목의 서론에 해당하는 부분이다.

  2. 오부의 민호民戶를 거리를 기준으로 세 영 가운데 가까운 군영에 나누어 소
  속시키는데, 현재 호수를 갖고 대략 배정한다.

  도성을 지키는 데 동원되는 대상은 오부의 민호 전체다. '호戶'란 호적
戶籍에 등재된 기초 단위이다. 부모와 자녀로 구성되는 오늘날의 세대世代
와는 규모와 성격이 다르다. 조부가 호주가 되고 그 아래 손자 대까지 포
함되는 큰 규모의 호도 있고, 부와 자녀로 구성되는 작은 규모의 호도 있
다. 혈연이나 혼인으로 결합된 구성원 외에 노비奴婢도 호에 포함된다. 호
는 국가에서 역役을 징발하는 기초 자원이다. 호적은 지방에서는 군현에
서 작성하여 자체 군현과 소속 도, 그리고 중앙으로 올려 호조와 한성부
에 보관하였다. 한성부의 호적은 방坊마다 관령管領이라는 직책을 두어 작
성하게 하였다. 민호를 군영에 배정하는 일은 간단한 호적을 근거로 명확
하면서도 단호한 집행력이 필요한 일이었다.

  3. 지금 이 분배는 경오庚午년의 식년式年 호수戶數에 따라 마련하는데, 각 부部
  에서는 식년마다 호적을 만든 다음에 그 부 아래에 소속된 방坊 및 계契와 호
  구戶口 총수를 기록하여 책을 만들어서 해당 군문 및 병조에 보고한다.

  〈수성절목〉은 1746년영조 22 12월 6일에 1차 작성되었다가, 수정을 거
쳐 신미년인 1751년영조 27 9월 11일에 이렇게 하나의 책자로 만들어져 반
포되었다. 호적은 매년 만들지 않고 식년式年에 한 차례씩 재작성한다. 식
년이란 간지干支의 지支에 '자子,' '묘卯,' '오午,' '유酉'가 들어가는 해를 가리
킨다. 그러니까 호적은 3년마다 한 번씩 변동된 사항을 반영하여 다시 작
성하는 것이다. 따라서 여기서 말하는 경오년은 1750년영조 26이다.

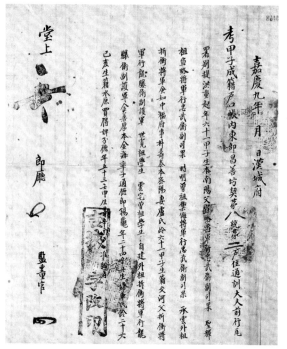

각 부에서는 자기 부에 소속된 행정 구역인 방과 그 방坊 아래의 계契, 그리고 호구의 총수를 기록한 책을 만들어 해당 군문 및 병조에 보고하게 새로 규정하였다. 한성부는 다섯 개 부로 구성되어 있고, 그 아래 행정 단위로 방이 있다. 〈도성삼군문분계총록都城三軍門分界總錄〉에는 43개 방이 기재되어 있다. 방 아래의 가장 작은 행정 단위가 계인데, 계는 328개가 기재되어 있다. 부는 변동이 없지만 그 아래 방과 계는 약간 변동되어 고종 초년에 편찬된 《육전조례》에는 47방 340계로 나온다. 방과 계의 호구수를 일일이 파악하여 이를 종합한 책자를 만들어 해당 군문과 병조에 보고할 의무가 부에 부가되었다. 행정과 군사를 연결하는 고리가 하나 추가된 것이다.

4. 세 군문에 나누어 준 성타城堞는 모두 다섯 정停으로 나누어서 '전前', '좌左', '중中', '우右', '후後'로 순서를 정한다. 돌을 세워 '훈전訓前', '훈좌訓左' 등의 글자를 새겨서 표지로 삼는다.

도성의 수비해야 할 구간에 관한 내용이다. 성타의 '타堞'는 여장 하나의 길이에 해당한다. 구간을 나눌 때의 기초 단위라고 할 수 있다. 훈련도감, 금위영, 어영청이 각각 담당 구역을 다섯 정停으로 나누어 이름을 붙였으니, 정은 모두 15개가 되었다. 이 15개 정마다 돌을 세워 구역 이름을 새겼다. 수비에 동원된 도성민들이 어디로 가야 할지를 알려주는 표지다.

5. 군문마다 지켜야 할 성타를 다섯으로 나누었으니, 만약 한 영에서 지켜야 할 몫에는 다섯 부를 다섯 정에다 나누어 배치하고, 한 부에서 지켜야 할 몫에는 부 아래 다섯 사司를 다섯 정에다 나누어 배치하고, 한 사에서 지켜야 할 몫에는 다섯 초哨를 다섯 정에다 나누어 배치한다. 이렇게 하면 군문과 부와 사의 제도가 설혹 차이가 있다 하여도 편하게 분배하게 된다.

이 조목은 수비 대상 구간과 수비 담당 군영과 수비 의무를 지는 부-방-계의 도성민을 어떻게 연결하여 조직할 것인가에 대한 기본 원칙을 규정한 것이다. 수비 의무를 지는 주체인 부-방-계는 복잡한 조직이므로 이를 다섯 단위로 재편하여 부 아래 다섯 사司, 사 아래 다섯 초哨로 조직하여 다섯 영에서 담당하는 다섯 정에 배정한다는 것이다. 이것이 이러한 원칙적 규정만으로는 해결되지 않으므로 작성한 것이 〈도성삼군문분계총록〉이다. 한성부의 모든 부-방-계가 각각 어느 군영, 어느 정으로 가야 하는지 배정한 규정이다. 서울의 방-계 이름들을 들여다보고 있노라면 조선 후기 서울의 모습이 어렴풋하게나마 떠오른다.

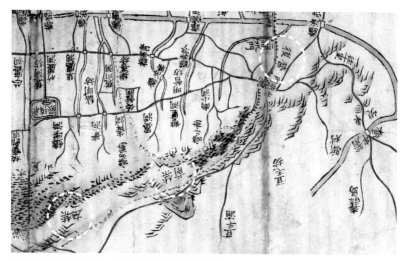

〈도성삼군문분계지도〉중 목멱산 부분 ┃ 목멱 정상에서 동으로 광희문에 이르는 부분이다. 금위영과 어영 청의 경계가 점선으로 표시되어 있고, 각 군문의 담당 구역을 다섯 정으로 나눈 금좌禁左, 금전禁前, 영후 營後 등의 표기가 보인다.

6. 각 군문에 나누어 준 영역의 경계는 평일에 상세히 알게 한 다음에야 유사 시에 각기 지켜야 할 신지信地를 지킬 수 있다. 나누어 준 영역의 경계를 작은 도면으로 만들고, 나누어 배치한 방과 계도 상세히 나열하여 기록해서 나무 판에다 새겨서 반포한다.

이렇게 각 방과 계의 각 도성민들이 가야 할 도성의 담당 지점을 신지 信地라고 한다. 평상시에 신지를 알게 해야 유사시에 혼란이 없이 움직일 수 있다. 그러기 위해서 만든 도면이 앞서 말한 〈도성삼군문분계지도〉이 다. 각 정으로 가야 할 방과 계도 상세히 정하여 이를 나무판에 새겨서 반 포하였다. 오늘날의 유사시 행동 지침 매뉴얼이라고 할 수 있겠다.

7. 오부의 각 계는 모두 작은 깃발을 만든다. 훈련도감은 황색, 금위영은 청

색, 어영청은 백색으로 하고 어느 부 어느 계라고 쓰고, 또 훈전 훈좌 등 글자를 써서 표지로 삼는다. 해당 영문營門에서 만들어서 각 부에 지급한다. 평상시에는 본 영에다 보관해두었다가 일이 있을 때 나누어 준다.

유사시에 도성민들이 모여 움직일 때 자신이 어디로 가야 하는지 혼란에 빠질 우려가 있다. 이를 막기 위해서 계마다 작은 깃발을 만들어 어느 군영 소속이며 어느 정으로 가야 하는지 써 넣은 깃발이다. 현장 상황을 고려한 준비가 나름 치밀하다.

8. 급히 경계해야 할 일이 생겼을 때는 해당 영에서 차사와 전령을 내보낸다. 해당 부에서 이들과 공동 보조를 취하여 호정戶丁을 이끌고 도성에 올라 나누어 지키게 한다. 해당 부의 관원이 만약에 부지런히 거행하지 않으면 군문에서 군율로 처벌한다.

유사시에 소집령을 내리면 그에 따라 각 부에서 움직여야 할 행동 지침이다. 소집령은 해당 영에서 사람을 내보내 알린다. 다른 통신 수단이 마땅치 않으니 사람을 내보낼 수밖에 없었을 것이다. 조선왕조에서는 전령이나 그와 유사한 직무를 수행하는 사람들이 많았다. 부는 호정戶丁을 이끌고 도성으로 올라가는 책무를 진다. 호정이란 호戶에서 낸 정부丁夫, 곧 신체 건장한 16~60세 남자를 가리킨다. 아무래도 군영에서 나온 사람들은 감독자의 위치이고, 부의 관원들은 책무를 진 위치이다. 부의 관원이 부지런히 거행하지 않으면 군문에서 군율로 처벌한다는 규정은 군무가 행정을 제압하는 듯한 인상을 준다.

9. 급한 일이든 느슨한 일이든 상황이 벌어지면 매 호는 노약자와 집을 지키는 사람을 제외하고 모두 성을 지켜야 한다. 동반 서반의 실직을 갖고 있거나

전함前銜을 갖고 있는 사람 이상 및 유생儒生, 출신出身, 잡과雜科, 한산인閑散人들도 마땅히 일제히 성비城埤에 올라가 힘을 합쳐 성을 지킴으로써 소민小民들의 모범이 되어야 한다.

동원되는 인원의 범위가 매우 넓다. 노약자와 집을 지키는 사람을 제외하고 나머지 호정은 모두 성을 지키는 데 나서야 한다. 호에서 대표로 한두 명을 내는 것이 아니라, 총동원 체제라고 하겠다. 대단히 강한 규정이다. 일반 군역軍役이나 요역徭役은 신분의 제한이 있었다. 양반 특히 전현직 관원들은 제외되었다. 그런데 〈수성절목〉에서는 그러한 신분적 특권을 인정하지 않는다고 선언을 하였다. 파격적이다.

파격적인 이 동원 체제가 과연 제대로 작동되었을까 의문을 지울 수 없다. 나름 상세하게 동원 방식을 설계하여 공표하였지만 얼마나 이대로 실행이 되었는지는 잘 모르겠다. 〈어제수성윤음〉을 내리고, 〈수성절목〉을 정하고 한 데 영조의 뜻이 전혀 담기지 않은 것은 아니나, 과연 진정 도성을 군사적 방어 시설로 활용하려고 하였을까? 그보다는 도성을 목숨을 바쳐서 지키고 떠나지 않겠다는 자신의 의지를 널리 알리는 수단으로 삼은 것이 아닐까? 아무래도 도성의 모양을 다시 갖추고 그것을 지키는 데 온 도성민을 엮어 세움으로써 도성의 주인인 임금의 위상을 높이고 실권을 강화하는 데 더 무게가 실렸던 것으로 보인다.

영조는 실제 성역 공사는 크게 벌이지 않았다. 그보다는 도성을 관리하는 체제를 정비하는 데 주력했다. 훈련도감, 금위영, 어영청 세 군문이 도성을 나누어 맡게 하였다. 또한 도성의 오부 방민을 각각 도성의 특정 구간에 배당하여 관리하고, 유사시 수비에 참여하게 하였다. 이로써 도성은 도성민들의 것이 되었다. 도성민들에게 도성은 피할 수 없이 부담스런 과제가 되는 동시에 가장 친숙한 건조물이 되었다. 그런데 이렇게 위상이 높아진 도성을 지키고 관리하는 핵심 주체는 임금이었다. 임금은 '효사물거', 목숨을 바치더라도 떠나지 않고 지키는 대열의 가장 핵심에 자리 잡게 되었다. 그러면서 동시에 임금은 도성으로 보호받는 핵심 대상이기도 하였다. 도성은 왕도이자 수도의 외형을 갖추는 건조물에서 한 걸음 더 나아가 임금의 존재를 알리고 그 권위를 지키며 겉으로 드러내는 장치, 왕도이자 수도를 심상에 새기는 대표적인 표상이 되었다.

정조 이후의 도성

정조의 마음,
화성으로 기울다

그러나 숙종에서 영조까지 이어진 도성을 관리하는 흐름은 더 이상 이어지지 않았다. 정조正祖는 기존의 군문에 대해서 부정적인 생각을 갖고 있었다.[46] 군문이 많아서 백성들에게 폐해를 끼치고 있다고 여긴 것이다. 하지만 선왕 대에 만들어진 것이므로 함부로 바꾸지 못하고 있었다. 그러다가 1789년정조 13 부친 장헌세자莊獻世子, 사도세자의 무덤을 현륭원顯隆園이라고 이름을 바꾸면서 수원으로 이장하는 일을 전후로 하여 군문에 대한 자신의 뜻을 실천에 옮기기 시작하였다.[47] 1788년정조 12 무렵에 장용영壯勇營을 두고 인원과 군기를 이속시켰다.[48] 이때의 장용영은 장용위壯勇衛라고도 불렸는데, 금위영 아래에 있는 정도의 지위를 갖는 조직이었기에 기존의 다른 군문들과 병존하는 데 별 문제가 없었다.

장용영은 1791년정조 15에 본격적으로 인원을 충원하고 이름도 장용영으로 굳어졌다.[49] 1793년정조 17에는 수원을 화성華城으로 이름을 바꾸고, 그 행정 책임자를 부사府使에서 유수留守로 승격시켰다. 화성유수華城留守가 장용외사壯勇外使 및 행궁정리사行宮整理使를 겸하게 하였다.[50] 화성에 장용영 외영外營을 두면서 서울에 있는 장용영은 내영內營이 된 셈이었다. 그 지휘

관 이름을 장용병방壯勇兵房에서 장용사壯勇使로 바꾸어 부르고, 또 도제거都提擧를 두고 호위청扈衛廳을 이곳에 합속시키면서 장용영은 본격적인 군영이 되었다.[51] 장용영이 이렇게 군영으로 자리를 잡으면서 그곳으로 군사업무가 집중되었고 다른 군영들의 위상과 역할은 미약해졌다. 이러한 흐름 속에서 도성 수비와 관리도 장용영 내영에서 담당하게 되었다.

장용영은 정조의 의도가 강하게 투영되었고, 정조가 설립과 운영을 주도한 군영이었다. 그런 만큼 군사적으로 정조의 왕권을 뒷받침하는 기반역할을 하였다. 반면에 왕권의 주도가 사라지면 그 기반이 흔들리는 약점

〈화성전도〉 ｜ 정조가 야심차게 건설한 화성의 전체 모습을 보여준다. 상단 가운데 팔달산과 화성행궁, 그리고 도심부를 화성이 감싸고 있다. (국립중앙박물관 소장)

도 동시에 안고 있었다. 이런 취약점이 그대로 드러나 장용영은 정조 사후 2년 만인 1802년_{순조 2}에 혁파되고 말았다. 정조가 힘을 기울였던 정책들은 권력 집중의 핵이었던 왕권이 약해지면서 동력을 잃었다. 화성을 새로운 경제 거점으로 키우려던 의도도 관철되지 못하였다.

순조 이후의
도성 관리

정조 연간에는 도성에 외형상 특별한 변화가 이루어지지는 않았다. 무너진 부분이 생기면 고치면서 현상이 유지되었다. 하지만 도성문을 정문과 간문으로 분류하여 관리하는 체제는 더욱 정비되었다. 순조純祖 이후에도 이러한 정조 연간의 흐름이 이어졌다. 순조 초년에는 주로 백악 자락의 창의문과 숙정문 인근의 도성이 여러 곳이 자주 부너졌다. 이렇게 무너지는 데 따라 수리 공사를 진행하였다. 무너진 부분은 체성이었고, 당연히 그 위의 여장도 함께 무너졌다. 수리 공사 역시 여장을 포함하였다. 이 수리 공사는 정조 이전의 방식으로 돌아가 훈련도감, 금위영, 어영청 세 군문에서 담당하였고, 수리에 필요한 석재는 거의 노원역 근처의 불암산에서 떠다 썼다.

순조 대 수리된 도성의 특징은 수리를 하였다는 정보를 각자로 남긴 위치가 체성의 아래쪽이 아니라 여장의 안쪽이라는 점이다. 그러한 각자가 상당히 많이 남아 있어 순조 대 수리한 위치를 알려주고 있다. 각자를 여장에 남기는 방식과 세 군문에서 도성 수리를 담당하는 흐름은 헌종憲宗과 철종哲宗 대를 포함하여 1880년대까지는 큰 변화 없이 이어졌다.

고종高宗 초년 흥선대원군이 실권을 장악하고 있던 시기에 가장 큰 공역은 경복궁 중건이었다. 1868년고종 5 7월 경복궁을 완공하고 그곳으로 이어할 무렵 의정부에서 논의하여 광화문 앞길의 관아들과 의금부義禁府의 옥사獄舍, 도성문 등으로 영건 대상을 확대하였다. 그 가운데 특히 흥인문을 가장 시급한 대상으로 삼았다. 흥인문 수리 공사는 경복궁의 중건을 맡았던 영건도감營建都監에서 담당하여 신속히 진행되었던 듯, 1869년고종 6 3월에 마무리 되었다.[52] 흥인문은 수리한 뒤에 문루가 이전보다 훨씬 더 높아졌다. 그 결과 옹성과 문 좌우의 체성과 여장이 문루에 비해서 아주 낮아지게 되었고, 물길이 막히는 문제가 나타났다. 물이 잘 빠지게 물길을 확보하지 않을 수 없게 되어 도성에 이전에 없던 수문 한 곳을 추가로 뚫었다. 흥인문 옹성에서 남쪽으로 조금 떨어진 곳에 수문이 새로 생기게 된 내력이다. 영건도감은 돈의문 문비를 수리하여 고치는 일도 담당하였다.[53]

1873년고종 10에 가서는 도성 문세門稅를 혁파하였다.[54] 문세는 흥선

고종 대의 흥인문과 수구 | 흥인문 왼편으로 고종 때 새로 만든 수구가 보인다. 지금은 없어져 버렸다.

대원군이 실권을 행사하던 시기에 경복궁 중건을 비롯하여 흥인문과 관아, 그리고 지방의 각종 국가 건조물을 수리하거나 새로 짓는 데 따른 재정 부족을 메우기 위해서 부과하였던 것이다. 1884년 갑신정변甲申政變 이후 여러 제도에 변화가 나타나기 시작하는 가운데 군제도 개편되기 시작하였다. 훈련도감, 금위영, 어영청 세 군문 대신 친군우영親軍右營, 친군별영親軍別營, 용호영龍虎營의 역할이 더 커졌다. 예를 들면 1886년에 도성 안의 개천을 준천할 때도 이들이 구역을 나누어 담당하였다.[55] 그 뒤로 군영의 명칭과 체제는 변동을 거듭하여, 친군통위영親軍統衛營, 친군장위영親軍壯衛營 등이 나타나 궁궐 담장과 도성 각 문을 파수하는 일과 도성 내외의 산에서 소나무를 베는 것을 금지하는 일 등을 담당하였다.[56]

이러한 군제의 변동은 1897년 대한제국으로 국제가 바뀐 뒤에는 더욱 크게 진행되었다. 하지만 그러한 군제 변화 가운데서도 도성 자체에는 큰 변화가 나타나지는 않아, 도성은 이전의 형태와 기능을 유지하였다.

제4장

도성
깊이 읽기

1

도성의 짜임새

도성의 본래 모습을 찾아서

도성의 원형이란   도성은 어떻게 구성되었나? 다시 말해서 도성을
무엇인가   이루고 있는 시설물들은 어떻게 짜였던가? 쉬운
질문 같으나 의외로 그렇지 않다. 우선 지금 남아
있는 도성은 원형原形을 잃어버린 부분이 많다. 따라서 도성이 제 모습을
온전히 유지하고 있던 시기의 도성의 모습을 다시 보기가 쉽지 않다. 시간
의 늪을 건너서 원형에 접근하려면 자료에 의지하지 않을 수 없다. 도성의
원형을 보여주는 자료, 특히 시각 자료가 있으면 큰 도움이 될 것이다.
　우선 조선시대에 도성을 그린 그림들이 몇 점 있다. 하지만 대개 멀리
서 본 장면이기 때문에 세부를 자세히 알 수는 없다. 또 도성의 전체 상도,
필요한 세부를 모두 보여주지도 않는 한계가 있다.

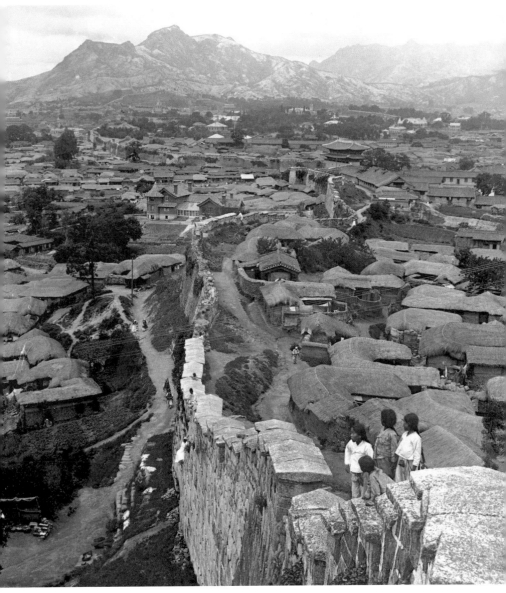

목멱산 서쪽 기슭에서 북으로 바라본 도성 | 도성이 이어지는 저 멀리 숭례문이 보인다. 여장 안쪽 순심로에 아이들이 서 있고, 안팎으로 난 순심로를 따라 사람들이 발길을 재촉한다. (조지 로스 사진, 1904년)

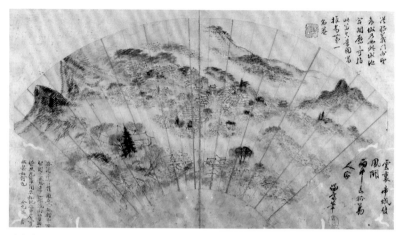

정선, 〈소의문외망도성도〉 │ 소의문 밖에서 본 도성의 모습을 그렸다. (삼성미술관 리움 소장)

도성을 찍은 사진들도 있다. 그중에서도 19세기 말, 도성이 아직 크게 바뀌기 전 모습을 담은 사진들이 있다. 처음에는 주로 서양 사람들이 찍은 사진들이다. 우리나라를 자국에 알리기 위해서, 혹은 개인적인 관심에 따라, 혹은 신문이나 잡지에 싣기 위해서 찍은 사진들로 가치가 크다. 하지만 이 사진들 역시 사진을 찍은 외국인들이 접근할 수 있는 곳, 그들의 관심이 가는 부분을 찍은 것들이다. 도성 전체를 면밀히 조사한 사진은 아니라는 점에서 어쩔 수 없이 시간과 공간의 한계를 갖고 있다.

도성의 원형을 찾고자 할 때 이러한 자료의 한계보다 더 근본적인 문제가 있다. 도성의 원형이란 어느 때 어떤 모습을 가리키는가? 태조 대 처음 도성을 만들었던 때의 모습인가? 그 태조 대 도성은 얼마 가지 않은 세종 대에 크게 바뀌어 대부분 사라졌다. 그러면 세종 대 도성의 모습이 원형인가? 그 역시 일부 남아 있기는 하지만 세월이 지나면서 많은 부분이 바뀌었다. 조선 후기 숙종 대나 영조 대에 다시 고쳐 지은 모습이 원형일까? 그 또한 그 이후의 변화 과정에서 온전히 제 모습을 유지하고 있지 못

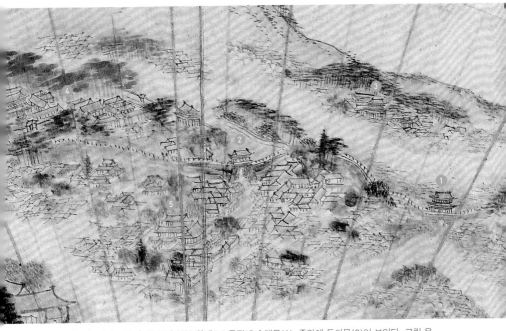

정선, 〈소의문외망도성도〉 중 중앙 부분 확대 ¦ 오른편에 숭례문(1), 중앙에 돈의문(2)이 보인다. 그림 우상단의 창덕궁(3), 돈의문 안의 경희궁(4)과 바깥의 경기감영(5) 일대의 도시 모습도 잘 드러나 있다.

하다. 그렇다면 언제 어떤 모습이 도성의 원형인가?

문화유산인 도성에 고정된 원형이란 없다. 모든 것이 다 그렇듯 문화유산도 세월이 흘러감에 따라 함께 바뀌어간다. 돌로 튼튼히 쌓은 도성이라 해서 여기서 벗어나지 못한다. 위에서 보았듯 도성은 600년이 넘는 세월을 견디면서 때로는 전면적으로, 때로는 부분적으로 끊임없이 바뀌었다. 그 가운데 어느 한 시점을 딱 찍어 원형이라고 할 수는 없다. 오랜 기간에 걸친 변화의 과정이 모두 도성의 원형이라고 보는 것이 옳다. 그렇다면 원형은 없는가? 고정된 원형은 없지만, 그래도 원형은 있다. 움직이는 원형이 있다.

도성의 원형이란 무엇인가? 도성을 만들어 관리하고 이용하던 사람들이 살아 있어서 도성이 제 기능을 발휘하던 시기의 모습이다. 도성을 짓게 하고, 도성을 이용하여 보호받던 가장 핵심 인물은 임금이다. 그 다음은 도성민이요, 아주 넓게는 그 왕조의 백성들 전체다. 왕조가 존립하고 있던 시기, 도성이 그 안과 밖을 구별하면서 내부와 그곳에 살던 사람들, 특히 임금과 그 권력을 보호하던 시기의 도성의 모습은 모두 원형이다. 그에 반해 왕조가 위기를 맞으면서 임금과 그 권력이 흔들리고, 도성이 본연의 의미와 기능을 잃기 시작한 뒤로 훼손되고 변질된 모습은 원형이라고 할 수 없다. 변형이요, 변질이다.

　도성은 임진왜란과 병자호란을 겪으면서 크게 훼손되었다가 숙종 대에서 영조 대 사이에 고쳐 짓는 공사를 거쳐 다시 모습을 갖추었다. 우리가 되돌려볼 수 있는 시기로 가장 올려 잡을 수 있는 시기가 바로 숙종에서 영조 대, 즉 조선 후기 정도이다. 숙종 대와 영조 대에 도성을 고쳐 지으면서 참으로 오랜 시간 동안 많은 논의를 벌였다. 자연히 도성을 어떻게 지을지에 대해, 부대시설에 대해 많은 논의를 했다. 그러면서 도성을 예전대로 다시 짓는 데 그치지 않고 더 갖추고 보태었다. 그 시기에 그렇게 다시 고쳐 지은 도성의 모습이 가장 잘 갖추어진 원형이라고 할 수 있다. 바로 그 조선 후기의 도성을 원형의 전형으로 잡아 그려보기로 하자.

북경성과 한양도성

홍대용이 본
북경성

성곽이 모양을 제대로 갖추려면 돌을 쌓기만 해서는 안 된다. 필요한 여러 시설을 갖추어야 한다. 어떠한 부대시설을 갖추어야 하는가? 그것은 일률적이지 않고, 성곽이 갖는 조건에 따라 달라진다. 조선 후기 도성은

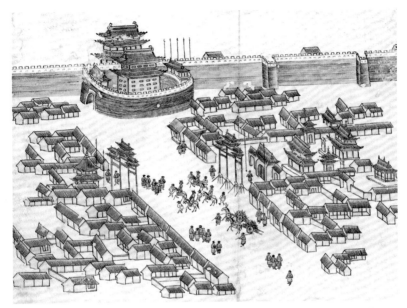

〈조양문〉,《연행도》ᅵ 청나라 연경(오늘날의 베이징)에 도착한 조선 사신들이 북경성의 동문인 조양문으로
들어가고 있다. 먼 길 왔다. (숭실대학교기독교박물관 소장)

어떠한 형태를 갖추었는가? 객관적으로 보자면 다른 성곽과 비교해 보는
것이 좋겠다. 오늘날 망가지고 변화된 모습이 아닌 제 모습을 잘 갖추고
있던 시절로 돌아가서 보면 더욱 좋겠다. 그런 점에서 볼 때 1765년^{영조 41}
사신의 일행으로 북경을 다녀온 홍대용^{洪大容}이 전하는 북경성^{北京城}의 모
습은 도성을 이해하는 데 좋은 비교 대상이다.ᅵ

경성^{북경성}은 사방이 10리다. 아주 곧아서 자로 잰 듯하다. 높이가 6~7장이
고, 두께가 20여 보는 된다. 벽돌로 쌓아서 대패로 깎은 듯하며, 안팎이 구덩
이로 잘려 있다. 양면에 모두 한 장쯤 되는 여장이 쌓여 있는데, 포를 쏘는 구
멍인 현안^{懸眼}은 대략 우리나라 것과 같지만 정밀하기는 배는 된다. 100보마
다 치 하나를 설치하였는데, 사방이 5~6보 정도다. 치 10개 정도마다 큰 치

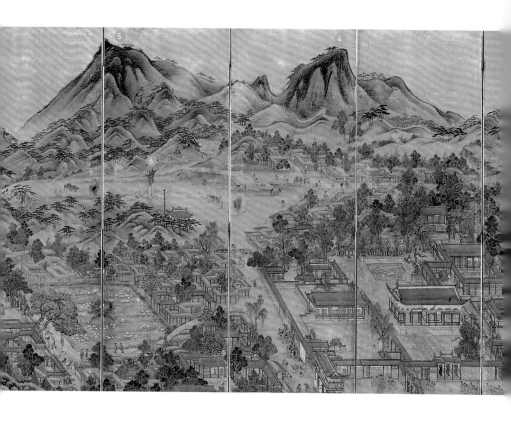

하나를 설치하였는데, 그것은 사방이 10여 보다. 치 몇 개마다 3간짜리 초옥
譙屋이 있는데 무장한 군인 10명이 지키면서 낮에는 주위를 관찰하고 밤에는
딱따기를 친다. 군인들은 교대하는 시간이 아니면 성에서 내려올 수 없다. 성
안에는 군데군데 사다리가 있어서 사람들이 다니게 하였다. 문을 설치하여
쇠사슬로 잠가놓아 부모가 죽었어도 부음을 전할 수 없다고 한다.

'성城'이라는 글자는 여러 뜻을 갖고 있다. 일본에서는 성이라고 할 때

〈경기감영도〉(부분) | 도성이 서쪽 문인 돈의문(1)에서 인왕산 방향으로 달려가고 있다. 상단에는 북한산 보현봉(2), 백악(3), 인왕산(4), 인왕산 곡성부(5)를 배치하였다. 인왕산 곡성부의 아래로는 영은문(6)도 보인다. (삼성미술관 리움 소장)

대부분 전투를 위한 요새要塞, 'fortress'의 성격이 강하다. 서양의 성들은 성주城主의 거처인 궁전宮殿, 'castle'에 해당하는 경우가 많다. 이에 비해서 북경성과 한양도성은 도시를 감싸고 있는 큰 담, 'city wall'이다. 한자로 담을 '장墻'이라고 하는 데 비해 궁궐과 도시를 감싸고 있는 큰 담은 '장'이라고 하지 않고 격을 높여서 '성城'이라고 한다. 요새나 궁전이 아닌 도시 성곽이라는 점에서 북경성과 한양도성은 같은 반열에 있다.

그런데 중국의 도시는 대부분 평지에 자리 잡았다. 따라서 도시 성곽 전체를 네모반듯하게 하고, 성벽 한 면을 직선으로 한 경우가 대부분이다. 북경성도 그런 틀에서 벗어나지 않았다. 이에 비해 우리나라는 산성은 물론, 도시 성곽이라도 산을 기대어 성을 쌓는 경우가 많다. 고구려 평양성이 그랬고, 고려 개경의 경성이 그러하였다. 한양도성 역시 내사산의 능선을 따라 쌓았기 때문에 기본적으로 자연스런 곡선을 띨 수밖에 없었다. 입지와 그에 따르는 형태부터 북경성과 한양도성 사이에는 차이가 있었으며, 그로부터 다른 차이점들이 생겨났다.

위압적인 북경성, 북경성 성벽 안팎이 모두 구덩이로 잘려 있다는
포근한 한양도성 말은 배수로를 가리키는 듯하다. 이러한 배수로
   외에도 북경성은 성 밖으로 크게 해자垓子가 둘러
있었다. 평지이기에 빙 둘러 해자를 파는 것이 가능했다. 하지만 한양도성은 산의 능선을 따라 쌓았기 때문에 해자를 파는 것은 원칙적으로는 불가능했다. 평평하고 낮은 동쪽 구간에 해자를 파자는 이야기가 잠깐 나오기는 했지만 별 논의의 대상이 되지 못하였다.

지형이 다르니 체성의 모양도 달라졌다. 북경성은 체성의 양면이 모두 수직에 가까운 경사를 이루었다. 재료도 벽돌을 사용하였다. 이에 비해 한양도성은 바깥 면만 돌을 쌓아 수직을 이루고 내탁부內托部, 곧 안쪽 면은 경사진 지형에 기대고서 그 윗부분은 사람들이 다닐 수 있게 하였다.

북경성에는 여장이 체성 위 양면에 있었고, 그 높이도 사람 키만 해서 한 길에 달했다. 그곳에서 바깥을 보려면 총을 쏘기 위해 뚫은 현안을 이용해야 했다. 바깥에서는 여장 안이 보이지 않았다. 여장의 영향력이 큰 것이다. 그에 반해 한양도성의 여장은 사람 어깨 높이 정도이다.

북경성과 한양도성의 구조 가운데 가장 큰 차이가 나는 부분이 치雉이다. 북경성에는 치가 일정한 간격을 유지하며 여러 개가 설치되어 있었다. 평지에 반듯하게 지은 성곽이라 가능했고, 또 필요했다고 생각된다. 그리

백악 구간 성벽 | 백악에서 응봉을 향해 가는 도성. 여러 시기의 돌들이 어울려 아름다운 모자이크가 되었다.

고 그 치 몇 개마다 한 곳씩 병사들이 머물 수 있는 시설인 초옥이 설치되어 있었다. 밋밋하게 가던 체성이 치가 되어 밖으로 돌출되고, 또 그 몇 개치마다 초옥이 올라앉은 모습은 북경성을 단순함에서 벗어나게 하는 장식적인 효과가 컸을 것이다.

한양도성에는 치와 초옥이 약했다. 영조 대에 흥인문과 광희문 사이에 여섯 개의 치를 설치하였지만 공간 면에서나 기능 면에서나 그 비중은 그리 컸다고 보기 어렵다. 성벽 위 순성로 안쪽에 군사들이 머물거나 무기나 기타 기물들을 보관하는 성랑城廊이 드문드문 있는 정도였다. 그곳을 제외한 다른 곳에는 곡성을 제외하고는 별다른 시설이 없었다. 여장 안의 군사들이 다니는 길도 별도의 특별한 공간이라기보다는 마치 자연의 일부인 것처럼, 산마루에 난 길처럼 받아들여졌다.

북경성과 한양도성은 성곽만을 따지면 전체 규모에 큰 차이가 없었다. 하지만 이것은 북경성의 내성內城만 말하는 것이다. 북경성은 내성 남쪽으로 외성外城이 한 겹 더 둘러 있었고, 내성과 외성 모두 시가지 한가운데 자리 잡고 있어서 성곽이 도시에서 차지하는 비중이 컸다. 사람의 공력이 많이 들어간 커다란 건조물들이 성곽만이 아니라 해자로 감싸여 있었다. 사람들의 생활에 미치는 영향도 컸고, 심리적 위압감도 컸다. 이에 비해 한양도성은 크다는 느낌이 들지 않는다. 분명 인공적으로 쌓은 건조물인데도 얼핏 자연의 일부처럼 친근하게 느껴진다. 많은 부분이 산지에 있어 일반인들이 접근하는 구간도 그리 길지 않다. 한양도성은 시가지 구간조차 자연 지형을 최대한 이용하여 한 쪽 면만 성을 쌓았다. 전체적으로 자연 지형의 일부인 듯 부드럽고 자연스럽다.

도성의 역사, 성돌로 남다

비탈에 기댄 도성   성곽의 몸에 해당하는 부분을 체성體城이라고 한다. 벽돌을 사용한 중국 성곽은 양쪽 면을 벽돌로 쌓는 데 비해서 우리나라는 경사진 지형에 기대어 한 쪽 면만을 돌로 쌓았다. 이를 편축법片築法이라고 한다. 체성의 바깥쪽만 돌로 쌓고, 그 안쪽 면에는 잡석을 넣어 바깥쪽의 돌을 맞물려 잡아당기게 하였다. 바깥쪽의 돌은 마치 사람의 치아처럼 잡석 속에 깊게 박혀 있어 쉽게 빠지지 않는다. 잡석 부분은 물이 밖으로 잘 빠지게 하는 효과를 갖고 있다. 잡석을 쌓은 부분보다 더 안쪽은 흙을 한 켜 쌓고 다지고,

발굴로 드러난 체성 안쪽 | 성벽면에 면석을 쌓고, 그 안에 잡석으로 뒷채움을 하고, 맨땅과 만나는 부분은 판축을 단단히 다졌다. 현재 도성 절단면을 이 모습을 표현해 마감했으면 좋겠다.

다시 한 켜 쌓고 다지고 하는 판축법版築法을 써서 원래의 땅과 결합시켰다. 그 판축을 한 규모는 너비가 9~12척尺에 깊이는 15척이었다. 지금의 도량형으로 보면 너비 2.7~3.6미터에 깊이 4.5미터 정도다. 이러한 편축법은 양면을 벽돌이나 돌로 쌓는 협축법夾築法에 비해서 공력과 물자를 줄일 수 있으며, 자연 지형의 파괴는 최소화하면서 그 효과는 최대화할 수 있다.

이렇게 쌓은 체성의 바깥으로는 나무를 베어 잘 보이게 하는 한편 사람이 다닐 수 있는 순심로를 만들었다. 체성의 위 바깥쪽으로 여장女墻을 쌓았다. 여장은 아군의 몸을 숨길 수 있는 시설로서 어른 남자의 어깨 높이 정도로 돌을 쌓고 그 위에는 지붕 모양의 돌을 얹어 마무리하였다. 여장 안쪽에는 지형에 기댄 평평한 부분이 형성되었는데 이를 내탁부라고 하였다. 내탁부는 성 안의 땅, 아군이 활동하는 요긴한 공간이다.

내탁부 | 도성 여장의 안쪽이 바깥쪽에 비해 확연히 높다. 기어오르는 적군을 막기에 유리하였겠다.

여장 한 칸에는 밖을 내다보며 총을 쏠 수 있는 구멍을 셋 내었는데 이를 총안銃眼이라고 한다. 가운데 총안은 바깥 아래쪽으로 향하게 경사지게 뚫어서 접근한 적을 쏠 수 있게 하였는데 이를 근총안近銃眼이라 한다. 근총안의 양옆에는 수평으로 뚫어서 먼 곳을 향하게 하였는데 이를 원총안遠銃眼이라 한다. 여장과 여장은 사이를 두어 그 틈새로는 활을 쏠 수 있게 하였다. 여장 한 칸은 타垜라고 하여 이 타를 성벽의 길이를 세는 단위로 삼았다.

도성을 쌓은 성돌은　태조 대에는 도성 전체의 3분의 1만 돌로 쌓고 나
어디서 왔을까　　　머지는 흙으로 쌓았다. 그러나 흙으로 쌓은 토성
　　　　　　　　　　은 세종 연간에 모두 석성으로 바뀌었다. 토성에
서 석성으로 바뀐 구간의 원래 모습은 모두 없어졌으니 지금 그 모습을

광희문 옆 성벽 여장 | 조선 후기에 쌓은 체성과 여장이 함께 잘 남아 있다.

찾아보는 것은 무망하게 되었다. 태조 대에 쌓은 석성이라고 해서 온전히 남아 있는 것은 아니다. 세월이 가면서 성벽 전체가 무너지기도 하였고, 윗부분만 무너진 구간도 생겼다. 체성이 무너졌는데 그대로 놓아둘 수는 없는 노릇. 그때그때 보수를 하였다.

　석재를 채취하는 것을 오늘날에는 채석採石이라고 하지만, 옛날에는 부석浮石이라고 하였다. 옛날에는 지금처럼 큰 암반에 화약을 넣어 돌을 캐내지 않았다. 늦가을에 바위에 결을 따라 한 줄로 구멍을 뚫고 물과 콩을 넣고 입구를 꽉 막아놓으면 겨울에 물이 얼고 콩이 불어서 바위가 갈라지게 된다. 그러면 그 갈라진 틈새에 지렛대를 넣어 돌을 떠낸 다음에 적당한 크기로 잘라서 운반하였다. 그래서 그 과정을 두고 '돌을 떠낸다'고 하여 '부석'이라 한 것이다. 이 부석과 그 돌을 운반하는 일인 운석運石은 성을 쌓는 일 가운데서도 특히 힘든 일이었다.

조선 초기에는 도성 가까운 곳에서 돌을 떠왔을 것이다. 아마도 동쪽은 타락산 줄기에, 서쪽은 무악재 넘어 홍제천변에 채석장이 있었던 것이 아닌가 추정된다. 하지만 세월이 지남에 따라 도성 가까운 지역에서는 돌을 뜰 수 없게 되었다. 지맥을 보존하기 위해서도 그렇고, 또 민가가 들어섰기 때문이기도 하였다. 그에 따라 도성에서 점점 더 먼 곳에서 돌을 채취할 수밖에 없었다.

숙종 대 도성을 고쳐 쌓을 때는 노원蘆原과 주암舟巖 등지에서 돌을 채취하였다.[2] 노원은 오늘날 노원구 중량천 동편 불암산 기슭으로 추정되고, 주암은 오늘날 성북구 정릉 인근 북한산 자락으로 추정된다. 쌓인 성돌을 보면서 이 돌이 어디서 왔는가를 알아보는 안목은 전문가 아니면 갖기 어렵다. 전문가라도 그 옛날에 돌을 어디서 떠왔는지를 알아보려면 그 돌을 뜬 곳에 가서 석질을 조사해 보아야 할 것이다. 도성을 둘러보는 사람들은 모두 그럴 수도 없고, 그럴 필요도 없다.

성돌 나이를 말하다 무릇 건조물들이 다 그렇지만 성을 볼 때도 우선 체성의 아랫부분부터 보는 것이 좋다. 보수를 할 때 남아 있는 아랫부분까지 굳이 다시 쌓을 필요는 없었다. 이미 쌓여 있는 체성 위에 윗부분만 새로 쌓으면 되었다. 그 결과 지금 도성은 모자이크처럼 여러 시기에 쌓은 부분들이 모여서 전체 모양을 만들어내고 있다. 그 가운데 태조 대 가장 먼저 쌓은 부분은 어떻게 알아볼 수 있을까?

먼저 돌의 크기와 모양을 보아야 한다. 태조 대는 성돌을 많이 다듬지 않았다. 거의 자연석에 가깝다. 그리고 돌의 종류도 흔히 보는 석질이 고른 화강암과는 달리 결이 많고 거칠다. 성돌의 크기도 평균적으로 다른 시기의 것보다 큰 편이다. 아랫부분에 있는 큰 돌들은 보통 가로가 60센티미터가 넘고 큰 것은 1미터가 넘는 것도 많다. 큰 돌들 사이사이에는 작은

1 태조 대 성돌 ㅣ 목멱산 일대에서 주로 찾아볼 수 있다. 자연석에 가까운 모양새다.
2 세종 대 성돌 ㅣ 장충동의 성벽으로, 부드러운 모양으로 다듬어져 있는 모양이 특징이다.
3 숙종 대 성돌 ㅣ 직사각형으로 다듬은 모양새가 특징이다.
4 숙종 이후 성돌 ㅣ 숙종 대 이후 보수한 곳들은 더 큰 돌로 정교하게 쌓았다.

돌을 굄돌로 박았다.

세종 대에는 주로 균일한 석질의 화강암을 성돌로 사용하였다. 그러면서 체성의 하단부에는 길고 큰 돌을 사용하였고, 위로 갈수록 작게 하여 가로가 20센티미터 내외에 세로는 그보다 조금 짧은 돌로 쌓았다. 그리고 모서리를 쳐내어 둥글게 다듬어서 메주덩이처럼 부드러운 모양으로 만들었다. 또한 세종 대에 쌓은 돌들은 어떤 금속 성분이 들어 있는지 검게 변색된 것이 많다. 세종 대 쌓은 체성은 금세 알아볼 수 있다. 다른 시기의 돌들보다 작으면서도 모서리를 둥글린 부드러운 돌들이 쌓인, 세월의 무게를 담은 듯 거무스레한 석벽이 편안한 느낌을 준다.

숙종 연간에 도성을 수축하면서는 서울 주변의 채석장에서 돌을 떠다

타락산 북쪽 기슭의 성벽 | 도성은 무너질 때마다 보수한 탓에 다양한 모양의 성돌이 쓰이게 되었다. 여장은 모두 근래에 새로 쌓은 것이나, 체성은 오른쪽은 세종 대, 왼쪽은 숙종 대, 가운데는 숙종 이후에 쌓은 부분으로 보인다.

가 성돌로 썼다. 그러면서 돌을 직사각형으로 다듬었다. 돌 하나하나의 크기는 커지고 모양은 반듯해졌다. 경우에 따라서는 모서리를 안으로 직각으로 깎아 옆의 돌의 모서리가 맞추어지게 하였다. 옆이나 아래위로 힘을 받았을 때 돌들이 밀리지 않게 하려는 의도였다. 전반적으로 틈새 없이 짬을 맞추었다. 숙종 대 쌓은 체성은 이전의 태조 대나 세종 대에 쌓은 부분에 비해 더 반듯하고, 수직을 이루고 있다. 숙종 대 쌓은 체성은 경박하지도 그렇다고 추레하지도 않은 품격을 갖추었다. 건장한 장년의 기세가 서려 있다.

숙종 이후로도 당연히 무너지는 부분이 있으면 고쳐 쌓았다. 숙종 이후 쌓은 돌들은 시기가 내려갈수록 돌 하나의 크기가 커져서 대체로 한 변이 60센티미터 정도 되는 정사각형에 가깝게 되었다. 표면을 더 깔끔하게 다듬어서 좀 더 하얗고 빤빤한 편이다. 무너진 부분을 땜질하듯 보수하였기 때문에 양옆의 보수하지 않은 부분과 경계가 수직으로 분명하게 구별된다.

새로 보수한 부분의 양옆이 세종 대나 태조 대 쌓은 구간이면 강한 대조를 이루지만, 숙종 대 이후에 쌓은 구간이면 자세히 보아야 그 자리를 알아차릴 수 있다. 숙종 대 이후 쌓은 체성은 전체적으로 말쑥하기는 하지만 아직 어느 한 구석에 미숙함이 남아 있는 청년 같은 인상을 준다.

해방 이후 1970년대 중반에도 대대적으로 도성을 보수하였다. 복원이라는 이름으로 공사를 추진하였지만 복원과는 거리가 있었다. 우선 옛 돌과 같은 석질의 석재를 확보하기가 쉽지 않았다. 도성 근처의 옛 채석장에는 이미 건물들이 들어서고 시가지가 조성되어 있었기 때문이다.

돌을 다듬고 쌓는 방식도 옛 공법대로 하지 못하였다. 옛 공구를 다룰 장인들도 사라졌고, 일부 남아 있다 하더라도 그럴 수 있는 공사 기간과 여건을 갖추지 못하였다. 전동 공구를 사용하여 현대 기술로 돌을 다루고 성벽을 쌓았다. 그 결과 정으로 쪼고 다듬는 과정에서 배어드는 손맛이 사라졌다. 다만 성돌을 보면서 이것은 태조 대, 이것은 세종 대, 이것은 숙종 대, 이것은 또 다른 시기에 쌓은 돌임을 알아보는 눈이 있다면 도성의 깊은 역사를 읽을 수 있을 것이다. 어느 돌이 언제 어디서 왔는지는 모를지라도 많은 사람들의 피와 땀이 배어 있음을, 더 나아가 그 시기에 왜 도성을 쌓았는지를 생각할 수 있다면 족하다. 성돌이 주는 느낌, 그 맛을 깊이 느낀다면 도성은 큰 울림을 주는 작품으로 우리에게 다가올 것이다.

산세를 읽어 도성을 보완하다

백악 곡성 곡성曲城이란 도성이 쌓인 내사산 산줄기에서 갈
인왕산 곡성 라져 나간 산줄기가 도성을 위협하는 형세를 보
완하기 위하여, 그 산등성이를 따라 돌출되게 쌓
은 성곽을 가리킨다. 현재 도성에는 백악 곡성과 인왕산 곡성 두 군데가 있다. 백악 곡성은 북한산 보현봉에서 형제봉을 거쳐 구준봉을 지나 백악으로 흘러오는 주맥 등성이에 쌓은 곡성이다. 인왕산 곡성은 인왕산에서 서쪽 안산으로 향하는 줄기가 무악재로 낮아지기 전까지 높게 이어지는 등성이를 지키는 곡성이다.

하지만 이 곡성들이 언제부터 있었는지 그 유래를 확인할 수 있는 자료를 찾기가 쉽지 않다.[3] 임진왜란을 겪을 당시인 1597년선조 30에는 도성에 곡성이 없었다. 비변사에서는 다음과 같은 계를 올려 곡성의 중요함을 강조하였다.

"한 성의 정신精神과 기맥氣脈은 오로지 곡성에 있습니다. 곡성은 옛날에 말한바 치雉입니다. 성에 이것이 없는 것은 비유하자면 사람 몸에 수족이 없는 것

하늘에서 본 백악 곡성 | 공중에서 내려다 본 모습이다. 사진의 중앙부 곡성에서 왼쪽으로 비스듬히 나 있는 등성이가 북한산 보현봉에서 구준봉을 거쳐 백악으로 이어지는 산줄기이다.

과 같습니다. 타첩이 높더라도 이익이 없습니다."

곡성의 중요함을 강조하면서도 아직 곡성이 무엇인지 정확히 알지 못하여 곡성과 치를 같은 것으로 혼동하고 있다. 이러한 이해 부족은 곡성과 옹성을 혼동하는 것으로 나타나기도 하였다. 1597년선조 30 5월 27일 경연 석상에서 류성룡柳成龍이 흥인문에는 곡성이 있는데 숭례문에는 없어서 문제가 있다고 하자 선조는 곡성이 옹성을 말하는 것이냐고 물었고, 류성룡은 그렇다고 대답하였다.[4]

도성에 곡성이 설치된 때는 광해군 대이다. 광해군은 임진왜란 이후 궁궐을 비롯하여 많은 시설물들을 복구하였다. 그 일환으로 도성도 필요한 대로 복구하였을 것으로 짐작된다. 1612년광해군 4에 병조兵曹에서 도성이 무너진 곳을 수성금화사修城禁火司 별좌別坐와 금군禁軍들을 데리고 공사

백악 곡성 | 성 밖으로 나가서 바라본 곡성 모서리. 적군을 관찰하고 방어하기 유리하도록 등성이를 따라 불쑥 튀어나오게 쌓았다.

를 하였음을 보고하였다. 그중에서도 남소문동南小門洞 근처는 사람과 말이 통행하여 큰길처럼 되어 있을 정도로 많이 무너져서 고쳤다는 내용이다.[5] 이때 고친 부분 가운데 남소문南小門, 성균관 뒤편, 숙정문 곡성 같은 곳들 은 인가가 먼 외진 곳이라 군보軍堡를 설치하고 군사들로 하여금 순라를 돌고 맡아서 지키게 하였다. 여기서 말하는 숙정문 곡성이 오늘날의 백악 곡성에 해당된다고 판단된다.[6] 광해군 대에는 또 타락산에도 곡성이 있었 다는 자료가 있다.[7] 타락산 곡성은 오늘날 지형으로 보면 타락산 정상에서 동쪽 동망봉으로 갈라져 나간 등성이에 있었을 것이다.

광해군 대의 도성을 고치는 공사는 그리 큰 사업은 아니었을 것이며 그때 있었던 곡성들 역시 그리 큰 규모였으리라 보기 어렵다. 다만 인왕산 곡성은 광해군 대에 쌓은 것으로 보이는데, 그 뒤에도 뚜렷한 건조물로서 여러 차례 거론된다. 예를 들면 1626년인조 4에 인왕산 곡성 바깥에서 호

인왕산 곡성과 안산 | 남쪽으로 흘러내려 가던 인왕산의 한 줄기가 서쪽으로 튀어나간 위에 곡성을 쌓았다. 안산과 마주 보며 무악재를 지키는 요충이 되었다.

정선, 〈서정보월도〉 | 그림의 우상단에 인왕산이 정상에서 남으로 흘러내리는 기세가 뭉쳤다. 그 아래 작은
바위 봉우리를 도성이 감싸 돌고 있다. 인왕산 곡성으로 생각된다. (국립중앙박물관 소장)

랑이가 나무꾼을 잡아먹고, 인경궁 후원으로 넘어 들어와 원유사苑囿司 제
조 및 훈련도감 대장, 총융대장 등이 두 군영의 군사들을 이끌고 뒤를 쫓
아 잡았다는 이야기가 전한다.[8] 인왕산 곡성은 호랑이가 출몰할 정도로 도
성 바깥쪽으로부터 산줄기가 연결되어 있었고, 또 그리 높지 않았음을 알
수 있다. 인왕산 곡성은 중간에 허물어진 것으로 보이기는 하나, 숙종 대
까지 존립하여 군사적 요충지로 활용되고 있었다.[9]

　백악 곡성은 숙종 대 도성을 고쳐 쌓을 때 함께 그 면모를 일신하였다.
숙종 대 오래 끌던 도성을 고쳐 쌓는 논의의 방향을 정한 것이 앞서 말한
1704년숙종 30 2월 15일의 논의였다. 이 자리에서 현장에 가서 보고 온 훈
련대장 이기하와 어영대장 윤취상의 보고에 이 시점의 곡성의 형편이 드

이신흠, 〈세년계회도〉(그림 부분) ¹ 상단에 바위 봉우리를 강조하여 산줄기를 묘사하였다. 왼편이 백악 정상(1), 가운데 부분이 백악 곡성(2), 오른편의 바위 봉우리 사이에 있는 문루가 없이 홍예만 있는 문이 숙정문(3)이다. (삼성미술관 리움 소장)

러나 있다. 곧 두 사람 모두 북한산 보현봉에서 내려와 구준봉을 거쳐 백악으로 오는 주맥이 비어 있으니 그곳에 돈대를 짓자는 주장을 하는 데서 알 수 있듯이 그 등성이는 취약점을 안고 있었다. 숙종 연간에는 이 구간의 곡성이 무너져 있었기 때문에 이런 이야기가 나왔다고 보아야 할 것이다. 도성을 고쳐 쌓는 공사가 끝난 뒤인 1719년숙종 45에는 백악 곡성이 존재하고 있음을 알려주는 기사가 있다.¹⁰ 그사이 도성을 수축하면서 곡성을 쌓은 것임을 알 수 있다.

흥인문 곡성의 정체   인왕산이나 백악 곡성과는 좀 다른 성격의 곡성도 있었다. 흥인문 곡성이라고 한 것이 그것이다.

1736년영조 12 2월에 흥인문 곡성 밖에 큰 호랑이가 인가 지붕 위에 올라가 있어서 이를 잡아야 하겠다는 보고가 임금에게까지 올라와서 윤허를 받은 일이 있다.[11] 또 그해 4월 12일에는 훈련도감에서 흥인문 북쪽 가장자리의 여성女城 및 흥인문 좌우의 곡성 여장을 나누어 맡았다는 기사도 있다.[12] 이런 기사로 보면 흥인문 좌우에 곡성이 있었나 하는 의문을 가져볼 수 있다. 이 곡성은 흥인문 좌우에 있다고 한 것을 보면 옹성을 가리키는 것은 아니다. 최근 다시 복원한 바와 같이, 타락산에서 내려오는 도성이 그대로 흥인문으로 쭉 이어지게 쌓지 않고 방향을 도성 안쪽으로 꺾었다가 다시 남쪽으로 꺾어서 흥인문으로 연결하였던 부분을 곡성이라 한 것으로 보인다. 좌우에 곡성이 있다고 한 것으로 미루어보면, 흥인문 남쪽에도 곡성이 있었나 의문을 가져볼 수는 있겠으나, 그 실체가 어떠했는지 확인하기는 어렵다. 대한제국기에 작성된 〈창선방도彰善坊圖〉라는 지도에는 곡성으로 볼 만한 요소는 없다. 곡성은 단순한 도성에 형태면에서 변화를 주는 중요한 요소였으며, 비록 대단하지는 않았을지 몰라도 군사적 기능을 보강하는 효과를 주기도 하였다.

치성과 수문

영조, 치성을
고집하다

성이 낮고 평평한 지형에 직선으로 축조되었을 경우 적군의 공격을 맞서 방어하는 데 성으로서 별다른 유리한 요소를 갖기 어렵다. 이때 군데군데 체성을 바깥쪽으로 돌출시켜 쌓은 시설물을 치성雉城이라고 한다. 치성 자체가 궁극적 목적이 아니라 그 위에 여장과 포루鋪樓를 설치하여 병사들이나 무기를 두어 수비와 공격에 유리한 위치를 갖기 위함이 목적이다. 여

수원 화성의 치성 | 치성은 체성을 돌출시켜 적군을 관찰하고 공격하기 위한 시설이다.

장은 성가퀴라고도 하는데, 사람 어깨 높이 정도로 돌을 쌓아 성을 지키는 병사들의 몸을 가리는 시설이다. 포루는 약 10명 정도의 병사가 들어갈 수 있게 만든 작은 건물이다. 치성은 숙종에서 영조 당대에 조선에서는 보기 드문 시설이었다. 이러한 부대시설은 임진왜란 당시 왜군이 쌓은 왜성에 발달되어 있었다.[13] 조선에서는 정조 대 화성을 축조할 때 가서야 벽돌을 사용하면서 이런 시설들이 다양하게 축조되었다.

치성은 어찌 보면 단순한 시설물이다. 추가로 설치하는 것이 그다지 어렵지 않은 공사로 보일 수 있다. 하지만 당시로서는 그렇게 단순한 문제가 아니었다. 도성의 수비 전술과 연관되어 있었으며, 한강의 서쪽 포구에 있던 창고들을 성 안으로 옮기는 문제, 개천 등 도성 안의 물길들을 관리하는 문제 등 한성부라는 도시를 관리하는 체제 전체와 연결되었다. 무엇보다도 이를 추진하기 위해서는 재정적 뒷받침이 필요하였다.

1747년영조 23에 〈수성절목〉을 보완하는 논의 중에 도성의 시설물을 설치하는 문제가 함께 거론되었다.[14] 이때부터 치성을 설치하고 그 위에 포루를 설치하여 군기軍器를 보관해야 할지에 대한 의견을 구하자는 논의가 제기되었다. 이 시기 치성을 설치하는 논의에는 도성을 끝까지 지키겠다고 한 영조의 의지가 반영되어 있다. 위로는 종사宗社를 위하고 아래로는 군민君民을 위하여 치성이 필요하다는 이야기였다. 체성에 드문드문 치성을 설치하면 적이 그 안에 들어오는가를 서로 바라보는 장소로 쓸 수 있다는 인식이 널리 퍼지기 시작하였다. 치성을 설치할 필요가 있는 곳으로는 도성의 동쪽과 서남쪽이 꼽혔다. 치성을 설치할 때의 문제는 치성을 설치할 위치에 있는 인가를 헐어 없애는 것이었다. 도성의 서쪽 지역은 인가가 조밀하였고, 동쪽 지역은 인가가 별로 없었다.

다소 지지부진하게 진행되던 치성 설치 논의는 1752년영조 28 11월에 이르러 어영대장 홍봉한의 발론으로 본격화되었다.[15] 백성들을 수고롭게 하지 않고 어영청이 자체적으로 경비를 충당하여 도성 동쪽 구역에 치첩雉堞을 설치할 수 있다는 제안이었다. 내심 치성을 설치하고 싶었으나 재정 문제 등을 고려하여 결단을 내리지 못하고 있던 영조로서는 반가운 말이었다. 대신과 의논하여 추진하라고 명하자, 영의정 김약로金若魯가 홍봉한을 지원하고 나섰다. 당시 영향력이 크던 박문수도 '도성이 외환外患이 닥치면 지키기 어려운 바가 있고, 내환內患에도 대비해야 하니 흥인문에서 광희문 사이 지세가 낮은 곳에 치성을 덧쌓지 않을 수 없으므로 어영청에 맡기면 좋겠다'고 홍봉한을 지원했다.[16]

영조는 치성을 몇 군데나 쌓아야 되겠는가, 셋인가 다섯인가 등 구체적인 문제를 물으니 박문수는 현장에 가서 살펴본 뒤에 정하는 게 좋겠다고 답하였다. 영조는 물론 박문수의 말을 받아들여 홍봉한과 함께 의논하여 정하도록 맡겼다. 흥인문 밖 도성 가까이에 미나리 밭이 많은데 치성을 쌓는다고 하면 그 주인들이 원망할 것이라는 우려도 있었으나, 영조는 현

도성의 치성 | 옛 동대문운동장 자리에서 발굴되었다. 영조 대 이 구간에 쌓은 여섯 치성 중 하나다.

장에 가서 살펴보고 보고하도록 명령하였다. 이에 박문수와 훈련대장, 어영대장, 총융사 등 군영 대장들이 현장을 살펴보고 와서 보고하였다. 보고하는 자리에서 홍봉한은 광희문과 흥인문 사이에 치성을 네 곳을 쌓는 것이 좋겠다고 하였고, 영조는 다섯 곳을 쌓으라고 하였다. 치성을 쌓으면서 체성도 높이를 조금 높이도록 결정되었다. 포루와 옹성 등 추가 시설을 이야기한 끝에 홍봉한이 이를 담당하여 공사를 감독할 적임자로 어영청의 별장別將 전운상田雲祥을 천거하여 그가 치성 공사를 감독하게 되었다.

영조의 의지가 담긴   1753년영조 29 2월 13일 영조는 직접 흥인문에 이
여섯 개 치성   르러 치성을 지을 자리를 둘러보면서 말하였다.[17]

"치 사이의 간격을 130보로 하는 것이 좋겠다. 도성 밖의 미나리 밭은 모두

1900년대 초 흥인문 ㅣ 타락산 끝자락에서 흥인문을 찍은 사진이다. 흥인문 옹성 너머로 사진 중앙부에서 위쪽으로 이어지는 성벽에 튀어나와 있는 치성들이 보인다. (카를로 로세티 사진, 1904년 이전)

메꾸어 돋우어도 된다. 도성에 가까이 있는 미나리 밭에 물을 가두면 성 지반에 매우 해로운데도 어영대장이 사대부가에서 밭을 경작하는 까닭에 그들의 원망을 받아 메꾸지를 못했다 하니 심히 개탄스럽다. 서쪽 삼문 밖에 만약에 치성을 설치한다면 사대부의 가옥을 다수 훼철해야 할 형편이다. 그에 비하면 미나리 밭이 무어 아까워서 메꾸지 못하겠는가? 내가 이렇게 이곳에 와서 친히 하교를 하였으니 누가 감히 병조판서나 어영대장을 원망하겠는가? 어영대장은 모름지기 즉시 메꾸도록 하라."

그 자리에서 영조는 치성의 수를 여섯으로 하는 것이 좋겠다는 홍봉한의 최종 판단을 인정하는 등 지원을 아끼지 않았다.

치성을 쌓는 데 쓰일 돌은 동쪽 교외로 나가 노원 근처에서 떠오기로
하였다.[18] 이어 여섯 번째 치성이 들어설 자리에 있는 어린 소나무를 베어
정지 작업을 하고, 공사에 쓰일 잡석을 남벌아南伐兒 밖 목멱산 근처에서
모아다가 쓰기로 하고, 치성에 대해 잘 아는 어영청 별장 전운상을 도청
都廳으로 임명하여 공역을 감독하게 하는 등의 사전 준비를 하고 마침내 2
월 28일에 공사를 시작하였다.[19]

공사가 진행 중인 4월 9일 왕명에 따라 치성을 쌓기 위해 모집한 장인
들 440명에게 술 한 그릇과 마른 고기 한 마리씩을 격려하는 뜻으로 나눠
주었다.[20] 어영청에서는 5월 7일에 첫 번째, 두 번째, 네 번째 치성의 체성
부분을 다 쌓고 이 구역의 파수군을 해산하였고, 나머지 치성 세 곳도 다
쌓는 대로 파수군을 해산하기로 하였으며, 그 다음 단계로 여장을 짓는
공사를 이제 시작하겠다고 보고하였다.[21] 5월 24일 공역을 모두 마쳤으니
어영대장 홍봉한, 도청 전운상과 그 이하 담당자들에게 상을 내리라는 왕
명이 내렸고,[22] 6월 1일 어영청에서 여섯 곳의 치성과 여장의 공사를 모두
마쳤다는 보고를 올렸다.[23]

1743년영조 19에 논의가 시작된 지 10년 만이요, 2월 말에 본격적인 공
사가 시작된 지 석 달 만에 치성 여섯이 완공되었다. 치성은 평상시에는
별다른 기능이 없었다고 할 수 있다. 한 번도 이곳에서 전투가 벌어지지
않았으니 그 군사적 효용도 얼마나 되는지 판단하기 어렵다. 치성은 어쩌
면 과시용이었는지도 모른다. 그러나 도성의 동쪽이 지대가 평평하고 낮
아서 적의 공격에 취약한 줄 알면서도 그대로 놓아둔다는 것은 목숨을 걸
고 도성을 지키며 떠나지 않겠다고 호언하는 영조에게는 걸리는 문제였
다. 재정적인 부담도 없지 않고, 크지는 않으나 바로 도성 밖에 있던 미나
리 밭을 메꾸면서까지 치성을 쌓은 것은 도성을 번듯하게 만들어 지키겠
다는 영조의 의지의 표현이라고 할 수 있다.

오간수문 | 개천과 도성이 만나는 곳의 오간수문을 안쪽에서 찍었다. 개천을 건너는 돌다리, 일부 무너진 여장이 이제는 사라진 오간수문의 본 모습을 그려보게 한다. (《조선고적도보》)

오간수문과
이간수문

영조 대 치성을 쌓은 흥인문에서 광희문 사이 구간은 도성 전체에서 가장 지대가 낮은 곳이다. 내사산 안에 모여든 물길이 모두 이곳으로 빠져나갔다. 내수의 주류인 개천과 도성이 만나는 곳에는 오간수문五間水門이 있었다. 오간수문은 체성 아래에 홍예 수구를 다섯을 낸 것으로, 이 수구로 동물들이나 혹은 도둑이나 범죄자들이 드나들 수 있으므로 그곳을 철책으로 막았다. 하지만 아무리 철책으로 막는다 해도 틈새가 생기게 마련. 벽초碧初 홍명희洪命憙는 《임꺽정》에서 꺽정이 무리가 이 철책 아래로 도성을 빠져나가는 것으로 묘사하였다. 물론 소설이지만 충분히 그럴 법한 이야기다. 오간수문 위 체성에는 물론 여장이 설치되었고, 여장 안쪽으로는 군사들이 오갈 수 있는 순심로가 확보되었다. 체성의 안쪽에 해당하는 곳에는 개천을 남북으로 건널 수 있도록 좁은 돌다리를 놓았다. 물론 체성의

이간수문 | 이간수문은 남소문동천이 도성을 빠져나가는 수문이었다. 일제강점기에 경성운동장을 만들면서 묻혔다가 D.D.P.를 건설하면서 발굴되었다.

바깥쪽에는 이렇게 건너다닐 수 있는 시설을 만들지 않았다.

　오간수문에서 도성을 따라 남으로 걸어오면 이간수문二間水門이 있었다. 이간수문은 남소문동천南小門洞川이 도성을 빠져나가는 수구였다. 남소문동천은 오늘날 국립극장이 있는 곳에서 시작되는 물줄기로 그리 크지는 않았지만 개천으로 합류하기에는 문제가 있었다. 게다가 남소문동천의 하류 부분은 평탄한 저지대라서 자꾸 범람하였다. 그래서 개천으로 들어가기 전에 도성을 빠져나가도록 만든 수구가 이간수문이었다. 이간수문은 홍예가 둘이었다. 꽤나 큰 돌로 홍예와 하안을 쌓았고, 역시 철책으로 홍예를 막았다.

2

도성의 관리

보수와 감독

순심로의 정비와
성문도감

도성은 대단히 큰 건조물이다. 임금이 있는 도시, 수도이자 왕도를 경계 짓고 보호하는 중요한 위상을 갖는다. 그렇기에 도성을 관리하는 일은 국가적 차원의 과제로서, 중앙 관서가 담당하였다. 그 담당 관서는 시기에 따라 변해갔다. 건축적인 관리를 위해서는 먼저 대상 시설물을 살펴보고 잘못된 점을 밝혀내는 활동이 필요하다. 그런 활동이 순심巡審과 척간擲奸이다. 순심이란 대상 시설물을 돌아보면서 살피는 것이고, 척간은 관리하는 사람들의 실수나 과오를 찾아내는 것이다. 시설물에 대한 건축적인 관리보다는 관리 상태를 감독하는 일에 해당된다.

순심을 제도로 정착시킨 것은 세종 대였다. 순심을 편리하게 하기 위

백악 구간의 순심로 ㅣ 백악 정상에서 동북쪽 백악 곡성으로 도성이 이어지고 있는 장면이다. 성 밖에 순심로가 넓게 나 있다.

하여 통로를 확보하도록 하고, 도성 안과 밖에 각각 너비가 15척이 되는 길을 열게 하여 순심에 편리하게 하였다.[24] 체성 위 안쪽과 성 바로 바깥에 약 4.5미터 너비로 순심로를 만들었고, 이 순심로는 그 이후 계속 유지 관리되었다고 볼 수 있다.

세종 연간에 도성을 관리하는 데 순심로를 만든 것과 함께, 아니 그보다도 더 중요한 진전은 성문도감城門都監을 설치한 것이다. 성문도감은 1422년세종 4 2월 24일에 설치되었다. 의정급과 군정을 담당하는 병조兵曹, 토목과 건축을 담당하는 공조工曹, 그리고 군대 조직 등 도성 관리에 직접 관련이 있는 관서의 당상관들을 참여시켰다. 성문도감은 다른 어떤 관서

못지않게 그 구성원의 수효도 많았고, 그 구성원의 지위도 높았다. 도감은 보통 어떤 국가적인 큰일을 담당케 하기 위해서 한시적으로 설치하는 조직이었으나, 세종 대 성문도감은 이와는 달리 상설이며 위상이 높은 조직이었다고 할 수 있다. 성문도감은 10일에 한 차례씩 도성 안팎을 순심하고 문서로 격식을 갖추어 임금께 아뢰도록 하였다.[25] 성문도감을 두었다는 사실은 도성을 순심하는 일이 중시되었음을 보여주는 뚜렷한 실례이다.

수성금화사 　　　　　 조선왕조 법전에는 궁궐과 관청의 청사 등 공공
　　　　　　　　　　 시설물마다 그것을 관리하는 관서가 달리 규정되
　　　　　　　　　　 어 있다. 조선 성종 대 반포된 조선왕조 첫 종합
법전인 《경국대전經國大典》에는 궁궐은 전연사典涓司에서 관리하고, 각 관서의 청사는 해당 관서에서 살펴보면서 관리하도록 규정되어 있다.[26]

이는 일반적인 관리이고, 좀 더 본격적인 건축 공사를 담당한 관서가 수성금화사修城禁火司이다.[27] 수성금화사는 궁성이나 도성이 무너졌을 때 고쳐 짓는 일만이 아니라 궁궐과 관서의 청사 그리고 민간에 화재가 났을 때 불을 끄는 일을 담당하였다. 수성금화사는 그러나 실제 규모와 역량이 크지 못했다. 특히 도성을 독자적으로 관리하기에는 역부족이었다. 궁성과 도성은 매년 봄가을에 병조가 주도하여 공조, 한성부, 수성금화사와 함께 둘러보고서 그 상태를 임금께 아뢰도록 규정되었다.[28]

이렇게 병조가 궁성과 도성의 관리를 주도한 것은 이 둘을 군사 시설로 인식하고 있었음을 보여준다. 수성금화사는 성 바로 안팎 개울을 판 곳에 풀이나 나무가 자란 곳이 있으면 이를 베어버리고, 소나 말을 놓아 먹여서 잔디를 밟아 죽게 한 사람, 활 쏘는 시설을 건드려 망가뜨린 사람, 땅바닥을 덮은 전석塼石을 훔쳐간 사람 등을 매달 돌면서 검거하는 일을 맡았다. 이러한 일은 각 방면의 산지기[山直]가 맡은 일인데 수성금화사가 산지기와 함께 살펴보게 되어 있었다. 수성금화사는 이후 점점 더 맡은 일이

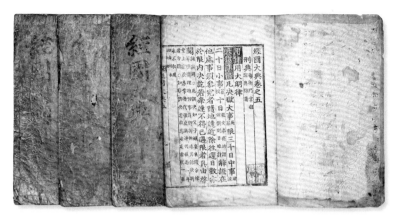

《**경국대전**》¹ 조선 초기에 편찬 반포된 법전. 수성금화사를 비롯하여 도성을 비롯한 공공 건조물을 관리하는 관서 및 그 직무에 대한 규정이 실려 있다. (국립중앙박물관 소장)

줄어들어서 조선 후기에는 유명무실해졌다. 그 결과 영조 대 편찬된《속대전續大典》에서는 폐지되었다.

수성금화사의 기능이 약해졌더라도 도성 시설이나 기물에 대해서 기본적인 관리를 하지 않을 수는 없었다. 도성의 문과 필요한 곳에는 경수소警守所가 설치되어 있었다.²⁹ 오늘날로 말하자면 경비 초소 같은 것이라고 할 수 있다. 이 경수소는 그것들이 각각 소재한 부의 관리가 그 근방의 거민들을 지정하여 간수하게 하였다. 시설도 시설이지만 각종 기물 관리가 더 중한 일이었다. 어떤 사람이 그 직무를 마치고 경수소를 떠날 때에는 관리해야 할 물품이 장부와 현재 재고가 맞는지 확인하여 틀림없음을 인정해주는 문서인 해유解由를 기록하여 주고받게 하였다. 만약 파손되었거나 없어진 물건이 있으면 그 경수소에서 밤새 근무했던 군사 및 인근 거민으로서 간수하는 사람에게 나누어 징수하였다. 군사들이 번을 바꾸는 날에는 교체되는 군사들이 서로 살펴보아 확인하고서 주고받았다. 경수소 관리는 말하자면 관이 주도하면서 민간인이 보조하는 민관 합동 체제였다고 할 수 있다.

선공감, 영선소　　　　도성을 시설물로서 관리하는 체제는 조선 후기에
　　　　　　　　　　들어서 변화가 나타났다. 이러한 변화는 숙종 대
　　　　　　　　　　도성이 수축되면서 그 관리 체제 역시 정비된 결
과였다. 수성금화사가 폐지되고, 이어서 전연사도 혁파되었다. 하지만 공
공 시설물을 관리하는 일을 중단할 수는 없는 노릇이었다.

　　조선 초기 이래로 공공 시설물을 관리하는 책임을 지는 관서들 가운
데 가장 상위에 있었던 관서는 공조라고 할 수 있다. 성곽은 공조 가운
데서도 영조사營造司에서 담당하는 것으로 법전에 규정되어 있었고,[30] 이 규
정은 변함없이 유지되었다. 그러나 공공 시설물은 종류와 수효가 많고, 그
관리의 업무 내용도 다양하였기에 실제 공공 시설물을 관리하는 책임은
여러 관서로 복잡하게 분산되었다.

　　시설물을 관리하는 일 가운데서 가장 큰 비중을 차지하는 것은 짓고
고치는 일이다. 이를 조선시대에는 영선營繕이라고 하였다. 조선 초기부터
토목 공사와 영선을 담당하는 관서는 선공감繕工監이었다.[31] 다만 영선을
비롯한 시설물 관리 업무는 그 외에도 여러 관서가 관여하였다. 특히 재정
을 담당하는 호조戶曹가 깊숙이 관여하였는데, 주로 일상적인 유지 보수를
넘어서는 대규모 공역이 필요한 일을 담당하였다. 이에 비해서 일상적인
유지 보수는 선공감에 속한 자문감과 영선소의 몫이었다.[32]

　　자문감은 임금이 임어하는 궁궐에서도 임금이나 왕비 세자 등이 기거
하며 활동하는 위상이 높은 건물과 궐내각사의 수리 보수 및 임금이 임
어하는 공간 내부의 각종 기물의 준비, 내빙고에 얼음을 준비하여 바치는
일을 하였다.[33] 자문감은 법적인 지위를 확보한 정규 관서는 아닌, 선공감
에 소속되어 있는 부서였다.

　　자문감과 함께 현장 실무를 맡은 조직으로 영선소營繕所가 있었다. 영
선소 역시 자문감과 같이 공식 관서는 아니었고 선공감에 속한 실무 조직
이었다.[34] 그 수효가 아홉이라서 흔히 '구영선九營繕'으로 불렸고, 개별 영

영선사 편액 | 영선사는 1895년 대한제국 궁내부 소속으로 설치된 궁궐 건물의 건축과 수리를 담당하는 관서였다. 이 편액은 가로 190센티미터, 세로 62센티미터나 되는 크기로서 당시 제작된 것으로 보인다. (국립고궁박물관 소장)

선소는 '영선 일소一所, 이소二所 … 구소九所' 등으로 불리거나, 줄여서 '영선' 이라고 불리기도 하였다. 아홉 영선소가 서울 전역의 공공 시설물들을 관리하였고, 그 일환으로 도성 시설물들도 각각 나누어 맡았다.[35]

　이상 살펴본 바와 같이 공공 시설물의 일상적인 관리, 곧 영선은 선공감의 자문감과 영선소가 맡았다. 그 가운데 도성 관리는 영선소에서 담당하였다. 영선소는 고종 대에 편찬된 《대전회통大典會通》에서는 오소장五所掌으로 재편되었고,[36] 그 관리 대상에서 도성은 빠졌다. 이는 도성 관리를 군문에서 맡게 되었기 때문이었다.

군영의 도성 관리　　숙종 대에 들어서 금위영이 새로 생기면서 기존의 훈련도감, 어영청, 총융청, 수어청과 함께 다섯 군문이 자리를 잡았다. 1704년숙종 30 3월 25일 도성을 고쳐 짓는 공사를 시작하였을 때 이를 담당한 조직이 다섯 군문이었다.[37]

　수어청은 남한산성을, 총융청은 북한산성을 담당하게 되면서 도성은 나머지 세 군문에서 담당하게 되었다. 1745년영조 21에는 훈련도감, 금위영, 어영청 세 군문이 각각 담당하는 구간과 그 거리까지 확정하였다.[38] 영조 대의 이러한 조치는 법령으로 정비되어 《속대전》에까지 수록되었다.[39]

> 도성은 둘레가 14,935보이다.(주척周尺으로 재면 89,610척이다.) 동서남북의 지세가 험하고 평탄함을 헤아려서 세 군문에 나누어 주어서 훼손되는 대로 고쳐 쌓게 한다.(숙정문 동쪽 가장자리의 무사석舞砂石에서부터 돈의문 북쪽 가장자리까지 4,850보는 훈련도감, 돈의문 북쪽 가장자리의 무사석부터 광희문 남쪽 가장자리의 남촌가南村家의 뒤까지 5,042보 반은 금위영, 광희문 남쪽 가장자리 남촌가 뒤부터 숙정문 동쪽 가장자리까지 5,042보 반은 어영청 담당이다.) 근방에 거주하는 사람들에게 나누어 주어서 살펴보고 지키게 한다.(인가가 멀리 떨어져 있는 곳은 사산四山의 감역관監役官이 그 산지기로 하여금 살펴보는 일을 나누어 관장하게 한다.)

무사석이란 성문의 육축에서도 힘을 많이 받는 자리에 놓는 큰 돌을 가리킨다. 매우 구체적으로 세 군문의 담당 구역을 정하였고, 이를 살펴보고 지키는 책임 소재도 규정하였다. 도성을 고쳐 쌓는 특정한 사업을 이렇게 상세하게 법전에까지 수록하는 것은 전례가 없는 일이다. 영조 대에 도성을 얼마나 중시하였는가를 보여준다.

《속대전》에는 순심 척간에 대한 규정도 나타난다.[40]

> 매년 봄과 가을에 병조의 당상관堂上官과 공조 한성부의 당상관 및 낭관郞官과 함께 궁성과 도성을 순심 척간하여, 문제가 있는 곳이 있으면 임금께 보고한다. 그 문제가 있는 곳은 궁성은 호조 및 자문감에서, 도성은 그 구간을 나누어 맡은 군문에서 수리하여 고친다.

타락산의 성벽 ┃ 세종 대, 숙종 대, 조선 말기 등 여러 시기에 쌓은 체성이 서로 기대 한 몸을 이루고 있다.

순심 척간의 1차 책임은 병조에 있다. 그러나 병조 홀로 전담하는 것이 아니라 공조와 한성부의 당상관堂上官과 낭관郎官이 함께 한다고 규정되었다. 당상관이란 정3품 통정대부 이상의 고위 관원을 가리키고, 낭관이란 당하관 실무 간부를 가리킨다. 병조는 군사적 분야의 관리를 담당한다면, 공조는 건축적 관리, 한성부는 행정적 관리를 책임지기 때문에 함께하도록 한 것이다. 이렇게 세 관서의 고위 관료와 실무 간부들이 함께 순심 척간을 하도록 규정한 의도를 헤아려볼 때 이 순심과 척간의 무게가 매우 컸음을 알 수 있다. 순심 척간의 결과 문제가 있을 경우 이를 수리하는 책무는 궁성은 호조 및 자문감에서 맡도록 하였다.

이는 이전《경국대전》의 규정에 비해서 큰 차이는 없는 내용이다. 이전과 크게 달라진 점은 도성을 담당하는 관서가 바뀌었다는 데 있다. 이전에는 도성을 수리하여 고치는 일을 선공감의 영선소에서 담당하도록 되어 있었는데 이 일이 군문으로 옮겨진 것이다. 군문의 책무가 도성 수비라는 군사적인 데 국한되지 않고 수리하고 고치는 건축적인 영역까지 확대된 것이다.

더 상세해진
도성 관리 체계

정조 대에 편찬된 《대전통편大典通編》에 가서는 순심 척간에 대한 규정에 좀 더 구체적인 내용이 추가되었다.[41]

> 도성의 성첩城堞은 세 군문의 대장이 봄가을로 간심看審한다. 매달 장교를 지정하여 척간한다. ○궁성을 고쳐 짓는 일은 도성을 고쳐 짓는 규례에 따라 세 군문에서 나누어 관장한다. ○경모궁景慕宮의 궁장宮墻은 병조판서가 경모궁의 제조提調와 함께 봄가을로 순심한다.(장원墻垣을 고쳐 짓는 일은 궁장의 규례에 따라 세 군문에서 거행한다.) ○함춘원含春苑도 같다.

간심이란 문제가 있나 없나 세밀하게 살펴보는 것이다. '도성의 성첩은 세 군문의 대장이 봄가을로 간심한다.' 관리 감독의 책임이 세 군문, 곧 훈련도감, 금위영, 어영청에 주어졌음을, 특히 군문의 대장이 봄가을 일년에 두 차례 직접 간심하도록 규정하였다. 군문의 책임을 좀 더 명확하게 규정한 것이다. 아울러 '매달 장교를 정하여 척간한다'고 하여 척간의 책임자와 빈도를 함께 규정하였다. 세 군문의 책임이 커졌다는 것은 달리 말하면 권한이 커졌다는 뜻과 통한다. 세 군문은 도성을 관리하는 데서 대상 영역을 확장하여 궁성을 고쳐 짓는 일까지 담당하게 되었다. 군문이 도성이나 궁성의 군사적 관리만이 아니라 건축적 관리까지 담당하게 되었음을 주목할 필요가 있다. 도성과 궁성의 관리가 같은 군문에서 담당함으로써 결과적으로 서로 연계되었던 것이다.

더 나아가 경모궁과 함춘원의 궁장宮墻을 수리하여 짓는 일도 군문에서 담당하였다. 경모궁은景慕宮은 창경궁의 동편에 있는 사도세자의 사당이고, 함춘원含春苑은 그 남쪽에 있는 원유苑囿, 곧 인공적으로 조성한 큰 숲이다. 정조 임금이 각별한 관심을 기울여 관리하고 자주 찾아가 참배하던 곳이다. 그 경모궁의 궁장 및 함춘원을 순심하는 책임은 병조판서와 경모궁의 제조에게 있었다. 이에 비해 그것을 고쳐 짓는 일의 책임은 세 군문에게 맡겼다. 군문의 시설 관리 실무 역량이 컸기에 이러한 업무 분담이 가능했다.

도성 관리의 업무 주 내용은 물론 성곽 자체의 시설을 유지 보수하는 일이었다. 그런데 《대전통편》에서는 그것에 더하여 도성 주위의 나무를 관리하는 일과 성 위에 돌멩이를 모아다 쌓아놓는 일이 추가되었다. 도성 안팎의 소나무가 빽빽하게 자라서 성첩을 방해하는 곳이 있으면 성 안은 5보를 한도로, 성 밖은 10보를 한도로 베어버리게 규정하였다. 도성에서 시야를 확보하기 위한 조치였다. 또 성 위에는 돌멩이들을 모아 쌓아놓게 한 뜻은 유사시에 적군을 향해서 돌을 던질 준비를 한 것이었다.[42]

고종 초년에 편찬된 《대전통편》에는 공조工曹와 그 관련 관서들의 업무를 규정한 《공전工典》에서도 '궁장은 도성을 관리하는 규례에 따라 세 군문에 나누어 소속시켜 무너지는 대로 돌로 쌓는다'는 조문이 있다.[43] 궁궐의 전각 전체가 아니라 궁장으로 제한하기는 하였으나, 그것을 무너지면 다시 쌓은 일을 공조나 자문감이 아니라 군문에서 맡게 한 점이 특이하다. 여기서 말하는 궁장은 궁궐 내부의 담들까지 포함한다기보다는 외곽을 둘러싼 담, 곧 궁성을 가리키는 것으로 보아야 할 것이다. 궁성을 수비 업무를 맡은 군문에서 그 시설 관리까지 맡게 하였다. 군문에서 도성의 시설 관리까지 맡고 있었기에 그 대상을 확장하여 궁성까지 맡게 하였던 것으로 보인다.

이러한 자료들은 도성과 궁성이 긴밀히 연계되었음을 다시 한 번 확인하게 한다. 궁성은 임금의 거처인 궁궐을 보호하는 시설이다. 도성 역시 그 연장선상에 있다. 도성으로써 보호하고자 하는 가장 핵심 대상은 임금이다. 이렇게 같은 대상을 보호한다는 점에서 궁성과 도성은 서로 긴밀하게 연결되었다. 궁성이 내성이요, 도성이 외성이라는 관계를 맺고 있었던 것으로 볼 수 있다. 숙종에서 영조 연간에 그렇게 오랜 기간, 많은 인력과 물력을 동원하여 도성을 고쳐 짓고 그것을 관리하고 수비하는 체제를 갖춘 궁극적인 목적은 결국 왕권을 강화하고 왕위의 위상을 높이려는 데 있었다.

오군영의 약화 　　　　정조는 영조와는 또 다른 방향으로 왕권을 강화하고자 하였다. 임금의 주도권을 더욱 강화하고자 하였다. 그런 맥락에서 장용영이라는 군영을 만들어 그곳으로 실권을 집중하였다. 그 결과 오군영은 존재는 남아 있었으나 실제 세력은 약화되었다. 하지만 정조 사후 2년 만인 1802년순조 2에 장용영은 혁파되었다.

　장용영이 없어진 뒤 이전의 오군영이 다시 제자리를 되찾은 것은 아니었다. 오군영은 혁파되지는 않았으나 그 직능과 위상은 매우 약해진 상태였다. 이러한 조선 말기 군문의 상황이 고종 초년에 편찬된《육전조례六典條例》라는 법전에 투영되어 나타나 있다.《육전조례》에는 궁성과 도성, 경모궁 함춘원의 관리에 대해 다음과 같이 규정되어 있다.[44]

　궁성, 도성, 경모궁, 함춘원의 장원은 매년 봄가을에 병조판서와 낭청이 공조, 한성부의 당상 및 낭청과 한 바퀴 돌면서 순심하고, 탈이 있는지 없는지 하나하나 열거하여 서계書啓를 올린다. 응봉에서 내려오는 후원 주맥의 흙을 북돋운 곳은 어영대장과 함께 살펴보아서 형지안形止案을 작성하여 초기로 올린다.

《대전통편》에서는 세 군문이 대부분의 책임을 지게 되어 있었는데, 《육전조례》에서는 병조, 공조, 한성부가 공동으로 관리하는 것으로 바뀌었다. 《육전조례》의 척간이나 순심조에서 군문은 언급조차 되지 않았다. 그만큼 군문의 위상과 직능이 위축되어 있다는 뜻이다. 하지만 군문의 존재와 기능이 완전히 사라진 것은 아니었다. 위 병조 척간조에 무너진 곳을 수리하여 고치는 일을 담당하는 내용이 나오는데, 그 일은 군문 및 호조에서 거행하는 것으로 규정되어 있다.[45]

> 궁성, 도성, 종묘, 경모궁, 경희궁 장원이 무너져 내리면 각 그곳에서 보고한 바를 근거로 초기草記를 올린 후 파수把守, 위배圍排, 순찰巡察 등의 일은 규례대로 거행한다. 수개修改는 군문 및 호조에 나누어 주어 거행한다.

여기서는 관리 대상 시설물에 궁성, 도성, 경모궁 외에 종묘와 경희궁이 추가되었다. 이러한 국가 시설물들을 관리하는 일의 내용이 무너진 곳이 생기면 그곳에 군사를 보내어 지키게 하고[파수把守], 사람들이 접근하지 못하게 물리치고[위배圍排], 순찰하는 일이다. 여기서 명기하지는 않았지만 이러한 관리 업무를 거행하는 관서들의 대표는 병조였다. 파수, 위배, 순찰 같은 군사적 관리 외에 건축적인 관리, 곧 수리하여 고치는 일은 군문 및 호조에서 담당하도록 구별하였다. 영조 대까지는 훈련도감, 금위영, 어영청 세 군문에서 담당하던 일이요, 정조 대에는 장용영에서 주도하던 일이다. 그런데 고종 초년에 편찬된 《육전조례》에서는 단지 군문이라고만 기술하고 어느 군문인지는 밝혀놓지 않았다.

고종 초년 이 무렵에 주목되는 군영이 용호영龍虎營이다. 용호영은 1755년영조 31까지는 이름이 금군청禁軍廳이었다. 금군禁軍이란 임금을 가까이서 호위하는 친위군으로서 다른 군사들에 비해서 특권을 갖는 부대였다. 금군의 본 병력은 많을 때에도 모두 합해서 700명 정도의 규모였다.

시설물을 수리하여 고치는 것 같은 건축적인 역량까지 갖추었다고 보기는 어렵다. 고종 초년에 국가 시설물을 수리하여 고치는 일을 맡았던 것은 이 시기에도 존립하고 있었던 훈련도감, 금위영, 어영청 세 군문이라고 판단된다. 조선 말기, 19세기 중엽 이들 군문들은 순심 척간 등 관리 감독 기능은 상실한 채 군사적 관리 및 건축적 관리의 기본 업무를 담당하고 있었다.

순라 돌기

조선 초기의 순라   순라巡邏는 공공 시설물을 관리하기 위한 행정적인 행위라기보다는 수비와 치안 등을 위한 군사적 행위에 가깝다. 그렇지만 순라를 돌면서 시설물이 훼손되어 있는 것을 군이 외면했겠는가? 순라 도는 것은 행순行巡이라 한다. 행순은 시설물 관리와 군사적 관리를 포함하고 있다고 해야 할 것이다. 행순은 임금이 기거하는 수도이자 왕도를 관리하는 데 기본적으로 필요한 행위이기에 조선 초기 《경국대전》부터 수록되어 있다.[46]

도성 안팎의 순라를 도는 것은 병조에서 직直을 서러 나가는 군사들을 두 개 소로 나누어 배치하여 순라를 돌게 한다. 또 낙점을 받은 순장巡將 및 감군監軍, 번番을 서로 들어오고 나가는 장교들은 모두 궁궐에 나아가 임금께 숙배肅拜하고 대내大內에서 패를 받고 대내에 패를 납부한다.

순장巡將은 순라를 지휘하는 당상관급의 장교이고, 감군監軍은 당하관급의 장교다. 번番이란 서로 교대해가며 근무하는 것을 가리킨다. 이들 장

《보인부신총수》중 순장패 전면(왼쪽)과 후면(오른쪽) | 고종 대 순장패에 대한 규정이다. 황동으로 만드는데, 전면에는 "순장"이라 새기고, 후면에는 "신"이라고 새겼다. (서울대학교 규장각한국학연구원 소장)

교들은 밤에 임금을 가까이서 지키는 일을 맡은 만큼 궁궐에 나아가 임금께 절을 하고 그 임무를 맡게 하였다. 또 그 권한을 표시하는 패牌를 갖고 다니게 되어 있는데, 이 패를 궁궐 대내大內, 곧 임금이 계시는 대전에서 직접 받고 근무가 끝나면 대내에 납부해야 하였다. 순라를 도는 군사들도 일반 군사와는 달리 궁궐 안에서 근무하는 군사들이 주를 이루고 있다.

> 도성 안팎의 순라를 도는 군사와 순장은 초혼初昏에 이름을 대조해가며 점고點考하고 바라罷漏 친 뒤에 또 점고하고 파한다.[47]

점고點考란 명단의 이름과 실제 인물이 맞는가 확인하는 행위이다. 초혼初昏이란 어두워지기 시작하는 때를 가리키고, 바라[罷漏]는 동이 틀 때에 성문을 연다는 뜻으로 종을 33번 치는 것을 말한다. 초혼에서 바라 치기까지가 야간이다.

포도청과 삼군문,　　　《속대전》에서는 순라에 대한 규정이 바뀌었다.
순라를 돌다　　　　　　도총부都摠府의 낭관 두 사람과 궁궐에 입직하는
　　　　　　　　　　　　병조의 낭관이 수시로 밤에 순라를 도는데, 병조에서 임금께 계를 올려 보고하고 행한다고 규정하였다.[48]

순라 책임자는 순장과 감군에서 도총부와 병조의 낭관으로 바뀌었다. 도총부와 병조의 낭관은 궁궐에 들어와 근무하는 장교들이다. 좀 더 궁궐을 지키는 쪽으로 옮겨졌다고 볼 수 있다. 밤에만 아니라 간간이 낮에도 순검巡檢을 돌았다. 순검이란 근무를 잘하고 있는지 돌아보면서 점검하는 행위다. 전체적으로 순라와 순검이 강화되었다고 하겠다.

궁성을 순라하는 병력이 도총부와 병조의 낭관이 이끄는 병력이었다면, 도성 안팎 순라를 도는 주력은 포도청捕盜廳과 훈련도감, 금위영, 어영청 세 군문이었다.[49] 좌우 포도청은 각각 패장牌將 8명과 군사 64명을 정하여 도성 안팎을 밤마다 순라를 돌았다. 포도청은 주로 치안을 담당하였다. 훈련도감, 금위영, 어영청 세 군문은 날짜를 나누어 번갈아가며 순라를 돌았다. 훈련도감이 첫 날, 금위영은 가운데 날, 어영청은 마지막 날을 담당하는 식이었다. 각 군문마다 패장을 7명에서 9명까지, 그러니까 평균 8명을 정하고 90명 내외의 군사를 정하여 밤에 도성 안팎으로 순라를 돌았다. 결과적으로 밤에는 도성 안팎에 늘 순라군이 돌고 있었다.

유명무실해진 순라　　《육전조례》에 이르면 순라에 대한 규정이 매우
　　　　　　　　　　　모호하고 소략해진다. 순청巡廳 소속의 순장도 순라를 돌도록 규정되어 있다.[50]

순장 두 사람이 매일 신시申時에 대내에서 패를 받는다. 2개 소로 나누어 좌소左所와 우소右所가 밤을 알리는 누고漏鼓를 친 때부터 5경 내내 도성문의 자물쇠가 잘 잠겨 있는가 직접 살펴보고, 여러 곳의 경수소를 살펴본다. 정당한 사유 없이 다니는 사람들을 체포하여 그 자리에서 곤장棍杖으로 다스린다. 조관朝官, 곧 현직 정규 관원 및 그가 거느린 사람들인 액속掖屬들이 돌아다니다가 순라군에게 잡히면 순라군은 초기로 보고한다. 불이 난 곳이 있으면 해당 지역의 부部에서 올린 보고를 병조로 전달하여 보고한다. 날이 밝으면 순라패를 반납한다.

순청은 밤에 순라를 돌고, 화재를 방지하는 등의 일을 맡은 군영이다.[51] 순장은 문관이나 무관 당상관이나 중인 이하 신분의 사람 가운데 상으로 품계를 받은 사람 가운데 임명한다. 본격적인 무관도 아니다. 소속 군사가 모두 합쳐서 22명밖에 되지 않는 작은 규모이다. 이 정도로 순라를 돈다 해도 그 영향력이 얼마나 될지 의문이다. 조선 말기에 이렇게 순라를 도는 것이 허술해졌다는 사실은 도성에 대한 군사적 관리가 허술해졌음을 보여준다. 도성에 대한 군사적 관리가 허술해진 것은 어떻게 보아야 할까? 왕권을 비롯한 국정 운영의 힘이 약해졌다고 해석해야 할 대목이다. 반면에 일반인들에게는 통행의 자유가 좀 더 늘었다고 할 수 있을까? 그 실상에 대해서는 앞으로 좀 더 깊이 규명해야 하겠지만, 도성이 도성민들의 삶에 깊은 영향을 미치는 시설물이었음은 분명한 사실이다.

성벽의 지문,
각자

태조 대 자호 각자

천자문 번호 97자   성돌은 도성의 역사를 말해 주는 사료이다. 성돌 자체가 정보를 전달해 준다는 뜻에서 한 걸음 더 나아가 본격적인 의미에서도 도성은 기록을 품고 있는 기록물이다. 가장 뚜렷한 증표가 돌에 새긴 글씨, 각자刻字다. 성을 쌓을 때 글씨를 새기는 것은 고구려 때부터 내려온 전통이다. 도성의 성돌에도 태조 대부터 조선 말기까지 각자가 많이 새겨졌다. 모두 합쳐 약 300개 정도가 확인되었다. 여기서 말하는 각자의 단위는 글자 하나하나가 아니라, 정보를 전달하는 글자들의 모음을 가리킨다.

각자는 정보를 담고 있다. 그 가운데서도 특히 태조 연간에 새긴 각자는 다른 시기의 것들과 상대적으로 뚜렷하게 구별되는 점이 있다. 구간 표시, 그러니까 도성 전체를 600척씩 구간을 나누어 그 각 구간의 이름을 천자문 순서대로 한 글자씩 매긴 자호字號가 그것이다. 자호는 태조 연간에 처음 매겼다. 그러므로 자호는 기본적으로 태조 연간의 것이라고 보면 된다. 하지만 태조 연간에 토성으로 쌓았으나 세종 연간에 석성으로 바뀐 구간의 자호는 혹 세종 연간에 다시 새겨 넣은 것일 수도 있으니 그 점은 유의하여야 한다.

구간 이름으로 새긴 자호 각자는 원칙적으로는 600척, 요즈음 미터법 표기로 하자면 약 180미터마다 하나씩이다. 그렇게 하면 도성 전체의 자호 각자는 총 97개가 된다. 하지만 태조 대에 새긴 97개 자호 각자가 지금 모두 확인되지는 않는다. 앞서 말한 바와 같이 토성에서 석성으로 바뀐 구간이나, 석성이었지만 체성의 밑부분까지 무너져 새로 쌓은 구간에서는 없어졌거나 새로 새기거나 하였다. 또 체성의 밑부분에 남아 있지만 토사로 덮여서 지금은 땅 속에서 잠자고 있는 것도 있을 것이다.

목멱산의   현재 자호 각자들이 다수 남아 있는 구간은 목멱
태조 대 각자들   산 기슭이다. 장충체육관에서 동호로를 따라서
                동호대교 쪽으로 나가다가 첫 고갯마루에서 오른
편으로 꺾어들면 그곳에 도성이 잘 남아 있다. 그 도성을 따라가면 신라호텔의 뒤편 어간부터 자호 각자가 보인다. 이 구간에 있는 각자는 그것이 새겨진 돌의 종류와 모양, 또 그 주변 성돌의 모양과 축성 방식, 그리고 각자 문안의 형식 등을 감안하면 세종 대 것으로 보인다. 태조 대 자호 각자는 좀 더 남쪽으로 가다가 도성이 서쪽으로 방향을 틀려고 하는 구간에서 모습을 드러낸다. "곤자육백척崑字六百尺" 각자다. '곤崑'은 천자문의 47번째 글자로, 이 각자는 이 구간이 도성의 47번째 구역임을 알려주는 표지이다. 돌의 석질과 크기 모양을 보거나 그 부분의 다른 성돌들과 그것을 쌓은 방식 등을 볼 때 틀림없이 태조 대의 성돌이요, 태조 대에 새긴 각자이다.

천자문 천~조

1 天	2 地	3 玄	4 黃	5 宇	6 宙	7 洪	8 荒
하늘 천	따 지	검을 현	누를 황	집 우	집 주	넓을 홍	거칠 황
9 日	10 月	11 盈	12 仄	13 辰	14 宿	15 列	16 張
날 일	달 월	찰 영	기울 측	별 진	잘 숙	벌일 열	베풀 장
17 寒	18 來	19 暑	20 往	21 秋	22 收	23 冬	24 藏
찰 한	올 래	더울 서	갈 왕	가을 추	거둘 수	겨울 동	감출 장
25 閏	26 餘	27 成	28 歲	29 律	30 呂	31 調	32 陽
윤달 윤	남을 여	이룰 성	해 세	가락 률	음률 려	고를 조	볕 양
33 雲	34 騰	35 致	36 雨	37 露	38 結	39 爲	40 霜
구름 운	오를 등	이를 치	비 우	이슬 로	맺을 결	할 위	서리 상
41 金	42 生	43 麗	44 水	45 玉	46 出	47 崑	48 岡
쇠 금	낳을 생	고울 려	물 수	구슬 옥	날 출	메 곤	메 강
49 劍	50 號	51 巨	52 闕	53 珠	54 稱	55 夜	56 光
칼 검	이름 호	클 거	대궐 궐	구슬 주	일컬을 칭	밤 야	빛 광
57 果	58 珍	59 李	60 柰	61 菜	62 重	63 芥	64 薑
과실 과	보배 진	오얏 이	능금 내	나물 채	무거울 중	겨자 개	생강 강
65 海	66 鹹	67 河	69 淡	69 鱗	70 潛	71 羽	72 翔
바다 해	짤 함	물 하	묽을 담	비늘 린	잠길 잠	깃 우	날 상
73 龍	74 師	75 火	76 帝	77 鳥	78 官	79 人	80 皇
용 룡	스승 사	불 화	임금 제	새 조	벼슬 관	사람 인	임금 황
81 始	82 制	83 文	84 字	85 乃	86 服	87 衣	88 裳
처음 시	지을 제	글월 문	글자 자	이에 내	옷 복	옷 의	치마 상
89 推	90 位	91 讓	92 國	93 有	94 虞	95 陶	96 唐
밀 추	자리 위	사양할 양	나라 국	있을 유	헤아릴 우	질그릇 도	당나라 당
97 弔							
조상할 조							

"이상곤자육백척" 각자 성돌이 있는 성벽 | 다산팔각정 인근의 성벽. 태조 대 쌓은 성벽인데, "이상곤자육
백척" 각자가 있는 성돌이 포함되어 있다.

그렇다면 이 각자는 제47구간이 시작되는 지점이라는 표지인가, 끝나
는 지점이라는 표지인가? 이를 판단하는 데 도움을 주는 것이 이보다 180
미터 남짓 앞에 있는 자호 각자, "출자육백척곤자시면出字六百尺昆字始面"이
다. '崑'이어야 할 한자가 '昆'으로 되어 있지만 이는 '崑'을 잘못 썼거나 줄
여서 쓴 것으로 보인다. 돌의 모양이나 기록의 형식으로 보건대 세종 대
새긴 것이다. 어쨌건 이 각자가 알려주는 바는 제46번 구간인 '출出'자 구
간이 끝나고 제47번 '곤崑'자 구간이 시작된다는 것이다. 그러고 보니 "곤
자육백척崑字六百尺"의 '곤崑'자 앞에 두 글자가 더 있다. 첫 글자는 '이르'자
이고, 그 다음 글자는 명확치 않다. 이리저리 살펴보고 따져보니 '상上'으
로 추정된다. 종합하면 '이상르上'. 여기서부터 앞의 구간이 '곤崑'자 구간이
라는 뜻이다.

천자문에서 '곤崑'자 다음이 '강岡'자이다. 정상적이라면 이 "이상곤자

"이상곤자육백척" 각자(위)
"이상곤자육백척" 탁본(아래)

육백척己上崑字六百尺" 각자로부터 약 180미터를 가면 "강자육백척崗字六百尺"
이나 그에 준하는 글자가 새겨진 돌이 나와야 한다. 하지만 "이상곤자육
백척" 각자 성돌에서부터 도성은 서쪽으로 방향을 트는데, 방향을 튼 다
음 구역은 반얀트리호텔 영역이라 북쪽은 골프 연습장, 남쪽은 가파른 비
탈이다. 도성은 자취를 잃었고, 성돌들조차 보이지 않는다. 그러니 각자
역시 발붙일 곳이 없다.

　'곤崑'자 다음의 제48번 천자문 '강崗'자 자호는 엉뚱하게도 반얀트리호
텔 북쪽에 있는 자유센터에 가 있다. 국립극장 맞은편 길 건너 자유센터
정문을 들어서면 오른편에 상당히 높은 축대가 있는데 그 축대를 잘 찾아
보면 "강자육백척崗字六百尺"이라는 각자 성돌이 박혀 있다. 제49번 '검劍'자
각자를 새긴 "검자육백척劍字六百尺" 성돌은 반대로 제자리를 떠나 반얀트
리호텔의 남쪽 석축에 있다. 그와 함께 경상도 지역 군현 명칭을 새긴 각
자 성돌들도 여기저기 축대 속에 박혀 있다. 1960년대 초반 이곳에 자유

1 "강자육백척" 각자 2 "검자육백척" 각자 3 "거자종궐□백척" 각자 4 "제삼소수음사정우" 각자

센터를 조성하면서 그 축대를 인근의 성돌을 가져다 쌓은 결과이다. 국가가 저지른 반문화적 폭거라고 하지 않을 수 없다.

목멱산의 동쪽 기슭을 타고 올라가는 도성의 남쪽 체성에도 태조 연간 각자들이 있다. 동쪽 기슭에는 제51번 자호 '거正'자 구간이 끝나고 제52번 '궐闕'자 구간이 시작된다는 뜻의 "거자종궐□백척正字終闕□百尺"이 있다. □에는 아마도 '육六'자가 들어가야 될 것이다. 이 각자는 태조 때 새긴 것인지 세종 때 새긴 것인지 좀 더 면밀히 검토해야 할 것이다.

그러한 가운데 "제삼소수음사정우第三小受音使鄭祐"라는 각자가 눈에 띈다. 우선 '수음受音'이라는 말은 시간이나 공간의 작은 구간을 가리킨다. 우리 말 '한 숨 돌리다' 할 때의 '숨'이다. 예를 들면 임금이 경연을 할 때 하루에 할 분량도 '수음'이라 하였다. 도성에서는 자호 안에서 다시 나눈 작은 구간을 말한다. 사는 일정한 작은 구간의 공사 감독 책임자의 직책명이다. 그러니까 어느 자호의 세 번째 작은 구간 공사 감독 책임자인 정우鄭祐라는 사람의 이름을 새긴 것이다. 이어서 나오는 "제오수음판관진원길第五受音判官陳原吉", "제육수음판관장자전第六受音判官張子琠", "제칠소수음제칠수음판관신용도第七小受音第七受音判官辛用道" 등도 같은 류의 각자이다. 이 모두 요즈음 말로 실명제, 특히 감독자에게 책임을 묻는 실명제인 셈이다.

목멱산 정상을 넘어 서쪽 기슭으로 가면 다시 제54번 '칭稱'자와 제55번 '야夜'자, 제56번 '광光'자 자호와 소구간 담당자 이름이 연달아 나온다. 더 내려가서 잠두봉을 지난 구간에서는 목멱산 남쪽 기슭을 발굴하는 과정에서 1미터 깊이의 땅속에서 제59번 '이李'자와 제60번 '내柰'자 자호가 나왔다. 각자가 귀한 다른 구간도 발굴해 보면 각자가 나오지 않을까 기대하게 된다. 목멱산 기슭에는 각자가 비교적 많은 중에 특히 태조 대 각자가 많다. 다른 시기의 각자도 각별하거니와 특히 태조 대의 각자는 귀한 손님 만난 듯 반갑다.

세종 대 군현명 각자

군현 단위 실명제   세종 대에는 전체 도성 길이의 3분의 2에 달했던 태조 대 쌓은 토성을 석성으로 고쳐 쌓았다. 그 과정에서 각자를 많이 새겨 넣었다. 오늘날 도성에는 세종 대에 새긴 각자가 100군데가 넘어 전체의 거지반 40퍼센트에 이를 정도로 가장 많이 남아 있다. 세종 대 각자 가운데 우선 주목되는 것이 97구간 가운데 몇 번째 구간인가를 나타내는 자호이다. 자호는 기본적으로 태조 대에 설정하고 각자를 새겼지만, 토성에는 각자를 새길 수 없

"하양시면" 각자(왼쪽) | 하양은 대구 동쪽 금호강의 분지에 있다. 지금의 경산시 하양읍이다.
"흥해시면" 각자(오른쪽) | 흥해는 동해안 영일 북쪽에 있다. 지금은 포항시에 포함되어 있다.

었을 터이니 세종 대에 석성으로 고치면서 각자도 새긴 것으로 추정된다.

세종 대 새긴 자호와 태조 대의 자호를 구별해 주는 첫째 기준은 그것이 새겨진 성돌의 석질과 형태이다. 태조 대 성돌이 거의 다듬지 않은 듯한 자연석인 데 비해 세종 대 성돌은 잘 다듬은 균질한 화강암이다. 둘째 기준은 각자의 내용 형식이다. 태조 대에는 각자를 "곤자육백척崑字六百尺"처럼 단순하게 쓴 데 비해 세종 대에는 "생자육백척生字六百尺 려자시면麗字始面", "수자육백척水字六百尺 옥자시면玉字始面", "출자육백척出字六百尺 곤자시면昆字始面" 식으로 앞 자호에 '육백척六百尺'을 쓰고 이어서 뒷 자호와 '시면始面'이라고 기록하였다.

이상 예를 든 각자가 새겨진 성돌들은 신라호텔에서 자유센터로 이어지는 도성의 바깥 체성에 있다. 그곳 지형은 평탄한 편이다. 태조 대에는 토성이었던 구간이 세종 대에 석성으로 바뀌면서 자호 각자가 새로 새겨진 것으로 보인다. 세종 대 자호 각자가 다른 곳에도 더 있는지는 모르겠다. 보물찾기 하듯 찾다가 찾으면 참으로 기쁠 것 같다.

세종 대의 자호 각자는 귀한 편이다. 세종 대 각자의 대부분은 지방 군현郡縣의 명칭이다. 어느 도 어느 군이나 현에서 쌓은 구간임을 표시한 것이다. 나중에 그 구간이 무너지거나 하는 문제가 생기면 그 담당자를 문책

"평택조배시" 각자(왼쪽)와 탁본(오른쪽) | 타락산에 쌓은 도성의 성돌 세 개에 걸쳐 각자를 새겼다.

하고 책임을 지우기 위한 것이다. 세종 대 새긴 군현 명칭 각자는 인왕산 곡성에서 인왕산, 백악, 응봉을 지나 와룡공원에 이르는 구간을 제외하고는 도성 전 구간에 걸쳐 분포되어 있는 편이다.

주로 타락산 구간에 해당하는 충청도 담당 구간의 각자는 군현 명칭만 쓰거나 또는 군현 명칭에 '조배시造排始'나 '시始'를 붙인 경우가 있다. 대체로 목멱산 구간에 해당하는 경상도 담당 구간에서는 군현 명칭에 '시면始面' 또는 '시始'나 '종終'자를 붙인 것이 많다. 돈의문을 지나 백악 정상에 이르는 황해도 담당 구간에는 군현 명칭에 '상말上末' 혹은 '하말下末'로 표기한 것들이 종종 발견된다. 아마도 각자를 표기하는 기준을 전체적으로 정한 것이 아니라 도 단위로 감독 담당자가 제시하고, 새기는 석수에 따라서 그것을 따르기도 하고 혹은 따르지 않기도 한 듯하다. 지금은 낯설기도 한 지역 명칭을 보면 그곳에 땀과 피를 쏟은 그 지역 백성들의 노고를 떠올리게 된다.

숙종 대 직명, 인명 각자

자세해지는
축성 정보

세종 대 이후 숙종 대 사이에 고쳐 쌓은 성돌에 새겨진 각자가 매우 드물다. 그 가운데 새긴 시점이 분명히 밝힌 각자가 몇 조사된 바 있다. 그 첫째는 "순치십사년팔월일順治十四年八月日 감역권덕휘監役權德徽 서원한충신書員韓忠信 석수기효개石手奇孝盖"이다. 순치順治는 청 제3대 황제 세조世祖 장황제章皇帝의 연호로, 순치 14년은 1657년효종 8이다. 이해 8월에 도성의 무너진 부분을 수리하였는데 그 공사를 감독한 책임자 감역監役이 권덕휘權德徽라는 사람이고, 행정 실무자인 서원書員은 한충신韓忠信이며, 공사를 직접 수행한 기술 책임자는 석수 기효개奇孝盖임을 새겨놓은 것이다. 감독자로부터 실제 성을 쌓은 석수까지 담당자를 기록한 철저한 실명 표지이다. 권덕휘는 의영고義盈庫 주부主簿였음이 다른 기록에서 확인된다. 의영고는 기름, 꿀, 호초胡椒 등을 관장하는 관서로서 주부는 종6품 관직이다. 권덕휘는 원 소속은 의영고인데, 잠시 도성을 고쳐 쌓는 공사의 감독을 맡은 것이다. 이 각자가 새겨진 성돌은 불규칙한 자연석 모양으로 각자가 새겨진 표면도 고르게 다듬어지지 않았다. 조선 초기 각자들이 많은 목멱산의 동쪽 기슭 초입에 있다. 효종孝宗 연간의 축성법을 보여주는 희귀한 자료다.

다른 하나는 옥인동과 부암동을 가르는 인왕산의 북쪽 능선을 지나는 도성의 바깥쪽 큰 바위에 새겨져 있다. "신축삼월일辛丑三月日 감역관권예監役官權勩 색리이의준色吏李義俊□□장사룡□□張士龍". 여기서 나오는 신축辛丑년은 아마도 1661년현종 2으로 추정된다. □□부분은 글자가 명확하게 판독되지 않는데 다른 경우를 보면 '석수石手'가 아닌가 싶다. 이해 3월에 도성의 이 부분을 수리하였는데, 그 감역관監役官이 권예權勩이며 색리色吏, 곧 담당 이서吏胥가 이의준李義俊, 석수 가운데 책임자가 장사룡張士龍임을 새겨놓은

"순치십사년팔월일" 각자 | 목멱산 동쪽 기슭에 있는 효종 대의 각자이다.

것이다. 권예는 그 전 해 6월 21일에 선공감역繕工監役, 곧 토목 공사와 건축 및 수리를 담당하는 관서인 선공감의 종9품 관직인 감역관이 되었다는 사실이 《승정원일기》에서 확인된다. 이 각자도 현종顯宗 연간의 도성에 관한 기록이 드문 가운데 그 실례를 보여주는 귀한 자료이다.

효종과 현종 대의 각자는 남아 있는 실물이 매우 드물어서 일반화하기는 어렵지만, 이전 세종 대의 각자가 주로 군현 명칭만을 새겼던 것과는 달리 공사 시점, 감독자, 실무자, 석수 등을 관련 인물의 직책과 성명 등의 정보를 담고 있다. 각자가 새겨진 성돌은 거의 다듬지 않은 것처럼 보이는 거친 모양이거나 자연암이다. 이러한 각자의 모습은 숙종 대에 이르러 다시 크게 변화한다.

책임자의 이름을
표시하다

숙종 대의 각자로서 현재 확인된 것은 대략 스무 개는 넘고 서른 개는 안 되는 정도다. 도성 전체 각자의 1할을 훨씬 밑도는 수치이다. 숙종 대 도성을 고쳐 지은 부분의 비중에 비하면 적다고 해야 할 것이다. 숙종 대 각자 가운데는 매우 단순한 내용을 담고 있는 것도 있고, 반대로 매우 길고 복잡한 내용을 담고 있는 것도 있다.

단순한 것으로 "일패장김태호一牌將金泰虎"와 같이 직책명과 성명만 기록되어 있는 것이 있다. 패장牌將은 패牌라고 하는 작업 단위 조직을 관장하는 감독관이다. 김태호金泰虎라는 인물은 역사에서 두드러진 존재는 아니다. 그에 관한 기록은 단 한 건 확인된다.[52] 1709년숙종 35 1월 6일 김태호를 방원坊垣이라는 지방의 만호萬戶로 삼았다는 짧은 기록이다. 평범한 사람들에게는 낯선 지명일 방원은 함경도 최북단에 있던 진鎭의 이름이다. 방원이 어디인지, 김태호가 어떤 사람인지는 굳이 알지 않아도 그만이다.

또는 "강희오십년육월일康熙五十年六月日"과 같이 시점만 표기되어 있는 단순한 형태가 있다. 강희康熙는 청나라 제4대 성조聖祖 인황제仁皇帝의 연호이다. 강희제康熙帝는 청나라 역사상, 아니 전 중국 역사상 가장 긴 61년을 재위하면서 치적을 많이 쌓았다. 그러나 그런 것은 몰라도 무방하다. 그저 강희 50년이 1711년숙종 37이라는 연도를 표기하고 있다는 점만 알아도 된다. 이해에 도성을 고쳐 짓는 공사가 활발하게 이루어졌다는 사실을 기억하면서, 이 각자도 그러한 활동의 어느 한 단면을 드러내고 있음을 알면 그만이겠다.

이러한 각자들이 원래 이런 모양인지 혹은 다른 내용과 함께 있다가 분리된 것인지, 혹은 다른 곳에서 자리를 옮긴 것인지는 조사가 필요하다. 그러나 이런 작은 정보가 쌓이면 나중에 큰 문제를 푸는 열쇠가 될 수도 있음을 유념해야 한다. 그런 점에서 이러한 단순한 내용들도 소중하게 다룰 가치가 있다.

수축한 날짜를 표시하다 조금 더 여러 의미 있는 정보를 담고 있는 각자들도 있다. "경인삼월금시庚寅三月禁始"라는 각자가

있다. 여기서 '경인庚寅'은 1710년숙종 36을 가리키며, '금시禁始'는 금위영이 맡은 구간이 시작되는 지점이라는 뜻이다. 1704년숙종30 3월 25일에 축성 고유제를 지내고 8월에 각 군문에 공사 구간을 부담시켜 공사를 시작한 바 있는데, 1710년숙종 36 3월에 와서 공사가 거의 진척되어 각자를 새겼던 듯하다. 이 각자는 숙종 대 도성 수축 공사의 시점과 주체, 구간을 알려주는 징표라는 점에서 의미가 크다. 이런 중요한 각자 성돌이 1960년대 초엽에 목멱산 동쪽 자락 남쪽 기슭, 지금의 반얀트리호텔의 남쪽으로 옮겨져 석축의 일부가 되어 있다. 참으로 가슴 아픈 일이다.

소속 군문, 직책명, 성명, 연월 시점을 담은 것들도 있다. 숙정문 인근에 있는 "금영패장이산룡禁營牌將李山龍 무술팔월일戊戌八月日" 각자가 그 예이다. 금위영의 패장인 이산룡李山龍이 감독하여 무술戊戌년, 곧 1718년숙종 44 8월에 이 구간의 공사를 하였다는 뜻이다. 실제로 1718년 6월 9일에 숙정문 동측의 체성 10간이 무너졌다는 기록이 있다.[53] 두 달 뒤인 8월 16일에는 숙정문 인근의 도성을 보수하기 위해 8월 18일부터 돌을 채취하고 공사는 이 달 안으로 마치겠다고 보고하기도 하였다.[54]

감독관만이 아니라 돌을 떠오는 분야의 감독관과 석수의 우두머리인 도편수까지 적은 예도 있다. 백악 정상에서 동으로 곡성으로 가는 사이에 있는 각자 성돌이다. 그 세 사람의 직책, 소속 직책, 성명을 적으려니 글자 수가 많아졌다. "패장어영초관백지문牌將御營哨官白之文 부석패장군관김세창浮石牌將軍官金世昌 석수도편수노이혜石手都邊首盧二惠 강희사십육년육월일康熙四十六年六月日" 각자가 그렇다. 패장은 어영청의 초관哨官인 백지문, 부석 패장은 군관 김세창, 석수 도편수都邊首는 노이혜이다. 초관은 100명으로 구성된 군대의 단위 조직인 초哨를 지휘하는 종9품의 초급 지휘관이다. 부석 패장은 채석장에서 성돌을 떠오는 일꾼 조직을 감독하는 패장이고, 군관은 고급 장교 밑에 배속되어 그 지휘를 받아 맡은 일을 수행하는 초급 장교이다. 도편수는 목수나 석수 가운데 가장 높은 지위의 기술자이다. 이 글자를 다 넣으려니 성돌 둘을 사용할 수밖에 없었다. 가로세로 각 50센티미터 내외의 돌 둘을 표면을 깔끔하게 다듬어 글씨를 새겼는데, 그 두 돌 사이에 세로로 긴 돌을 두어 간격을 띄운 것이 특이하다.

제 모습을 잃은 홍인문 각자군

이렇게 내용이 많아지다가 일부러 그런 듯, 다른 어느 것과 비교할 수 없을 정도로 많은 내용을 담고 있는 각자 성돌군이 나타났다. 홍인문 바로 북쪽 길 건너 성벽에 있는 성돌들이다. 얼마 전까지는 타락산에서 남쪽으로 내려오던 도성은 홍인문 북쪽의 차도에 못 미쳐 끊어져 있었다. 그 서쪽, 그러니까 옛날로 치자면 도성 안에 동대문교회가 있었는데 2014년에 이전해 나가고, 그 터의 남쪽변에 도성이 있던 자리를 발굴하였다. 발굴 결과와 옛 도면과 사진 등을 근거 자료로 삼아 2015년에 도성을 정비하여,

흥인문 북측 도로 건너의 각자군 | 일제강점기의 사진을 근거로 각자가 새겨진 성돌들을 최근에 성벽을 복원한 현 위치로 옮겼다.

북에서 남으로 내려오던 성벽이 서쪽으로 꺾어진 뒤 다시 흥인문 쪽으로 연결되려는 부분까지 복원하였다.

그렇게 성벽을 복원하면서 예전에는 동쪽 면에 제자리를 잃은 채 어지러이 배열되어 있던 각자 성돌들을 새로 복원한 체성에다 다시 배열하였다. 모두 13개의 각자 성돌을 옆으로 한 줄로 이어서 배열하고, 마지막에만 두 각자 성돌을 아래위로 배열하였다. 가장 오른쪽에 있는 성돌부터 순서대로 번호를 붙여 읽어보면 아래와 같다.

1. "훈국책응겸독역장십인訓局策應兼督役將十人"
2. "사한필영使韓弼榮"
3. "일패장一牌將 절충折衝"
4. "성세각成世珏 이패장二牌將"
5. "절충折衝 전수선全守善"
6. "삼패장三牌將 사과司果"

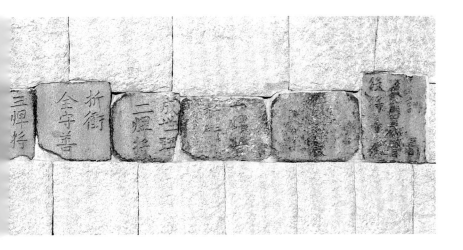

7. "유재한劉濟漢"

8. "석수도편수石手都邊首 오유선吳有善"

9. "일패편수一牌邊首 양육현梁六炅"

10. "이패편수二牌邊首 황승선黃承善"

11. "삼패편수三牌邊首 김정립金廷立"

12상. "강희년사康熙年四"

12하. "사십오월일개축四十五月日改築"

배열된 대로 읽어서는 뜻이 잘 통하지 않는다. 이 성돌들이 과연 온전히 배열된 것인가? 의문을 갖지 않을 수 없다. 이러한 의문을 풀 실마리를 제공하는 것이 두 개가 위아래로 배열된 마지막 12번 성돌들이다. 지금 배열된 상태는 위아래 행이 맞지 않게 되어 있다. 위아래 두 단으로 배열된 것은 맞는데, 윗돌과 아랫돌을 좌우로 조금 움직여서 한문 문장이 이루어지게 줄을 맞추어야 할 것이다. 그렇게 맞춰보면 "강희사십오년사월

일개축一個築^{康熙四十五年四月日改築}"이 된다. 이로 보건대 이 각자 성돌들 전체도 두 단으로 배열되어 있지 않았을까 추정된다. 강희 45년은 1706년^{숙종 32}이다. 1704년^{숙종 30} 3월부터 시작된 도성 수축 공사가 일단 마무리되던 해다. 그 공사를 마무리하면서 그 책임자들의 명단을 새겨 넣은 것이다.

이 각자 성돌들을 뜯어보면 더 근본적인 문제가 있는 것 아닌가 의문을 갖게 된다. 과연 이 성돌들이 원래 하나의 군을 이루던 각자 성돌의 전부인가? 누락된 것은 없는가? 아무래도 온전하지 않은 것으로 보인다. 첫 돌의 "훈국책응겸독역장십인訓局策應兼督役將十人"은 제목에 해당된다. 훈국, 곧 훈련도감 소속의 성역을 책임을 지고 수행하며 역사를 독려하는 장수 열 명의 명단이라는 뜻이다. 그런데 이 각자 전체에 포함된 사람 수효는 석수까지 포함하여도 여덟 명이다. 석수를 '장將'이라고 했을 리는 없으므로 '장'만 꼽으면 사使 한필영韓弼榮, 일패장一牌將 절충折衝 성세각成世珏, 이패장二牌將 절충折衝 전수선全守善, 삼패장三牌將 사과司果 유제한劉濟漢까지 네 명밖에 되지 않는다. 적어도 여섯 명이 누락되었다고 보지 않을 수 없다.

'절충'은 서반西班, 곧 무반武班의 정3품 품계 이름인 절충장군折衝將軍을 줄여 표기한 것이다. 성세각과 전수선은 품계만 있고 실직이 없는 무관임을 알려준다. '사과'는 오위五衛에 속한 정6품 무관직인데, 조선 후기에는 녹봉을 주기 위해서 이름만 남아 있던 관직이다. 그만그만한 무관들이 성역을 감독하는 일을 맡았음을 알 수 있다.

네 명에 대한 기록도 과연 온전한가? 한필영의 관직명으로 새겨진 '사使'라는 글자가 걸린다. "사한필영使韓弼榮" 네 글자는 두 번째 돌에 한 줄로 새겨져 있다. 조선 초기에는 성역의 일정 구역을 담당한 직책으로 '사使'가 있었으나 숙종 때는 없었다. 한필용은 명예롭지는 못하나 5년 뒤인 1711년^{숙종 37} 6월 1일자 《숙종실록》에 등장한다.⁵⁵ 전前 첨사僉使 한필영이 그 부모를 북한산성 터 안에 장사 지낸 사실이 밝혀져 멀리 떨어진 섬에 유배시켰다는 내용이다. 이로써 한필영의 관직이 사가 아니라 첨사였음을 알 수 있다. 첨사는 병마첨절제사兵馬僉節制使 또는 수군첨절제사水軍僉節制使의 약칭으로, 종3품 무관이다. 첨사의 '첨僉'자가 다른 돌에 새겨져 있었는데 지금은 그 돌이 어디로 사라진 것으로 보아야 할 것이다.

그렇게 사라진 각자 성돌이 몇 개인지 알 수 없다. 적어도 여섯 명의 관직과 성명을 새긴 정도의 돌이 사라졌다고 본다면, 네 명을 여섯 개의 돌에 새긴 데 비추어 아홉 개 정도의 돌이 사라졌다고 보아야 할 것이다. 아마도 이 열 명 안에는 부석 패장이 더 있었을 것이고, 첨사보다 더 품계가 높은 상위의 총 책임자도 있지 않았을까 생각된다.

그 사라진 돌들을 이제 와서 어찌하겠는가? 그것을 찾기는 어렵겠다. 하지만 그렇다는 점은 밝혀 주어야 하지 않을까? 말줄임표처럼, 중간에 아무런 글자가 없는 돌들을 배열했으면 더 좋았지 않나 아쉬움이 남는다.

순조 대 이후 여장 각자

여장 안으로 들어온 각자들

각자는 대부분 체성의 바깥쪽 아랫부분에 있는 큰 돌에 새겼다. 그런데 이와는 달리 여장 안쪽에 새겨진 각자들도 40개 정도 확인되어 있다. 대개 여장에 뚫린 총안 바로 아래나 위에 있는 주위 성돌보다 큰 성돌에 새겼는데, 각자를 쓸 성돌의 한 면을 다듬은 다음 그곳에 글씨를 새겼다. 내용은 "신유십월일辛酉十月日 패장서위신牌將徐衛信 감관유효석監官劉孝澤 편수용성돈邊首龍成焞"이나 "가경십년嘉慶十年 을축십월일乙丑十月日 간역최일성看役崔日成 감관이동한監官李東翰 편수용성휘邊首龍聖輝" 식으로 패장, 간역, 감관, 편수 등 관련자의 직책과 성명, 그리고 청나라 연호, 간지, 월일로 쓰거나 아니면 간략하게 간지와 월일로 표기한 공사 시점이다.

광희문의 순조 대 각자들 | 광희문 남쪽 체성의 여장 안쪽에 새겨져 있다.

혹은 단순히 간지 두 글자만 새긴 경우도 서너 건 있다. 시점은 거의
모두 순조 재위 기간 안에 포함된다. 인왕산 북쪽 능선이 탕춘대성 쪽으로
갈라지는 부근과 숙정문 남쪽 부근 사이에 모여 있다. 그 밖의 지역으로는
혜화문 남쪽 가톨릭대학교 구내에 "감관임치연監官任致淵 기묘십월일己卯十
月日", 광희문 바로 남쪽 여장에 "감관김수함監官金壽涵 군김영득軍金英得 석수
김성복石手金成福 신미팔월일辛未八月日", "치소감관김덕형治所監官金德亨 서원이
진엽書員李珍燁 고직김광복庫直金光福" 등 두 건이 있다. 순조 대에 여장을 집
중적으로 수리하였음을 보여주는 자료다.

헌종 대에도 도성을 수리하는 공사를 하였다는 각자가 두 건 있으나
일반인들은 접근하기 어려운 곳에 있다. 철종 대에 새긴 각자도 한 건이
확인되는데, 내용은 순조 대 것과 유사하다.

고종 대의 각자도 있다. 1873년고종 10 7월 17일 흥인문 남쪽 옹성과

체성이 무너져서[56] 7월 26일에 고치는 공사를 시작하여[57] 체성은 9월 4일,[58] 여장은 9월 20일에 마쳤다.[59] 이를 알려주는 각자가 현재 옹성 여장에 "축성감관출신최학순築城監官出身崔學淳 치소감관직부김상현治所監官直赴金相鉉 석수도편수신만길石手邊首申萬吉 동치십이년同治十二年 계유구월일癸酉九月日"이라고 새겨져 있다. 유일한 고종 대 각자다. 도성이 무너지면 그대로 방치할 수는 없었다. 도성은 왕도이자 수도 한성부의 얼굴과 같은 표상으로 만민이 보는 곳인데, 방치하는 것은 임금의 권위와 체면을 손상하는 것이었다. 이전에도 그랬듯이 조선 말기에도 도성이 부분적으로 무너지거나 문제가 생기면 곧바로 조치를 하였음을 각자는 알려주고 있다.

안이토리 애사

**금위영 석수
안이토리**

도성에서 지금까지 확인된 각자는 약 300개 정도 된다. 서울시 담당자들의 노고로 계속 확인 작업을 해나가고 있어 앞으로도 더 많이 드러날 것으로 기대된다. 이 모든 각자를 모두 조사하여 소개하는 작업도 병행하고 있다. 각자들은 간단히 군현 지명으로만 이루어진 것도 있고 관청, 관직, 직책, 성명, 연도, 등 비교적 상세한 정보를 담고 있는 것도 있다. 도성을 쌓고 고치고 하는 일이 쉬운 일이 아닌지라 내용이 간단하든 복잡하든 각자 안에 담겨 있는 내용은 대단히 무겁다고 하겠다. 우리가 그 사연을 들을 수 있는 귀가 어두워서 그렇지 각자들은 저마다 나름대로 절절한 사연을 이야기하고 있다.

각자에 등장하는 많은 이름들 가운데 어두운 내 눈에도 눈에 띄는 이름이 있다. 안이토리安二土里. 목멱산 동쪽 기슭, 각자가 많이 남아 있는 구간에 이 이름이 새겨진 각자가 두 군데 있다. 국립극장에서 목멱산으로 올라가는 차도에서 오른편으로 도성을 따라 오르는 순심로로 접어들어 조금만 올라가면 나타나는 첫 번째 각자 성돌에 그 이름이 나온다. "금도청 감관이수지오수준禁都廳監官李秀枝吳首俊 석수편수안이토리石手邊首安二土里 경인삼월일庚寅三月日". 글자가 많다 보니 각각 가로세로로 45×41센티미터, 56×34센티미터 크기의 직사각형으로 다듬은 돌 두 개에 나누어 새겼다. 금위영 도청 감관인 이수지李秀枝, 오수준吳首俊 두 사람이 이 구간의 공사 감독을 맡았다. 기술 책임자인 석수 편수가 바로 안이토리이다. 경인년은 1710년숙종 36이다. 1709년숙종 35 가을에 들어서 1704년부터 1705년까지 수축한 도성 가운데 문제가 생긴 곳을 개축하는 공사를 시작하여 그해 겨울을 넘겨 1710년숙종 36 봄에 날씨가 풀리자 본격적으로 공사를 하였던 것으로 보인다.[60] 그때 이 구간도 공사를 하였고, 이 각자를 새긴 것이다.

다른 하나는 거기서 다시 100미터쯤 더 올라가면 나온다. 각자 내용은 "도청감관조정원오택윤상후都廳監官趙廷元吳澤尹商厚 편수안이토리邊首安二土里 기축팔월일己丑八月日"이다. 여기도 금위영 구간인데, 금위영이라는 표기는 빠졌다. 도청 감관이 조정원趙廷元, 오택吳澤, 윤상후尹商厚 세 사람이다. 편수가 안이토리다. 편수 앞에 들어갈 석수라는 글자도 다 안다 하여 생략한 듯하다. 기축己丑년은 1709년숙종 35이다. 앞서 본 각자를 새긴 해보다 한 해 빠르다. 이 각자가 있는, 오늘날 목멱산 동봉이라고 하는 봉우리를 당시에는 구억봉九嶷峯이라고 하였는데, 그해 4월에 이곳의 성벽 5간이 무너져서[61] 7월에 공사를 시작하였다.[62] 언제 이 공사를 완료하였는지 다른 자료에서는 찾기 어려운데 이 각자가 8월에 완료하였음을 알려주고 있다. 각자가 새겨진 성돌은 가로세로 125×57센티미터로 큰 편이며 네모반듯하게 다듬지 않았다. 성돌 모양이나 크기로 볼 때 세종 대 성돌로 보인다.

이 두 성돌은 순심로에 면해 있어 유심히 찾으면 누구나 찾을 수 있다. 안이토리라는 이름이 새겨진 성돌이 하나 더 있는데, 이 성돌은 일반인은

안이토리 경인년 각자(위)와 안이토리 기축년 각자(아래) | 둘 모두 목멱산 동쪽 기슭에 있다.

접근하기 어려운 위치에 있다. 창의문에서 동쪽으로 백악을 오르다가 정상 약 100미터 정도 못 미친 지점 도성의 바깥 체성에 새겨져 있다. 군사 지역이라 일반인은 쉽게 들어갈 수 없다. 서울시 담당자들이 확인하였다. "정해칠월일丁亥七月日 감관이준강김흥석□□조監官李俊綱金興錫□□作 편수안이 토리邊首安二土里"이다. 직사각형으로 다듬은 돌 세 개에 나누어 새겼다. 사진만 보아도 숙종 대 성돌임을 알 수 있다. 정해丁亥년은 1707년숙종 33이다. 이해 4월에 이 구간 21간이 무너져서 5월 초에 고쳐 짓는 공사를 시작하여 7월에 마쳤다.

도성을 쌓은
이름 없는 민초들

안이토리. 이름이 한 번 들으면 잊지 않을 정도로 특이하다. 쉽고 어감이 좋다. 한자도 아주 쉽다. 양반 관료들은 이런 이름을 갖지 않는다. 순수한 우리말 이름일 터인데 둘째 아들이라 '이돌'이라 한 것을 한자로 '이토리'라고 적은 것인지도 모르겠다. 석수이니 그의 신분은 평민이었을 것이다. 석수라서 도성 쌓는 데 여기저기 일을 많이 하였고, 석수로서 실력을 인정받아서 도편수까지는 아니지만 편수가 되어서 도성 각자에 세 번이나 등장하였다. 좀 특이하기는 하지만 그럴 수도 있는 일. 여기까지라면 마음이 짠할 것까지는 없다. 그런데 뜻밖에도 안이토리라는 이름이 도성의 각자가 아닌, 공식 기록물인《승정원일기》1711년숙종 37 4월 8일자에 등장한다.[63] 다른 소식도 아닌 부음訃音으로….

> 금위영에서 계를 올려 말하였다. "지금 수구문을 개축할 때 홍예석虹霓石을 자리 잡아놓으면서 저희 영의 석수인 안이토리가 돌에 깔려서 중상을 입었습니다. 여러모로 치료를 하였지만 끝내 운명하였습니다. 일이 지극히 놀랍고 참담합니다. 저희 영에서 약간의 쌀과 포목을 지급하여서 염을 해서 장사 지내도록 하겠다는 뜻으로 계를 올리나이다." 임금이 알겠다고 답을 하고, 담당 호조로 하여금 휼전을 베풀도록 명하였다.

석수로서 여기저기서 도성 쌓는 일을 하였던 안이토리 씨가 광희문을 짓는 공사를 하다가 돌에 깔려 돌아갔다. 이때 안이토리의 나이가 얼마인지, 가족 관계가 어떠한지, 그의 인생에 대해서 알 수 있는 자료는 찾기 어렵다. 어디 남아 있을 것 같지도 않다. 그저 도성 쌓는 데 인생을 바치다시피 하다가 종국에는 목숨을 바친 일꾼 안이토리로 기억하면 되리라. 마음이 짠해져서 뒤늦은 조문이라도 중얼거리며, 도성의 목멱산 자락과 백악 꼭대기를 돌 때, 광희문을 둘러볼 때 그 이름을 나지막하게 한 번 불러주어야겠다.

　그런데 안이토리 씨는 그나마 각자로 남고 《승정원일기》에도 이름 넉 자가 올라갔으니 이렇게 기억이라도 하지, 이 도성을 쌓고 고치고 하는 데 이름도 없이 빛도 없이 땀과 피를 바치고 사라져간 사람들은 또 얼마나 많을까? 도성은 누가 쌓았는가? 여러 사람들이 힘을 모아서 쌓았다. 임금도 한몫을 하였고, 관료들도 장수들도 맡은 일을 하였다. 하지만 가장 큰 몫은 돌을 떠서 나르고, 쪼아서 모양을 만들고, 땅을 파고 다지며 도성을 쌓아 올린 백성들에게 돌아가야 한다. 도성은 수많은 안이토리들의 것이다.

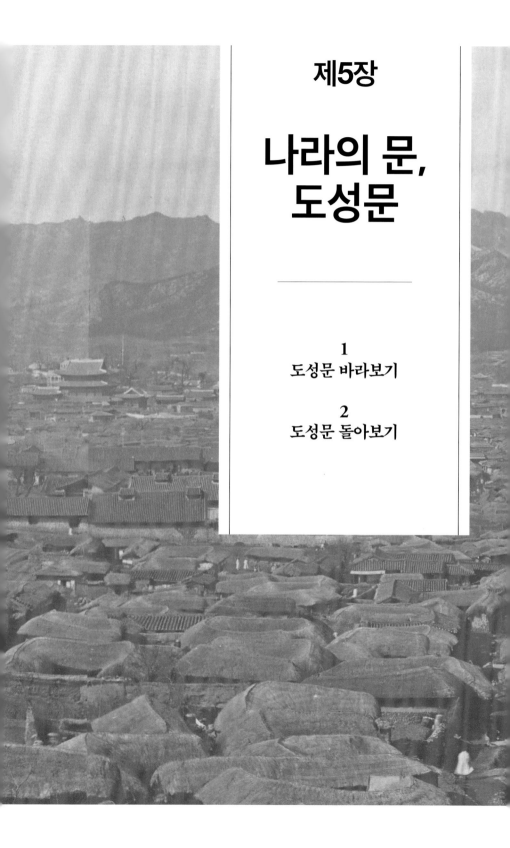

제5장

나라의 문,
도성문

1

도성문 바라보기

닫으면 벽, 열면 길

고갯마루 도성문   성이 있으면 문이 있게 마련이다. 성을 넘어 드나
들 수는 없는 노릇이니 길게 말할 필요도 없는 당
연한 이야기다. 문은 성과 길이 만나는 곳에 내었
다. 문은 닫으면 벽이 되지만 열면 길이 된다. 도성문은 도성의 일부이며
동시에 길의 일부이기도 하였다. 사람들은 길을 통해서 성문을 들어가고
길을 통해서 성문을 나갔다. 옛날에는 도성문을 들어가는 것이 곧 서울에
들어서는 것이었다. 성문은 사람들이 늘 드나드는 시설이요, 도성 안팎 사
람들에게 가장 큰 영향을 미치는 시설이었다.

   서울을 둘러싸고 있는 내사산은 그 안을 보호하지만 반면에 길이 통
하는 것을 가로막기도 한다. 그 가운데서도 북쪽의 백악과 남쪽의 목멱산,

도성문과 그 안팎의 풍경들 ㅣ 왼쪽 위부터 시계 방향으로 소의문, 숭례문, 돈의문, 창의문, 혜화문, 흥인문, 광희문이다.

그리고 서쪽의 인왕산은 산세가 자못 강하여 큰길이 통할 수 없었다. 중국처럼 평지에 네모반듯한 성을 쌓은 경우에는 성의 네 면에 규칙적으로 문을 냈지만, 내사산에 의지하여 도성을 쌓고 도시를 건설한 서울은 그럴 수 없었다.

사람들은 흔히 도성의 동서남북에 대문을 냈다고 하는데 이는 정확한 기술이 아니다. 네 방향을 기준으로 설정하기는 하였으나 그 위치가 동서남북의 정방위에 해당하지는 않는다. 길은 산과 산 사이의 낮은 고개를 찾아가지 않을 수 없었고, 그렇게 길과 도성이 만나는 고갯마루에 문을 내게 되었다.

도성문 한 바퀴   숭례문崇禮門은 도성의 정문이다. 그러나 도성 남쪽 한가운데 둘 수 없었다. 목멱산이 가로막고 있기 때문이다. 거기서 동쪽으로 배치할 수도 있었을 텐데, 그렇게 하지 않고 서쪽으로 배치했다. 왜 서쪽에 배치하였을까? 그 이유를 파악하려면 숭례문을 나간 길이 어디로 이어졌는가를 봐야 한다. 동남이나 서남으로 길이 나가면 결국은 한강을 만나게 되고, 한강을 만나면 나루에서 강을 건너거나 포구에서 강을 타고 가야 하였다. 특히 물산은 주로 강을 타고 와서 포구에 내렸다. 그런데 포구는 도성의 동쪽, 다시 말해 한강의 상류보다는 서쪽 하류에 많았다. 상류에 뚝섬[纛島], 두모포斗毛浦 정도가 있었고 하류에는 양화진楊花津, 서강西江, 마포麻浦, 용산龍山, 노량진鷺梁津 등이 있었다.

상류와 하류의 차이는 포구 수효가 다른 데서 그치지 않았다. 동쪽 포구에는 강을 타고 내려온 강배들이 닿는 데 비해 서쪽 포구에는 충청도, 전라도, 경상도에서 올라온 바닷배들이 닿았다. 강배는 바닥이 평평하고 전체 크기가 작은 데 비해 바닷배는 배 바닥이 깊고 전체 규모가 크다. 바닷배들이 밀물이 들어올 때 그 물길을 타고 한강을 거슬러 올라와 닿을

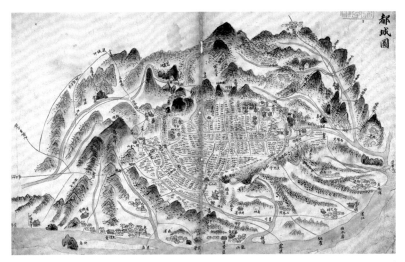

〈도성도〉,《동국여도》ㅣ 하단에 한강이 흐르고, 강변에는 집들이 묘사되어 있다. 목멱산을 중심으로 동편 한강의 상류보다는 서편 하류에 포구가 더 발달되었다. (서울대학교 규장각한국학연구원 소장)

수 있는 마지막 지역이 서울의 서쪽 포구들이었다. 바닷배는 세금으로 거둔 곡식을 비롯해서 각종 해산물들을 싣고 들어왔다. 그러므로 동쪽 포구들보다 서쪽 포구들에 모이는 물산의 종류와 양이 많은 것은 물론 그 포구들에서 도성으로 들어오고 나가는 물량도 많았으므로 성문들도 서쪽에 더 조밀하게 배치되었다.

도성의 정문인 숭례문으로 들어온 길은 동쪽으로 이어지다가 크게 둥근 선을 그으면서 방향을 틀어서 북쪽으로 향해 있었다. 개천을 만난 곳에 광통교廣通橋가 놓여 있었고, 그 다리를 건너면 운종가雲從街와 만났다. 그 두 길이 만나는 곳 한가운데에 종루鍾樓가 있었다. 지금은 보신각普信閣, 일반 명사로서는 종각鍾閣이라고 불리지만, 원래는 2층 건물인 누樓였다. 종루는 이곳이 서울 장안의 한가운데임을 알리는 표지였다. 숭례문에서 종루에 이르는 이 길은 운종가와 같이 폭이 56척인 대로였다. 특별한 이름을 갖지 못하여 흔히 남대문로로 불렸던 이 길은 숭례문으로 들어와 서울

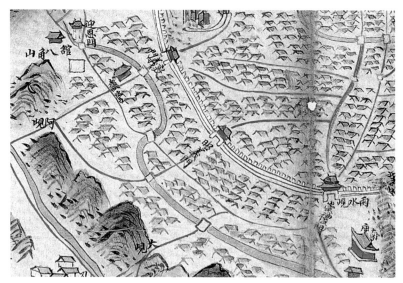

〈도성도〉 중 삼문 부분 | 숭례문, 소의문, 돈의문 세 문을 '삼문'으로 묶어 부르기도 하였다. 그 바깥으로도 시가와 도로가 촘촘하다.

중심가로 향하는 중심 가로였다.

숭례문에서 조금 북으로 가면 소의문昭義門, 소의문에서 조금 더 가면 돈의문敦義門이 있었다. 숭례문, 소의문, 돈의문을 함께 묶어 서삼문西三門, 또는 그냥 삼문三門이라고 부르기도 하였다. 조선 초기부터 그 바깥 지역에 사람들이 모여 살았던 바, 조선 후기에는 더욱 번성한 상업 지구로 발전하였다.

이 세 문 밖의 길들은 이리저리 엮여 한강의 포구들로 연결되었다. 길이 연결되어 있다는 것은 곧 사람과 물산이 많이 움직였었다는 뜻, 교통이 좋았다는 뜻이다. 한강변의 포구에서 들어오는 물품들을 성문을 들어서기 전에 매매하는 허가받지 않은 시장을 난장亂場이라고 했는데, 특히 숭례문과 소의문 사이 구간의 경비와 관리를 담당하는 조직의 이름에서 이름을 따온 칠패七牌는 난장 가운데 이름이 있는 곳이었다. 이 세 문은 위

창의문 홍예 바닥돌 | 단단한 화강암이 문으로 드나든 사람들의 발길에 반질반질해졌다.

상에 차이가 있어 의례상으로는 출입하는 사람들을 구별하기도 하였지만, 일상에서는 쓰임을 구별하기 어려웠다. 세 문이 함께 서북으로 의주까지 이르는 사행로使行路, 남으로 삼남 지방으로 가는 대로, 서쪽으로 강화로 이르는 대로의 출발점이자 종착점이 되었다.

창의문彰義門은 백악과 인왕산 사이의 고갯마루에 있는 문이다. 창의문 밖은 도성과 북한산성 사이의 골짜기로서 사천沙川, 즉 모래내라고도 부르는 홍제천이 흐른다. 그 홍제천변에는 세검정도 있고, 탕춘대도 있다. 풍광이 좋아서 사람들이 많이 찾던 곳이다. 종이를 만들던 조지서造紙署도 있었고, 그 인근의 차일암遮日巖 일대는 실록 등 국가의 주요 기록물을 다 만든 뒤에 그 기초자료인 사초史草를 세초洗草하는 곳이었다. 조선 후기에는 도성과 북한산성을 잇는 탕춘대성이 축조되어 그 안에 군영 창고들이 많이 들어섰고, 총융청이 이전되면서 도성의 배후를 지키는 군사 지역이 되었다. 간혹 임금이 행차하기도 하였다. 창의문을 나서면 홍제천을 거슬러 올라 북한산성으로 가거나, 탕춘대성에 있는 홍지문弘智門을 나서 홍제천을 따라 서북쪽으로 나아갈 수 있었다. 창의문은 서북 방향의 문이지만 크게 보면 서쪽의 문이었던 셈이다.

서쪽에 문들이 이렇게 넷이나 있었던 데 비해 동쪽 방면으로는 문도 셋뿐이었고, 그 문들에서 이어지는 도로도 그리 많지 않은 편이었다. 동쪽 정문의 이름은 흥인문興仁門이다. 타락산이 끝나고 개천이 흘러나가는 사이, 고갯마루가 아닌 평지에 배치하였다. 길이 이어지는 모양으로 보아 딱 그 자리에 문을 낼 수밖에 없었다. 흥인문 안쪽으로는 도성의 동서축을 이루는 운종가가 돈의문까지 이어졌다. 흥인문을 나서 동묘東廟를 지나 동쪽으로 나아가면 동해안의 평해까지 가 닿았다.

흥인문에서 도성을 따라 오간수문과 이간수문을 지나가면 동남쪽에는 광희문光熙門이 있었다. 중랑천의 살곶이다리[箭串橋]를 건너고 한강의 송파나루를 건너 영남 지방의 부산, 통영으로 나가는 대로의 출발점인 문이었다.

창경궁에서 성균관 앞을 지나 도성의 동북쪽으로 나가는 문이 혜화문惠化門이었다. 응봉 자락이 흘러내리면서 잘록 낮아졌다가 다시 타락산으로 솟는 사이의 고갯마루를 지키고 있었다. 강원도를 지나 함경도 서수라西水羅로 이어지는 대로의 기점이었다. 흥인문과 광희문 그리고 혜화문은 도성의 동쪽 방면의 문이었다.

숙정문肅靖門은 백악과 응봉 사이에 있는 정북 방향의 문이었다. 숙정문을 북문北門이라고 부를 수는 있으나 그리 적절한 명칭은 아니다. 더구나 북대문北大門이라고 부르는 것은 가당치 않다. 숙정문은 그저 구색을 갖추기 위한 문이지 실제로 출입 기능을 갖는 문이라고 하기 어려웠다. 가뭄 때 숭례문을 닫는 대신 여는 의식적인 기능을 갖고 있는 정도였다.

성문의 구조

성문의 몸체, 육축   도성문은 도성에서 중요한 비중을 차지하였다. 그러나 경사진 지형에 기대어 한 쪽 면만을 돌로 쌓은 체성에 문을 낼 수는 없었다. 도성문은 거의 평지나 고갯마루에 내었다. 따라서 도성에서 정식 문을 낸 부분은 한쪽 면만 돌을 쌓은 편축片築이 아니라 양쪽 면을 모두 돌을 쌓은 협축兩築 형식을 갖추게 되었다. 이 부분을 육축陸築이라고 한다.

　육축에 출입구를 만들 때는 거의 홍예虹霓를 틀었다. 단어의 뜻은 무지개이고, 서양에서는 'arch'라고 한다. 홍예란, 큰 돌을 수직으로 쌓아 올리다가 윗부분을 무지개처럼 반원형으로 마무리한 모양을 가리킨다. 반원형 부분의 돌을 원의 곡률에 따라 아랫변을 짧게, 윗변을 길게 다듬어서 만든다. 홍예는 돌이 으스러지지 않는 한 위에서 내리누르는 큰 힘을 견딜 수 있다. 큰 힘으로 누를수록 더 튼튼해진다고도 할 수 있다.

　홍예에 문비門扉, 문짝를 단 것이 홍예문이다. 문비는 두껍고 단단한 나무로 만들어 적군의 공격에 견딜 수 있게 하였다. 특히 중요한 문의 문비는 바깥쪽에 쇳조각을 비늘처럼 붙여 덮었다. 적군이 큰 통나무로 들이받거나 불화살로 쏘아도 견딜 수 있게 하려는 목적이었다. 안쪽은 굵은 나무로 빗장을 지를 수 있게 만들고, 빗장을 한 번 지르면 절차를 밟아야 열 수 있도록 쇠사슬과 자물쇠로 잠그게 하였다.

성문의 얼굴, 문루   육축의 윗부분은 어떻게 마무리하면 좋을까? 양쪽을 큰 돌로 쌓고, 그 가운데를 돌과 흙으로 채운 뒤 맨 윗면을 그냥 평평한 상태로 놓아두면 어떻게 되겠는가? 물이 스며들어 압력이 높아지다 보면 결국 육축이 무너지

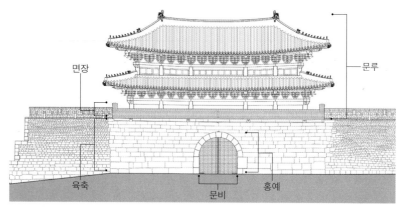

면장

문루

육축   홍예

문비

도성문의 구조 | 숭례문 입면도에 문루, 면장, 육축, 홍예, 문비를 표시하였다.

고 말 것이다. 그 윗부분을 평평한 채로 두고 물이 스며들지 않게 박석이
나 전돌 혹은 벽돌로 덮고 틈새를 메꿀 수도 있겠으나 아무래도 구조적으
로도 안정적이지 못하고, 특히 모양으로 보아도 어딘가 미완성이라는 느
낌을 지울 수 없다. 이런 까닭에 성문을 격조 있게 지을 때는 육축 위에
목조 건물을 짓는다. 이 건물을 문루門樓라고 한다. 요즈음에는 거의 쓰지
않는 단어이지만, 옛 기록에는 초루譙樓라고도 하였다. 육축의 상단부에는
작은 담장이 문루를 사방에서 둘러싸고 있는데, 이 작은 담장은 면장面墻
이라고 한다.

문루는 장수들의 지휘소인 장대將臺로 쓰이기도 하고, 평시에는 군졸
들의 수직守直 장소로 쓰이기도 하였으며, 병장기兵仗器를 보관하기도 하는
등 군사 목적으로 쓰였다. 아주 특별한 경우에는 임금이 임어臨御하여 전
좌殿座하는 장소로 쓰이기도 하였다.

이러한 기능 외에 무엇보다도 문루는 멀리서도 그 문의 존재를 알려
주는 표지가 되었고, 그 문의 위상을 드러내는 표상으로 인식되었다. 육축

이 성문의 몸체라고 한다면 문루는 그 성문의 얼굴인 셈이다.

성문의 크기,
성문의 위상

도성문들은 서로 크기에 차이가 있었다. 문의 크기는 1차적으로는 육축의 크기에 따라 정해진다. 육축의 크기는 넓이와 높이로 결정된다. 육축의 넓이는 하단인 지면에서 측정할 수도 있겠고, 육축의 상단에서 측정할 수도 있겠다. 육축의 성벽면이 위로 가면서 약간 안쪽으로 기울어져 있으므로 하단면보다는 상단면이 더 좁다. 육축 위 면장의 정면 길이와 측면 길이를 곱하면 육축의 상단 면적이 된다.

육축의 높이에 따라 홍예의 높이가 결정된다. 홍예의 높이가 정해지면 그 높이에 비례하여 폭이 정해진다. 이렇게 정해진 홍예의 너비와 높이에 따라 문비의 너비와 높이가 정해지고 그것이 곧 문의 크기가 된다. 문의 크기에 따라 그 문을 통과할 수 있는 물체의 크기가 정해진다. 문을 통과할 수 있는 물체의 크기가 곧 그 문의 기능상의 크기라고 할 수 있다.

육축과 그 안에 뚫린 홍예의 크기는 문루의 크기에 영향을 미친다. 도성의 문루는 목조 건축물이다. 다른 목조 건축물들과 같이 문루의 크기는 바닥 면적과 높이에 따라 결정된다. 바닥 면적은 정면과 측면의 구체적인 길이를 재어서 측정하여야 할 것이나, 그러한 실측 이전에 우선 주춧돌 및 기둥의 배열, 곧 정면 몇 간, 측면 몇 간인가 간수로 헤아린다. 정면 3간, 측면 2간 해서 6간인 문루도 있고, 정면 5간, 측면 2간으로 10간인 문루도 있다.

문루의 크기를 결정하는 2차 요소는 높이다. 높이 역시 실제 수치보다는 몇 층인가를 먼저 본다. 층을 따지는 기준으로는 지붕이 몇 겹인지가 있다. 지붕이 두 겹이면 중층中層지붕, 한 겹이면 단층單層지붕으로 부른다. 그런데 지붕이 몇 겹인가가 곧 그 건물이 몇 층인가와 일치하지는 않는다. 중층지붕이라도 단층 건물일 수 있고, 역으로 단층지붕이라도 2층

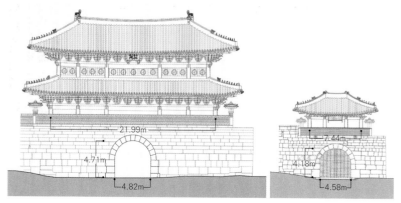

흥인문(왼쪽)과 광희문(오른쪽) 입면도 비교 ㅣ 크기에 상당한 차이가 있다. 크기의 차이는 곧 위상과 쓰임의 차이로 이어졌다.

건물일 수 있다. 하지만 문루의 경우에는 대개 지붕의 겹과 건물의 층수가 일치한다. 단층지붕이면 1층 건물이고, 중층지붕이면 2층 건물이다.

문루의 바닥 면적을 결정하는 간수와 높이를 결정하는 층수는 서로 연계되어 정해졌다. 층수가 2층이면 간수는 정면 5간 측면 2간이고, 층수가 1층이면 정면 3간 측면 2간이었다. 이러한 문루의 크기는 앞서 보았듯이 문비, 홍예의 크기와도 상관이 있었다. 문루가 정면 5간 측면 2간에 2층이면 그 문비 역시 크기 마련이고, 임금의 상여와 같은 큰 가마가 통과할 수 있었다. 하지만 정면 3간 측면 2간에 단층 문루로 구성된 문은 그 문비 역시 그에 맞게 작아서 임금의 상여는 통과할 수 없었다. 보통은 홍예와 문비의 크기보다는 문루의 크기를 보고 그 문의 크기를 알아차렸다.

문의 물리적 크기는 육축과 홍예와 홍예에 달린 문비, 그리고 문루의 크기가 서로 연계되어 결정되었다. 이러한 물리적 크기는 문의 기능과도 연결되었다. 문의 크기에 따라 홍예를 통과할 수 있는 물체의 크기가 달라졌을 뿐만 아니라, 문에 따라 드나드는 사람들이 구별되기도 하였다.

도성문, 높은 문

국문 도성문

도성문은 국문國門이라고도 불렸다. 안팎을 엄하게 구별하고, 나라를 공고하게 하는 시설인 도성의 문이기에 그러하였다. 이때 '나라'는 오늘날의 국가와는 구별되어야 한다. 영토를 기반으로 한 오늘날 국가의 경우에는 국제공항이나 항만, 혹은 국경의 출입국장이 나라의 문에 해당할 것이다. 하지만 여기서 말하는 국문의 '나라'는 왕조의 중심인 조정朝廷, 조가朝家로 보아야 한다. 그 왕조, 조정, 조가의 핵심 주체는 임금이었다. 이렇게 본다면 도성문의 주인도 임금이었다. 도성문을 열고 닫고 관리하는 권한을 갖고 있었다는 점에서 그렇고, 그 문을 드나드는 인물 가운데서 가장 비중 있는 인물이었다는 점에서도 그렇다.

1583년선조 16 당시 율곡栗谷 이이李珥의 절친한 동료이자 벗이었던 우계牛溪 성혼成渾이 선조에게 자신의 관직을 풀어주어서 도성 바깥에 있는 집으로 내보내 줄 것을 요청하면서 말하였다.[1]

"신의 질병이 이미 깊음을 생각건대 서울에서 죽으면 장례 행렬이 돌아가기가 어려울 듯합니다. 성상의 자비를 바라옵나니 신을 전리田里로 돌아가게 놓아주셔서 서쪽으로 국문을 나가 죽게 해주시기를 간절히 원합니다."

도성문을 나가는 것을 국문을 나간다고 표현하였다. 주요 관원들에게 국문 안은 근무지로, 편히 죽을 수 없는 곳이었다. 국문인 도성 안과 밖은 그만큼 서로 큰 차이가 나는 공간이었다. 국문 밖은 조령朝令이 행해져야 할 대상지라면, 국문 안은 그 조령을 내는 곳이요, 임금이 직할하는 영역이었다.

조선 중기 이래 정치적으로 중심에 있는 인물이 국문을 나가고 들어오는 행동은 그것만으로도 큰 정치적 의미가 있었다. 예를 들면 서인 노론의 영수로 받들어졌던 우암尤庵 송시열宋時烈이 그러하였다. 1649년효종 즉위 6월 당시 장령掌令이었던 그가 효종의 부름을 받고 조정에 나아왔는데, 자주 상소를 올려서 돌아가기를 구하였으나 임금이 간곡한 비답을 내려 허락하지 않았다. 그러던 터에 송시열이 궁궐에 나아와 왕명에 사은하고 들어가 임금을 뵙기를 청하였다. 이때 마침 효종이 병이 있어서 만나주지 못하였다. 송시열은 대청臺廳에서 조복朝服을 벗고 곧바로 국문을 나가서 상소를 올리고 가버렸다. 임금은 크게 놀라 승지들을 불러서 그를 다시 불러오게 하였다.[2] 이후로 송시열은 효종을 거쳐 숙종 대까지 이러한 행위를 여러 번 하였다.

이처럼 주요 인물들에게 국문을 나가고 들어오는 일은 중대한 일이었다. 그런 인물들은 자의로 국문을 나가지 않고 왕명에 따라 국문 밖으로 내침을 당하기도 하였다. 이를 문외출송門外黜送이라고 하는데, 문외출송은 법전에 있는 처벌 규정은 아니었으나 실제로는 정치적으로 중앙 무대에서 제외시키는 처벌의 일종으로 무겁게 받아들여졌다.

국문인 도성문의 바깥 지역은 성안에 비하여 살기 어려운 땅으로 인식되었다. 1565년명종 20에는 원각사圓覺寺 터 안에 있는 민가를 성밖으로 이주시키려 하였는데, 이에 대하여 사헌부司憲府에서 "성 밖 빈 땅으로 내쫓으면 전토도 없고 물건을 판매할 자원도 없으니 애처로운 저 200여 가호 백성들이 무엇으로 먹고 살겠습니까?"라며 불가하다는 의견을 내었다. 이에 명종明宗은 "국문 밖이라고 해서 살 수 없는 땅이 아닌데 원각사 터 안에 기거하는 백성들이라고 해서 유독 옮겨 살게 하는 것이 불가하단 말인가?" 하고 반문하였다.[3]

국문이라는 단어는 도성문 일반을 가리키는 말로도 쓰였다. 세조世祖 대에 이미 "간특하고 교활한 자들이 시전市廛에 근거를 두고서 촌사람들이

팔 물건을 갖고 오면 그 자리에서 속여서 빼앗기도 하는데, 심한 경우에는 국문 밖에서 맞이하여 그 싣고 온 물건을 서로 다투어 빼앗다시피 하여 자기 집으로 끌고 가서 몽땅 산 뒤에야 돌려보내니 물건을 팔러온 사람들이 반값만 받고는 돌아간다"라고 지적하는 자료가 있다.[4] 이는 이른바 난전亂廛 현상을 가리키는 것인데 그 장소가 바로 국문의 밖이라고 한다. 여기서 말하는 국문은 도성문 일반을 가리키지만, 주로 삼문三門, 즉 숭례문, 소의문, 돈의문을 가리킨다고 보아야 할 것이다.

임금과 사신은 대문으로

사람들이 도성문을 드나드는 데는 제한이 없었다. 어느 문이나 필요에 따라 드나들 수 있었다. 하지만 승려나 무당과 박수 등은 원칙적으로 출입이 금지되었고, 높은 지위에 있는 사람들은 출입하는 문이 구별되었다. 대표적인 사람이 임금이었다. 임금이 주로 드나드는 문은 국문 가운데서도 으뜸인 숭례문이었다. 임금이 도성문을 드나들 때 어느 문으로 나갔다가 어느 문으로 들어올 것인가 하는 문제는 여러 차례 논의의 대상이 되었다. 나갈 때나 들어올 때나 숭례문을 경유하는 것이 정로正路라는 주장이 우세하였다. 물론 임금이 도성의 동쪽으로 드나들 때는 흥인문으로, 기타 다른 방향으로 드나들 때는 각각 가깝고 편리한 문으로 드나들었다. 하지만 원칙적으로 임금이 드나드는 문은 숭례문이었다. 하나하나 예를 드는 것이 의미가 없을 정도로 임금이 숭례문으로 출입하는 것은 당연한 일이었다.[5]

그런데 임금이 조칙을 갖고 온 중국 사신을 모화관慕華館에서 맞이하는 의례를 행할 때는 숭례문으로 나갔다가 가까운 돈의문으로 들어오기도 하였다. 1722년경종 2에는 경종과 왕세제가 모화관으로 나가 조칙詔勅을 맞이하고서는 먼저 돈의문을 경유하여 환궁하고, 칙사勅使는 뒤이어 숭례문으로 들어온 예도 있다.[6] 조선 후기에는 청나라와의 관계에서 조선의 태

영은문 | 무악재를 넘어 들어와 모화관으로 닿기 전에 있던 영은문. 중국 사신을 맞이하는 뜻으로 세운 문이다.

도에 이전보다 조금 여유가 생기면서 의례의 수준을 다소 낮추는 분위기가 형성되었던 것이 아닌가 짐작된다.

중국 사신도 마찬가지로 숭례문으로 드나들었다. 사신은 의주에서 평양, 개성을 거쳐 고양의 벽제관에서 묵은 다음 무악재를 넘어 서울 가까운 곳에 들어와 보통 돈의문 서쪽에 있는 모화관에 묵었다. 그곳에서 도성으로 들어오려면 바로 옆에 있는 돈의문을 이용하면 되었을 텐데, 그런 경우는 거의 없었다. 대신 남쪽의 숭례문을 통해서 도성으로 들어와 임금이 있는 궁궐로 가서 임금과 서로 예를 행하고 황제가 보낸 조서詔書를 전하는 절차를 밟았다. 숭례문이 대문 가운데서도 가장 격이 높은 문이기에 중국 사신을 우대하려는 뜻 때문이었지만, 한편으로는 중국 사신이 도성을 상세히 파악하는 것을 차단하려는 뜻도 있었다.

중국 사신을 맞이하는 구체적인 절차는 시기에 따라서 조금씩 달라졌지만 숭례문이 중국 사신이 왕도이자 수도인 서울로 들어오는 문이라는 의미는 변하지 않았다. 중국에 보내는 외교 문서인 표전表箋을 갖고 가는 사신을 전송할 때 일반 관원들이 따라가서 전송하는 문도 숭례문이었다.[7]

문에 따라 달라진
장례의 격식

도성 안에 사는 사람들은 밖에 사는 사람들보다 는 대체로 모든 면에서 지위가 높은 사람들이었 다. 하지만 높은 사람이든 낮은 사람이든 사람은 모두 언젠가는 죽음을 맞이하지 않을 수 없다. 죽음을 맞으면 그 시신은 땅에다 묻어 무덤을 만드는 것이 전통적 상장례의 바꿀 수 없는 규례였 다. 그 무덤을 도성 안에 만들 수는 없었다. 도성 안에 살던 사람이 죽으면 그 시신은 도성 바깥에 무덤을 마련하여 장례를 치렀다. 장례 행렬은 모두 도성문을 나가지 않을 수 없었는데, 망자亡者의 신분 지위에 따라 그 나가 는 도성문이 달랐다.

거의 모든 사람들의 장례 행렬은 광희문과 소의문 두 문 가운데 하나 를 통과하였다. 장지가 동쪽에 있으면 광희문, 서쪽에 있으면 소의문을 이 용하였다. 이에 비하여 임금과 왕비의 장례는 한 가문의 장례가 아닌 온 나라의 장례, 곧 국장國葬이었다. 국장은 모든 절차가 더욱 장엄하게 진행 되었으며, 그 경로도 도성문들 가운데 대문을 택했다. 장지가 어느 쪽에 있는가에 따라서 문을 택했는데 오늘날의 서오릉西五陵, 서삼릉西三陵, 파주 의 다른 능들과 한강 이남의 헌릉獻陵, 인릉仁陵 그리고 화성의 융릉隆陵, 건 릉健陵 등으로 모실 경우에는 숭례문을 이용하였다. 동쪽, 곧 오늘날의 동 구릉東九陵을 비롯해서 태릉泰陵, 강릉康陵 등이 모여 있는 서울의 동쪽 경계 를 이루는 산자락으로 모실 경우에는 흥인문으로 나갔다.

전 임금의 왕비, 곧 현 임금의 어머니나 할머니로서 왕실의 웃어른인 대비大妃나 왕대비王大妃, 대왕대비大王大妃 등의 장례 역시 국장으로 치러졌 다. 그렇다면 이들의 장례 행렬만 도성의 대문으로 나갔는가? 반드시 그렇지는 않았다. 임금이나 왕비는 아니지만 그렇다고 일반인에 포함되지도 않는 사람들이 있었다. 세자世子와 세자빈世子嬪, 그리고 후궁後宮 가운데서 그 낳은 아들이 임금이 된 이들이 그들이다. 임금과 왕비의 무덤을 능陵이라 하고, 일반인의 무덤을 묘墓라고 하는 데 비해서 세자나 세자빈, 그리고 임금의 생모生母인 후궁의 무덤은 원園이라고 한다. 원에 묻히는 사람들의 장례는 어느 문으로 나갔는가? 이 문제는 일률적인 규정에 따르지 않고 그때그때 논의에 따라 달리 결정되었다.

명종은 1563년명종 18 자신의 아들인 순회세자順懷世子가 죽자 그 장례 경로를 숭례문으로 하고자 하였다.[8] 이에 사간원司諫院에서는 숭례문은 임금이 경유하는 길인데 세자의 장례 행렬이 지나는 것은 예에 어긋나므로, 세조 대 의경세자懿敬世子의 전례에 따라 돈의문을 경유하여야 한다고 주장하였다. 명종도 사간원의 주장을 근본적으로 부정하지는 못하고 주요 고위 관원들에게 의논하여 처리하라고 한 발 물러섰다. 고위 관원들도 대체로 사간원의 뜻을 지지하였다.

다만 우의정 심통원沈通源은 장례가 돈의문으로 나가려면 경복궁에서 돈의문까지는 큰 상여로 가다가 민가가 길을 침범하여 길이 좁아지는 성 밖에서는 작은 상여로 바꾸고, 길이 넓어지면 또다시 큰 상여로 바꾸어야 하는 번거로움이 있으니 종루를 경유하여 숭례문으로 나가는 것이 예에 맞겠다는 의견을 내었다.[9] 명종은 의전만을 내세우지 않고 도로 폭까지 고려하여 이동의 편의를 내세운 이 의견을 받아들였다. 그 결과 순회세자의 장례는 숭례문을 통과하게 되었다.

이후 1645년인조 23에 소현세자昭顯世子,[10] 1752년영조 28에 효장세자의 부인인 현빈 조씨의 장례도 숭례문으로 나갔다.[11] 또 1752년영조 28 사도세자와 혜빈惠嬪 홍씨洪氏의 첫 아들이자 영조의 첫 손자인 의소세손이 세 살 어린 나이에 죽었을 때 그 장례도 숭례문으로 나갔다.[12]

국장이나 또는 세자, 세자빈, 후궁 등의 장례에 쓰이는 가마들은 여럿

고종의 장례 행렬(위) ㅣ 1919년 3월 3일 당시 덕수궁 대한문을 나오는 장면이다. 신여가 커서 내부의 광명문 밖에 대기하여 재궁을 옮겨 실었다.
고종의 장례 행렬(아래) ㅣ 경성부청, 오늘날의 서울시청 앞을 지나는 장면. 뒤로 고종이 대한제국을 선포하고 황제로서 나라를 다스렸던 공간 경운궁이 보인다.

인데, 그 가운데서도 임금의 관인 재궁梓宮을 모시는 영여靈轝는 매우 컸다. 그 가운데서도 영여를 가로질러 사람들이 메는 긴 장대를 강杠이라 하는데, 이 강의 길이가 숭례문 홍예의 폭보다 길어서 숭례문을 통과할 때는 임시로 짧은 강으로 바꾸었다가 통과한 뒤에 다시 긴 강으로 되바꾸었다.[13] 그런 다음 도성문 바깥에 설치한 노제소路祭所에서 노제를 행한 다음 장지로 출발하였다.

도성문의 위계

도성문의 이름을 찾아서   흔히들 도성에는 사대문四大門과 사소문四小門이 있다고 말한다. 하지만 과연 그런가? 이 말은 바탕부터 따져보아야 할 소지가 있다. 우선 '사대문, 사소문'이라는 말이 성립되는가? 과연 대문이 넷, 소문이 넷이었나? 조선 당대에도 사대문, 사소문이라는 말이 오늘날처럼 널리 쓰였나? 믿을 만한 근거가 있는가? 도성문들의 이름은 《태조실록》 1396년태조 5 9월 24일 기사에 처음 나온다.[14]

> 정북을 일러 숙청문肅淸門, 동북을 일러 홍화문弘化門(속칭 동소문東小門), 정동을 일러 홍인문興仁門(속칭 동대문東大門), 동남을 일러 광희문光熙門(속칭 수구문水口門), 정남을 일러 숭례문崇禮門(속칭 남대문南大門), 숭례문에서 조금 북쪽에 있는 문을 일러 소덕문昭德門(속칭 서소문西小門), 정서를 일러 돈의문敦義門, 서북을 일러 창의문彰義門이라 하였다.

일단 문의 명칭이 이후 '숙청문'이 '숙정문'으로, '홍화문'이 '혜화문'으로, '소덕문'이 '소의문'으로 바뀌었음을 알아둬야 한다. 정동에 있는 문의 이름이 '흥인문'이지 '흥인지문'이 아님도 가볍게 확인해두자.

먼저 도성문 이름의 순서를 정북에서 시작하여 동북, 정동, 동남, 정남, 소북, 정서, 서북 순으로 시계 방향으로 돌아가며 소개하고 있음을 주목할 필요가 있다. 백악 정상부터 도성의 구간을 600척씩 나누고 천자문 순서대로 자호字號를 매긴 것과 관계가 있지 않나 생각된다. 그런데 소덕문을 '서남西南'이라 하지 않고 '소북小北'이라고 한 점이 눈에 띈다. '소북'이라는 표현은 숭례문에서 조금 북쪽에 있는 문이라는 뜻으로 이해된다. 실제 배치된 문의 방위로 볼 때 숭례문이 서남에 해당되므로, 소덕문을 '서남'이라 하지 않고 '소북'이라고 하지 않았나 생각한다. 그만큼 숭례문에서 가까우며 깊은 관계를 갖고 있다는 뜻이 들어 있다고 하겠다.

여덟 개의 문 가운데 정동에 있는 흥인문의 속칭을 동대문, 정남에 있는 숭례문의 속칭을 남대문으로 명기하였다. 흥인문과 숭례문 두 문만을 대문으로 불렀고, 돈의문을 서대문으로, 숙청문을 북대문으로 부르지 않았다. 마찬가지로 동북의 홍화문을 동소문, 숭례문 소북의 소덕문 두 문만을 서소문으로 불렀다. 남소문과 북소문은 없었다. 결국 태조 연간에는 사대문, 사소문이라는 인식도 표현도 없었다고 보아야 할 것이다.

태조 대에 붙인 도성문 이름에는 유교에서 말하는바 사람이 갖추어야 할 네 가지 덕목인 사단四端, 곧 인의예지仁義禮智를 적용하였음이 드러난다. 다만 북쪽 문에는 '지智'를 적용하지 않아 예외를 두었다. 이것을 확대 해석할 필요는 없다고 생각한다. 인의예지는 그저 동서남북 방위를 나타내기 위한 표지로 적용한 것이지 숭례문은 예를 숭상하는 문, 흥인문은 인을 흥하게 하는 문 등으로 설명하는 것은 너무 기계적인 해석이다.

《태조실록》으로부터 50년 정도 뒤에 편찬한 《세종실록지리지世宗實錄地理志》의 경도한성부京都漢城府 조에도 도성의 문에 대한 내용이 다음과 같이 기재되어 있다.[15]

정동을 일러 흥인문, 정서를 일러 돈의문敦義門, 정북을 일러 숙청문肅淸門, 동북을 일러 홍화문弘化門(곧 동소문東小門), 동남을 일러 광희문光熙門(곧 수구문水口門), 서남을 일러 숭례문崇禮門, 그 조금 북쪽에 있는 문을 일러 소덕문昭德門(곧 서소문西小門), 서북을 일러 창의문彰義門이라 한다.

도성 문들을 열거하는 순서가 바뀌었다. 정동 흥인문과 정서 돈의문을 먼저 꼽고, 그 다음 시계 방향으로 돌아가면서 정북 숙청문, 동북 홍화문, 동남 광희문, 서남 숭례문, 소북 소덕문, 서북 창의문을 열거하였다. 기준이 뚜렷하지는 않으나, 먼저 동서축을 잡고 그 다음 나머지를 시계 방향으로 배열한 것이 아닌가 짐작된다.

홍화문을 동소문, 소덕문을 서소문이라고 한다는 내용은 있는 데 비해서 숭례문을 남대문, 흥인문을 동대문이라고 한다는 내용은 빠졌다. 숭례문은 정남에 있는 것으로 인식하지 않고 서남에 있는 것으로 인식한 점도 숭례문의 위상을 낮게 평가한 것으로 생각된다. 왜 이렇게 기재하였는지 단정하기는 어려우나, 《세종실록지리지》는 좀 더 엄격한 서술 원칙을 지켜 속칭이나 별명을 싣는 것을 절제하였기 때문이 아닌가 추정된다.

**'사대문'도,
'사소문'도 없었다**

위 두 기사를 종합해 볼 때 조선 초기에는 대문과 소문의 구별은 있었으나, 오늘날 흔히 말하고 있는 것처럼 '사대문과 사소문'으로 인식하지는 않았다고 보아야 한다. '사대문'이라는 용어는 실록이나 법전에서 간간이 찾아볼 수는 있으나 정작 그 네 대문에 해당하는 것이 어떤 문인지 밝힌 경우는 거의 없다. 막연한 생각으로 사대문이라는 말을 쓰는 정도였다.

정서 방향에 있는 문, 돈의문은 정작 어디에 있던 문인지 그 실체도 모호한 점이 있다. 《태조실록》에는 정서에 있는 문을 돈의문이라고 하였다. 그러다가 1413년태종 13에는 상왕 정종의 거처인 인덕궁仁德宮 앞에 새로

서전문西籥門을 냈다.[16] 장의동문藏義洞門과 관광방觀光坊 동쪽 고갯길을 막아서 경복궁의 좌우 팔에 해당하는 이곳의 지맥을 완전하게 하라는 풍수학생風水學生 최양선崔揚善의 상서上書를 따른 것이었다. 서전문을 내기 전에 막았다고 하는 장의동문이 창의문인지 아니면 다른 문인지는 명확하지 않다. 이후 10년 가까이 지난 1422년세종 4 도성을 새로 고칠 때에 다시 서전문을 막고 돈의문을 설치하였다.[17] 이전의 서전문은 헐어 없앴는지 아니면 그대로 두고 필요할 때 출입하였는지는 알 수 없다. 다만 세종 대에 새로 지은 돈의문을 '신문新門', 혹은 '새 문'이라고 한 것이 오늘날까지 이어져 신문로, 새문안 등의 이름에 남아 있다.

다시 말하지만 조선시대에는 '서대문'이나 '북대문'이라는 말 자체가 거의 쓰이지 않았다. 돈의문을 속칭으로 서대문으로 불렀다는 기사가 전혀 없지는 않으나 의미를 두기 어려울 정도로 드물다.[18] 숙정문은 거의 북대문으로 부르지도 인식하지도 않았다. 그러니 '사대문'이라는 말도 거의 쓰이지 않았다.

'사대문'에 비하여 '사소문'이라는 말은 더욱 용례조차 찾기 어렵다. 소문은 혜화문을 '동소문', 소의문을 '서소문'이라고 불렀을 뿐, 창의문을 '북소문', 광희문을 '남소문'이라고 부른 적은 없다. 남소문南小門은 광희문과 별도의 문으로 오늘날 국립극장에서 한남동으로 넘어가는 고개에 있었던 문인데 1469년예종 1에 폐쇄하였다.[19] 이 남소문은 거의 잊힌 문이 되어 숙종 연간에는 광희문과 혼동되기도 하였고, 이 문을 다시 여는 문제로 논란을 벌이기도 하였다.[20]

남소문의 존재를 인정하면서 도성의 문을 아홉으로 인식하던 시기가 있다. 《예종실록睿宗實錄》에서부터 "도성구문都城九門"이라는 표현이 나타난다.[21] 도성을 잘 모르는 사람들이 오인한 것이 아니다. 현종 대 훈련도감 대장인 이완李浣이 올린 장계에도 여러 차례 그렇게 나오는 것으로 보아 상당히 널리 공유되던 공식적인 인식이었다고 할 수 있다.[22] 영조 연간까

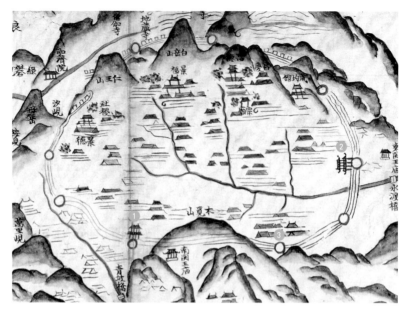

〈한성전도〉,《고지도첩》(부분) ¹ 도성을 셋 혹은 네 겹의 선으로 표기하고, 거기에 도성문을 표기하였다. 숭례문(1)과 흥인문(2)만 2층으로 문루가 묘사되었고, 나머지 문들은 동그라미로 그렸다. 동소문(3)도 포함되었다. 도성을 고쳐 지은 숙종 이전의 모습을 보여준다.

지도 간간히 "도성구문"이라는 기록이 나타난다.[23]

하지만 도성의 성문을 아홉으로 보는 것보다는 여덟으로 보는 인식이 지배적이었다. 숙종 연간에 남소문을 여는 문제로 논란을 벌이면서 도성의 문을 여덟 개로 보아야 한다는 주장이 제기된 예가 그런 경우이다.[24] 정조 대에도 도성 문을 여덟으로 보는 생각이 널리 퍼져 있었다.[25]

《육전조례六典條例》는 고종 초년에 편찬된 법전이다.《대전회통六典條例》과는 또 다른 차원에서 국가 경영 체계를 정리하였다고 할 수 있다. 그 성지城池조에 경성京城에 대한 내용이 나온다.[26]

경성의 둘레는 89,610척이고 높이는 40척 2촌이다. 여덟 문이 있다. 정남을 일러 숭례문, 정북을 일러 숙정문, 정동을 일러 흥인문, 정서를 일러 돈의문, 동북을 일러 혜화문(국초에는 홍화문이라고 하였는데, 창경궁의 동문도 홍화문이라고 하므로 중종 신미년1511, 중종 6에 지금 이름으로 고쳤다), 서북을 일러 창의문, 동남을 일러 광희문, 서남을 일러 소덕문(지금 이름은 소의문이다. 영종 갑자년1744, 영조 20에 성문에 문루가 없는 곳에 모두 문루를 세웠다)이라 부른다.

여기서는 도성 문을 여덟이라 명기하였다. 남소문은 정식 문으로 인정하지 않은 것이다. 문을 소개하는 순서를 정남의 숭례문, 정북의 숙정문, 정동의 흥인문, 정서의 돈의문 순을 먼저 설정하였다. 남북을 기본 축으로 삼고 동서축을 부가한 것으로 보인다. 그 다음 동북 혜화문, 서북 창의문, 동남 광희문, 서남 소의문 순으로 제시하였다. 연혁을 주로 부기하면서 옛 이름을 밝힌 것을 보면 고종 초년의 도성문에 대한 인식을 반영하는 데 중점을 두기보다는 과거의 모습을 존중하였음을 알 수 있다.

이렇게 시기가 내려갈수록 도성의 문을 여덟으로 소개하는 자료들이 공식화하였지만, 이는 공식적으로 이름을 갖고 있는 문을 가리키는 것일 뿐 실제 도성에 문이 여덟 개만 있었음을 증명하는 것이라고 보기는 어렵다. 암문도 위치를 정확히 알 수는 없지만 있기는 있었을 것이다. 결국 도성에 문이 모두 몇 개가 어디 있었는지는 명확하게 말하기 어렵다.

도성문을 대문과 소문으로 구별한 것은 태조 대부터 있었던 일이나, 도성문들이 모두 대문 아니면 소문으로 분류되지는 않았다. 대문의 경우 숭례문이 남대문, 흥인문이 동대문으로 불렸을 뿐이다. 소문 역시 서소문으로 불린 소의문과 동소문으로 불린 혜화문 둘뿐이다. 나머지 돈의문, 창의문, 숙정문, 광희문은 대문도 소문도 아니었다. 그러나 위계가 없는 것은 아니었다. 특히 돈의문은 명확하지는 않지만 대문과 소문 사이의 위계를 갖는 것으로 받아들여졌다.

정문과 간문   이러한 명확하지 못한 도성문의 위계에 조선 후기에 들어서 정문正門과 간문間門이라는 새로운 개념이 등장하였다. 정문이라는 명칭은 일반적으로 어떤 공간의 정면에 있는 주된 출입문 혹은 삼문三門 중 가운데 문을 가리키는 뜻으로 쓰였다. 간문은 '정문 외에 따로 드나들도록 만든 작은 문'이라는 뜻으로 널리 쓰였다. 하지만 조선 후기에 나타난 정문과 간문은 이러한 일반적인 뜻과는 전혀 다른 뜻으로 바뀌어갔다. 특히 도성에서 정문과 간문은 특정한 문들을 가리키게 되었다.

정문과 간문이라는 용어는 영조 대부터 나타나기 시작하였다.[27] 도성을 고치고 문을 정비한 뒤에 그 관리 체계가 새삼 정비되면서 문을 열고 닫고 할 때의 중요성을 중심으로 인식한 결과로 보인다. 도성문을 이렇게 정문과 간문으로 구분하는 방식은 정조 대에 이르러 확고히 자리 잡았다.[28] 정문, 간문 등의 용어는 조선 초기에 편찬된 《경국대전經國大典》이나 영조 대에 증보된 《속대전續大典》에는 보이지 않는다. 그 시기까지 편찬되는 다른 법전들에서도 찾을 수 없다. 도성과 그 문들이 법적 관리의 대상이 아니었기 때문이라고 할 수 있다.

이러한 용어들이 처음 등재된 법전은 정조 연간에 편찬된 《대전통편大全通編》이고,[29] 마지막으로 정리된 내용이 고종 초년에 편찬된 《육전조례》에 나타난다. 《육전조례》에는 정문과 간문을 열고 닫는 절차를 규정하고,[30] 더 나아가 다음과 같이 도성의 문들을 정문과 간문으로 각각 넷씩 특정하였다.[31]

> 네 정문(숭례문, 흥인문, 혜화문, 돈의문)에는 호군과 부장 각 한 사람이 입직한다. … 네 간문(창의문, 숙정문, 소의문, 광희문)에는 부장 각 두 사람, 목멱산 봉수와 오간수문에는 부장 각 한 사람이 입직한다.

이 기사에 따르면 숭례문, 흥인문, 돈의문, 혜화문은 정문이었고 소의문, 광희문, 창의문, 숙정문은 간문이었다. 특히 주목할 점은 혜화문이 정문에 포함되었고, 숙정문이 간문으로 들어가 있다는 사실이다. 정문과 간문은 관념적인 분류가 아니라 실제 출입하는 사람들의 수효 등 현실적인 관리의 중요도에 따른 분류였던 것으로 이해된다.

도성의 문들 가운데 숭례문과 흥인문은 가장 격이 높은 대문이자 정문이었다. 돈의문은 대문도 소문도 아니었다가 나중에 정문으로 인식되었다. 혜화문은 소문이자 정문이었다. 소의문은 소문이자 간문이었다. 광희문, 창의문, 숙정문은 대문도 소문도 아닌 문으로 있다가 조선 후기에 간문으로 인식되었다. 대문과 소문이라는 용어는 법적인 규정이라기보다는 일반의 인식이 반영된 명칭에 지나지 않았을 뿐더러 모든 문에 적용되지도 않았다. 이에 비해 조선 후기부터 나타난 정문과 간문이라는 개념은 법적 규정이었을 뿐만 아니라 여덟 문을 포괄하였다. 도성의 문들은 법적으로 규정되면서 행정적, 군사적으로도 엄격하게 관리되었고, 위상에 차등이 생기면서 각자 독특한 특성을 더 분명히 갖추어갔다.

도성문 여닫기

인경에 닫고
바라에 연다

도성문은 늘 열어놓는 것이 아니라 밤에는 닫고, 낮에는 열었다. 도성문을 열고 닫는 것은 문을 지키는 장졸들 임의로 할 수 없었고, 반드시 상부의 지시에 따르게 되어 있었다. 상부의 지시는 상부에서 내려주는 표지가 있어야 가능하였다. 그 요건과 절차는 까다롭고 복잡했으며 시기에 따라 달랐다. 그 변화 과정은 찬찬히 살펴보지 않으면 이해하기 어렵다. 당대 관계자들조차도 이를 숙지하지 못해서 절차를 어기고, 그 결과 처벌을 받는 경우가 적지 않았다.

궁성문과 도성문을 열고 닫는 일은 연결되어 있었다. 궁성과 도성이 궁극적으로 지키고 보호하는 대상이 임금이요, 양쪽 다 관리를 주관하는 관서가 궁궐 안에 있었다. 도성문을 열고 닫는 업무를 이해하려면 궁성문을 열고 닫는 일을 함께 보아야 한다. 조선 초기《경국대전》의 규정을 보면 다음과 같다.[32]

> 궁성문은 초혼初昏에 닫고 평명平明에 연다. 도성문은 인경[人定]에 닫고 바라罷漏에 연다. 궁성문은 주서注書가 도총부都摠府 당하관 및 사약司鑰과 같이 열고 닫는다. 승지에게서 약시鑰匙를 받고 다시 승지에게 납부한다. 도성문은 호군護軍과 오원五員이 열고 닫는다. 근무를 교대할 때는 약시를 병조에서 받고 병조에 납부한다. … 시기가 되어서 계啓를 올릴 일이 이르면 호군 및 오원이 문틈으로 받아서 급히 궁궐 문으로 가서 계를 올린다.

먼저 열고 닫는 시각을 주의 깊게 볼 필요가 있다. 문을 여닫는 시각에 두 문 사이에 선후가 있었다. 평상시 궁궐문은 초혼初昏에 닫고, 평명平明에 열었다. 초혼이란 해가 져서 어두워질 때를 가리키고, 평명이란 해가 돋아 밝아올 무렵을 말한다. 이에 비해 도성문은 인경[人定]을 치면 닫고, 바라[罷漏]를 치면 열었다.[33] 인경의 한자음은 '인정'이지만 관행적으로 '인경'이라 발음하였고, 바라도 한자음은 '파루'이지만 관행적으로 '바라'라고 발음하였다.

인경이란 종루의 종을 28번 쳐서 도성문을 닫음을 알리는 것이다. 28이란 숫자는 하늘의 별자리 28수宿를 가리킨다. 바라는 종루의 종을 33번 쳐서 도성문을 연다는 공지를 하는 것이다. 33이란 수자는 흔히 하늘의 수효 33천天을 가리킨다고 알려져 있다.

초혼, 평명, 인경, 바라는 오늘날 시각으로 몇 시 몇 분인가? 모두 해가 뜨고 지는 시각을 기준으로 하기 때문에 계절에 따라 그 시점은 바뀐다. 과거에 밤 시간을 재는 방식으로는 시각時刻과 경점更點 두 가지가 있었다. 시각 방식에 따르면 하루 24시간을 열둘로 균등하게 나누어 각 두 시간에 12지支로 이름을 붙였다. 예를 들면 자시子時는 밤 11시부터 새로 1시 사이 두 시간을 가리킨다. 두 시간을 다시 둘로 나누어 앞의 한 시간을 초初, 뒤의 한 시간을 정正으로 구별하기도 하였다. 자초子初는 11시부터 12시까지 한 시간을, 자정子正은 12시부터 1시까지 한 시간을 가리켰다. 또한 자초는 11시, 자정은 12시 시작 시각을 가리키기도 하였다. 각刻은 하루를 100으로 나눈 시간의 길이로 14.4분이나 흔히 쓰이지는 않았다.

궁성문과 도성문을 열고 닫는 시간은 경점을 따랐다. 경점은 밤 시간을 다섯으로 나누어 각 한 단위에 초경初更에서 오경五更까지 이름을 붙이고, 한 경을 다섯으로 나눈 하위 단위인 점點으로 시간을 표시하는 측정 방식이다. 경점은 계절에 따라서 낮과 밤의 길이가 달라짐에 따라 그 시각이 바뀐다. 인경은 1경 3점이 끝날 때, 바라는 5경 3점이 시작할 때 쳤다. 1경 3점이 끝날 때가 오늘날 시각으로는 몇 시 몇 분인가? 계절에 따라 밤낮의 길이가 변하므로 일정하지가 않다. 여름에는 늦고, 겨울에는 이르다. 인경을 치는 1경 3점이 끝날 때는 이미 밤이 되어 있는 때이므로 해가 저물기 시작하는 초혼보다는 늦다. 또 바라를 치는 5경 3점의 시작 시점은 아직 밤이 다 끝나지 않은 시점이므로 동트는 평명보다는 이르다.

궁성문을 닫는 초혼은 도성문을 닫는 인경보다 이르고, 궁성문을 여는 평명은 도성문을 여는 바라보다 늦다. 즉, 도성문을 궁성문보다 먼저 열고 늦게 닫은 것이다.

대문에 종을 달아
시간을 알리다

도성문과 도성문을 열고 닫는 시각을 재는 일은 궁궐 안의 보루각報漏閣에서 하였다. 이를 널리 도

보신각(왼쪽) | 운종가와 남대문로가 갈리는 모퉁이에 있던 단층으로 된 보신각. 보신각이라는 이름은 1895년에 붙였다. (모펫 컬렉션)

보신각 종(오른쪽) | 원래는 원각사종이었으나 원각사가 폐사가 된 뒤 보신각에 달려 시간을 알리는 용도로 쓰였다. 지금은 국립중앙박물관 정원의 보호각 안에 전시되어 있다.

성 전역에 알리기 위해 설치한 시설이 종루鍾樓였다. 1536년중종 31 4월에 종루의 종소리만으로는 부족하니 숭례문과 흥인문 두 대문에 정릉사貞陵寺와 원각사, 두 폐사廢寺의 옛 종을 달자는 주장이 제기되었다.[34] 이 주장은 임금 중종의 윤허를 받았다. 하지만 이 일은 가뭄으로 곧바로 시행되지 못하고 있다가 그해 7월에 가서 보루각 도감에서 다시 종각鍾閣을 세워 달 것을 건의하여 시행되었다.[35]

그러던 대문의 종들이 임진왜란을 겪으면서 제 기능을 잃어버렸다. 1594년선조 27 9월 임진왜란이 일어난 지 2년 반, 선조가 의주까지 파천하였다가 다시 서울로 돌아온 지 1년쯤이 되던 때 선조는 숭례문에 종을 달라는 명을 내렸다.[36] 아직 임진왜란이 그치지 않은 상황에서 숭례문의 종을 쳐서 경보를 알리거나, 인경과 바라를 알림으로써 전란으로 피폐해진 서울의 모양을 갖추고자 하는 의도였다. 이러한 기능은 1차적으로 종루의 종이 담당하는 것인데, 이 시기에 종루의 종은 깨져서 땅에 묻혀 있는 상태여서 그러한 기능을 담당할 수 없었다.[37] 그로부터 두 달쯤 뒤에 숭례문

의 종으로 인경과 바라를 치게 되었다.[38]

전쟁 중에 약간의 우여곡절은 있었지만 숭례문의 종은 제자리를 지키면서 인경과 바라를 알리는 몫을 담당하였다. 도성의 문, 특히 대문인 숭례문은 도성 내외 백성들의 출입뿐만 아니라 밤의 시간 생활을 통제하는 수단이기도 하였다.

문을 여닫는
사람들과 그 절차

궁성문을 열고 닫는 책임을 맡은 주서는 승정원에서 기록 업무를 담당하는 정7품 관원이다. 오위도총부五衛都摠府를 가리키는 도총부는 정2품 아문衙門으로서, 도총부의 당하관은 종4품의 경력經歷 네 자리와 종5품의 도사都事 네 자리가 있었다. 사약은 내시의 지휘를 받아 임금을 비롯한 왕비 세자 등을 측근에 돕는 잡직 관서인 액정서掖庭署 잡직 정6품 직책이었다. 이들은 모두 궁궐 안에서 근무하는 실무자들이었다.

약시는 옛날 자물쇠 밑에 뚫린 구멍에 밀어 넣어 여는 'ㄱ'자 모양의 열쇠이다. 문을 열고 닫을 때 궁궐 안에서 이들 셋이 승지에게서 열쇠 하나를 받아서 나와 열거나 닫고 다시 승지에게 반납하는 것이다. 작은 열쇠 하나를 셋이서 받아서 왔다 갔다 하는 이유는 혹시라도 잃어버리거나 함부로 다른 짓을 하지 못하게 방지하고자 하는 의도겠다.

도성문은 도성문을 지키는 호군과 오원이 근무하러 갈 때 병조에서 약시를 받아서 가지고 갔다가 근무를 마치고 들어올 때 가지고 들어온다. 만약 바깥으로부터 급히 임금께 올릴 계를 갖고 온 사람이 있더라도 도성문을 열지 않고 문틈으로 받아서 호군이나 오원이 궁궐로 갖고 가서 접수한다. 그만큼 도성문은 밤에 한 번 닫으면 웬만해선 열지 않았음을 알 수 있다. 그래도 급하게 도성문을 열어야 할 때가 없을 수 없다. 그때는 약시만으로는 열 수 없다. 열어도 된다는 징표를 궁궐 임금이 계신 대내로부터 받아야 열었다. 그 징표가 개문좌부開門在符였다.[39]

때가 아닌데 도성문을 열려면 궁궐 대내에서 개문좌부를 내려준다. 그 형태는 둥글다. 한 면에는 전서로 '신부信符'라고 그리고, 다른 한 면에는 전서로 '신부信符'라고 불로 지져 새겼다. 한가운데를 잘라서 호군 오원에게 오른쪽 반을 준다. 교대할 때 호군 오원은 그것을 병조에 납부한다.

도성문을 지키는 호군과 오원이 오른쪽 반을 갖고 있고, 문을 급하게 열어야 할 때는 궁궐 대내로부터 왼쪽 반을 갖고 오면 그 둘을 맞추어 보아서 짝이 맞으면 도성문을 여는 것이다. 이에 비해 궁성문은 표신標信을 써서 열고 닫는다.[40] 개문표신은 형태가 사각형인데, 한 면에 '개문開門'이라고 쓰고, 다른 한 면에는 임금의 싸인이랄 수 있는 어압御押을 새겼다. 폐문 표신도 같은데, 한 면에 '폐문閉門'이라고 썼다. 긴급할 때는 이 표신을 도성문을 열고 닫는 데 쓰기도 했다.

이런 경우
저런 경우
　　　　　　　궁성문이나 도성문을 여닫는 일이 닫을 때 닫고 열 때 열면 그만인 것은 아니었다. 규정 외에 특별히 열고 닫아야 할 상황이 생기게 마련이었다. 궁성문과 도성문을 열고 닫게 하는 최종 권한은 원칙적으로 임금에게 있었다. 그런데 임금이 도성을 떠나 다른 곳에 행차한 경우에는 어떻게 할 것인가? 문을 열고 닫으라는 명령을 누구로부터 받을 것인가? 영조 대 《속대전》에서는 임금이 거둥하였을 때의 상황이 규정되었다.[41]

궁궐문은 궁궐에 있는 대비나 왕비 또는 세자 가운데 한 사람에게 명령 내려주기를 청하여 거행하도록 하였다. 도성문을 열고 닫는 것은 이들 왕실 구성원이 명령을 내릴 사안이 아니라고 보았던 듯, 임금에게서 표신을 청하여 거행하였다. 그러나 임금이 표신을 청하기에는 먼 교외에 가 있는 경우에는 궁궐문이나 도성문이나 모두 대비나 왕비 혹은 세자의 명령을 청하여 거행하였다. 세자가 임금을 따라가지 않았다면 세자의 명령을 청하였다.

정조 대에 가서는 궁궐문과 도성문을 열고 닫는 데 좀 더 복잡한 여러 상황을 상정하여 이에 대한 대응 방식을 규정하였다.[42] 시간이 되어 문을 닫은 뒤에 어떤 사정이 생겨서 문 안에 머물러 있던 사람이 다시 열고 나가는 것을 유문留門이라 한다. 유문이 인정되더라도 범상하게 문을 열 수는 없었다. 문을 열어주라는 특별한 표지가 필요하였다. 그 표지가 선전표신宣傳標信이다. 선전표신은 버드나무를 둥글게 깎아서 그 표면에 붉은 색으로 이 표신을 갖고 가는 선전관宣傳官의 직위와 성명을 쓰고 '신信'자를 낙인하였다. 다른 한 면에는 임금의 인장인 어인御印을 찍었다. 이는 이 표신을 발행한 주체가 임금임을 드러내는 것이다.

선전표신을 내리는 주체는 임금이고, 임금에게 선전표신을 청하여 전해주는 담당 관서는 승정원이요 그 관원은 승지이다. 선전표신을 받아서 문으로 갖고 가서 문을 열도록 조치하는 관원은 선전관이다. 선전관은 선전관청宣傳官廳에 소속되어 임금을 측근에서 모시는 무신武臣 근시近侍로 조선 후기에는 당상관에서 참하관까지 약 20여 명이 있었다. 선전관이 선전표신을 갖고 간다는 것은 곧 이는 왕명이니 따르라는 뜻을 담고 있었다.

궁궐문과 도성문 다 닫은 뒤까지 궁궐 안에 남아 있던 사람을 대문을 통과해서 도성 밖까지 나가게 하기 위해서는 선전관 두 사람과 금군 한 사람 해서 세 사람이 움직여야 했다. 먼저 선전관 한 사람은 개문표신으로 궁궐문을 열게 하고, 도성의 대문을 열게 하기 위해서는 선전표신과 부험符驗이 동시에 있어야 했다. 도성의 대문을 여는 절차는 그렇게 어려웠다. 도성의 간문으로 나가는 경우에는 대문을 여는 데 필요했던 선전표신과 부험을 생략하고, 대신 개문표신만 있으면 가능했다.

어떤 관원이 궁궐 안이나 도선 안에서 일을 처리하는데 문을 닫은 뒤까지 있다가 나가야 할 사정이 생겼을 경우 문을 닫지 않고 기다려주는 것을 잉류仍留라고 한다. 어느 문을 잉류하게 하려면 선전관이 선전표신을 갖고 가서 그러한 명령을 전한다. 도성문까지 표신을 갖고 간 선전관은 그 사람이 나가기를 기다리고 있다가 성문을 지키는 책임자인 부장과 같이 문들 다시 잠근 다음 돌아와 절차를 마쳤음을 보고한다. 잉류는 대문이나 간문이나 같이 처리한다.

임금이 문을 드나들 때는 문을 열고 닫는 데 더욱 신중을 기하였다. 예를 들면 임금이 왕릉에 행차하여 밤을 새고 돌아올 경우가 그러하였다.[43]

임금이 왕릉에 행차하여 그곳에서 밤을 샐 때는 도성문을 닫고서 대기하다가 반드시 신전信箭과 표신標信을 함께 갖고 오기를 기다려서 대비의 명령과 부험을 내주기를 청하여 문을 여는 것을 허락한다.

신전信箭은 임금이 내주는 화살 형태의 징표다. 돌아오는 임금 쪽과 궁궐에 있는 대비 양측에서 징표를 갖춘 뒤에 도성문을 열었다. 이렇게 절차를 복잡하게 갖춘 까닭은 보안과 함께 의전을 갖추는 의미도 있었던 것으로 생각된다.

조선 말기의
도성문 개폐

조선 말기 고종 초년에 편찬된 《육전조례》에 오면 유문과 잉류에 대한 규정이 좀 더 상세하게 정비되었다.[44]

도성문의 유문은 정문正門인지 간문間門인지 따지지 않고 인경 전이면 문을 닫을 때는 폐문표신閉門標信을 사용하고, 문을 열 때는 개문표신開門標信을 사용한다. 인경 후에 문을 열 경우 정문은 선전표신 및 해당 문의 부험을 사용하고, 간문은 단지 개문표신만 사용한다. 잉류일 때는 선전표신을 사용하여 여는데, 부험은 문을 연 다음에 먼저 반납하고 표신은 문을 열고 닫고 하는 일이 다 끝난 후에 환납한다.

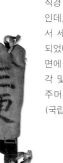

    도성문을 정문正門과 간문間門으로 구별하였다. 인경을 친 뒤, 곧 야간에는 문을 닫았다가 나갈 사람이 생기면 열어주는 유문일 때 정문은 선전표신과 부험을 사용하고 간문은 개문표신만을 사용한다. 문을 닫을 시간이 지난 뒤에 나갈 사람이 있어서 문을 닫지 않고 기다리는 잉류일 때는 선전표신을 사용하되 부험은 문을 연 뒤 먼저 반납하고 표신, 곧 선전표신은 열고 닫는 절차가 다 끝난 뒤에 되돌려 납부한다. 문장에 약간 차이가 있기는 하지만《대전통편》의 규정과 기본적으로 차이가 없다.

    도성문을 닫는다는 것은 당연히 빗장을 쇠사슬로 묶고 자물쇠를 채우는 것을 뜻했다. 그 자물쇠를 여는 열쇠를 관리하는 일도 엄격히 할 필요가 있었고, 그 절차가《육전조례》에 상세히 규정되었다.[45]

    도성의 일곱 문은 쇠사슬과 자물쇠는 매일 신시申時에 입직入直한 병조 경성색梗梐色의 낭청이 각 문의 수문군守門軍을 점고點考하고 내준다. 열쇠는 3경 1점에 창덕궁 단봉문을 지키는 군사를 시켜서 각 도성문 수문군의 성기省記를 받

《보인부신총수》중 개문표신(오른쪽)과 폐문표신(왼쪽) | 개문표신은 상아로 만들었는데, 전면에 "개문"
이라고 새기고 오른편에 "소신昭信"을 낙인하였다. 후면에는 어압御押을 새기고 붉은색을 넣었다. 폐문
표신은 전면에 "폐문"이라 새겼다. (서울대학교 규장각한국학연구원 소장)

아 들여서 점열點閱한 뒤에 내준다. 쇠사슬과 자물쇠 및 열쇠는 궁궐 문이 열
리기를 기다려 즉시 되돌려 반납받는다.

경성색梗性色은 궁궐 안에 들어와 있는 내병조에 소속되어 있는 부서로
서 쇠사슬 자물쇠 열쇠를 관리하였다. 도성문의 자물쇠 열쇠를 궁궐에 들
어와 있는 병조의 경성색에서 내주고 받고 하였다는 사실은 도성문의 관
리도 결국 임금의 권한에 귀결됨을 보여준다. 신시는 오늘날 시각으로는
오후 3시에서 5시 사이였다. 구체적인 시각은 계절에 따라 다르지만, 해가
지기 전에 문을 채울 준비를 시켰던 것이다. 나름 중요한 물건이니만큼 누

군지 확인도 하지 않고 내줄 수는 없었기에 성문을 지키는 군인인지 명단을 확인하고 내주었다. 낮시간에 쇠사슬과 자물쇠를 성문에 놓아두지 않고 아침이 되어 궁궐문이 열리면 반납하게 하였다.

궁성과 도성은 임금을 지키는 시설이었다. 문 안과 문 밖은 엄격히 구별되었다. 도성문은 신분의 고하를 막론하고 도성민들의 출입을 통제하는 장치였다. 궁궐문은 물론 도성문을 열고 닫는 절차를 까다롭고 엄격하게 하지 않을 수 없었다. 두꺼운 나무에 철갑을 입힌 도성문은 그만큼 무거운 의미를 갖는 것이었다.

도성에는 암문이 있었을까?

성에 암문이 없다면　　모든 성, 특히 산성에는 암문暗門이 있게 마련이다. 암문이 없으면 성 노릇을 제대로 하기 어렵다. 암문은 전투가 벌어졌을 때 적병 모르게 드나들기 위한 문이다. 평상시에도 땔나무를 조달하고, 물을 길어오고, 망보는 군졸들이 드나들기 위해서 암문은 필수적이다.[46] 18킬로미터가 넘는 도성에 문을 여덟 또는 아홉만 내면 문과 문 사이의 거리가 줄잡아서 2킬로미터 정도 된다. 건장한 남자 걸음으로 부지런히 걸어도 30분은 걸린다. 평지가 그렇고 산지라면 거의 한 시간이 걸린다.

그런데 도성의 문은 평지나 길이 통하는 고갯마루에 몰려 있다. 도성이 지나가는 구간은 산지가 더 길다. 돈의문과 창의문 사이는 인왕산, 창의문에서 숙정문 사이는 백악, 숙정문에서 혜화문 사이는 응봉, 광희문에서 숭례문 사이는 목멱산이 있다. 이런 문들 사이의 거리는 2킬로미터가 아니라 그 두 배, 아니 세 배는 족히 된다. 그것도 산지이다. 드나들 문을

돈의문 남쪽 도성 | 도성 안쪽에 지붕이 보이는 건물이 돈의문 문루이다. 도성이 끊어진 부분에서 밖을 내려다 본 장면이다. 성벽의 높이가 초가집의 두 배가 넘는다.

한 번 선택하는 데 심사숙고를 해야 할 지경이다. 어느 산비탈 도성 위에서 물건을 하나 떨어트리기라도 하면 그 노릇을 어찌할 것인가? 그 물건을 주우러 나가려면 어느 문으로 얼마나 가야 하나? 참으로 답답한 노릇이 아닐 수 없다. 이름 있는 문과 문 사이에 급하게 드나들기 위해서는 또 다른 문이 꼭 필요하다. 이것이 암문이다. 산지일수록 암문이 필요하다. 이름 있는 문과 문 사이에 암문이 하나만 있어서는 부족하다. 적어도 몇 개는 있어야 제 기능을 할 수 있다.

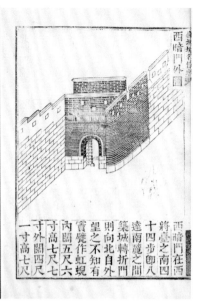

《화성성역의궤》 중 서암문 ┃ 화성에는 다섯 개의 암문이 있었는데, 그 가운데 서암문은 서장대 남쪽 44보 되는 팔달산 남쪽 기슭에 있었다. 지금도 남아 있어 운치를 더해주고 있다. (서울대학교 규장각한국학연구원 소장)

도성의 암문 기록이
없는 이유

이렇게 따지고 보면 도성에 암문이 여럿이 있어야 한다 싶다. 하지만 이상하게도 도성의 암문에 대한 기록이 거의 없다 할 정도이다. 화성이나 북한산성, 남한산성의 기록에는 암문의 수효가 나오고, 도면에 그 위치까지 표기된 경우가 있는데, 유독 도성의 암문의 존재와 위치 등에 대한 기록은 쉽게 찾아보기 어렵다. 그리고 보면 도성 자체를 알려주는 기록물도 있을 법한데 없다. 그 까닭이 무엇인가? 기록이 없는 터에 그 없는 이유를 밝힌 기록인들 있겠나? 추정을 해보는 수밖에 없다.

도성은 열려 있는 시설물이다. 왕도이자 수도의 외피이자 표상이다. 도성 내외에 사는 이들에게는 매우 익숙한 공간이다. 암문의 존재와 위치

타락산의 도성 | 타락산 능선을 따라 도성이 느릿느릿 흘러가고 있다. 사진의 왼편 5분의 1쯤 되는 지점
에 작은 문이 나 있는데, 아마도 예전에도 이쯤에 암문이 있었을 것이다.

목멱산 기슭의 암문 | 지금 도성의 곳곳에는 이런 암문들이 있다. 옛날에도 산지에는 암문이 있었겠으나, 도성을 복원한다고 하면서 정확하게 살려내지 못하였다.

를 굳이 알려주지 않아도 알 사람은 다 안다. 암문을 알아야 하고, 암문으로 드나들 필요가 있는 사람들은 특히 잘 안다. 그러한 가운데 역설적으로 암문은 숨겨야 하는 시설이다. 도성은 다른 산성들이나 읍성에 비해서 국제적으로 열려 있는 시설물이다. 외국 사신이 자주 드나드는 곳이다. 이름이 있는 문을 드러내 보이는 것이야 어쩔 수 없다 해도 굳이 암문의 존재와 위치 등 정보를 드러낼 필요는 없었다. 그 가운데서도 청나라 사신은 특히 신경 쓰이는 적성국의 스파이인 셈인데, 굳이 기록을 남겨서 외교적 시비의 소재를 제공할 필요가 없었다. 암문을 알려주는 기록을 남기지 않았던 가장 주된 이유는 도성의 보안을 위해서였으리라 추정된다.

암문에 대한 기록이 이렇게 드문 가운데 1748년영조 24 4월 25일자《승정원일기》의 기록이 주목된다. 이때 청나라에서 사신이 와서 일기에 쓰려고 하니 도성의 성문 및 이름 있는 산 이름을 일일이 적어달라고 요구하였다. 그러자 그들을 맞이하는 일을 맡았던 예조판서 이주진李周鎭이 임금과 고위 관료들이 임금께 입시한 자리에 참여하여 산 이름과 문 이름을 다 적어 달라는데 어떻게 하는 것이 좋겠냐고, 다 적어주는 것이 문제가 있지 않겠느냐고 보고하였다. 이에 영의정 김재로金在魯가 암문 이름을 적어줄 필요가 없고 도성의 네 문과 백악, 목멱 등의 산 이름을 적어주는 것이야 문제될 것이 없겠다는 의견을 내어 임금이 이를 허락하였다는 내용이다.[47]

  김재로가 말한 도성의 암문이 어떤 문을 가리키는지 분명하지 않다. 하지만 적어도 당시 임금을 비롯해서 고위 관원들이 도성의 암문의 존재를 알고 있었고, 그것을 청나라에 굳이 알리려 하지 않았다는 사실만은 확인할 수 있다. 이름 있는 문들이 대개 그 위에 문루를 얹은 번듯한 모습을 하고 있다면, 암문은 어디 있는지 밖에서 보아서는 잘 모르는 곳, 주로 산지에 숨어 있었을 것이다. 도성에도 그런 암문이 여럿 있었음에 틀림없으나 그 위치와 모습을 정확히 알기 어렵게 되었다. 1970년대 중반 도성을 복원한다고 공사를 하면서 암문에 대해서 세심하게 조사하고 살려내지 못한 탓이 크다. 그렇지만 지금 도성에 온전한 모습은 아니지만 암문으로 보아야 할 곳, 실제로 암문 노릇을 하는 문들이 몇 군데 있음을 유념할 필요가 있다.

2

도성문 돌아보기

으뜸가는 문, 숭례문

600년   숭례문崇禮門은 1398년태조 7 2월에 완공되었다.[48]
제자리를 지키다 하지만 이 태조 대의 숭례문이 그대로 유지되어
              온 것은 아니다. 1447년세종 29에서[49] 1448년세종 30
5월까지 낮은 지대를 돋우고 홍예문을 내고 문루를 건축하는 등 대대적인
공사를 거쳐 태조 대의 숭례문과는 전혀 다른 새 문으로 재탄생하였다.[50]
1479년성종 10에도 기둥을 다시 세우는 등 크게 고치는 공사를 하였다.

숭례문은 임진왜란과 병자호란의 전란 가운데서도 무너지거나 불에
타지 않았다. 그런데 도성과 도성문들은 외적의 침입을 막아내기 위한 방
어 시설이다. 그 외적이 서울까지 침범하는 상황에서도 멀쩡히 있었다는
것은 따지고 보면 문제가 있다. 숭례문이나 도성의 문제가 아니라 제자리

옛 숭례문의 위용(위) | 좌우에 성벽을 거느리고, 주위의 다른 건물들을 내려다보고 있다.(《조선고적도보》)
2013년에 복구된 숭례문(아래) | 육축 부분은 옛 모습을 유지하고 있다.

를 버리고 도주한 당시의 임금과 관료들, 장졸들에게 할 말이다.

조선 후기 숙종 대에서 영조 대 사이에 도성을 크게 고쳤고, 도성문을 다시 지었다. 다른 도성문들은 임진왜란과 병자호란을 거치면서 문루가 없어지고 육축과 홍예 부분도 크게 손상된 상태였다. 그러한 와중에도 숭례문과 흥인문은 무너지지 않고 본 모습을 유지하고 있었다. 그래서 다른 문들은 거의 새로 짓다시피 했는데 숭례문과 흥인문은 부분적인 보수는 하였겠지만 별다른 공사를 하였다는 기록이 없다. 숭례문은 조선 후기에서 대한제국기, 일제강점기를 지나 현대에 이르기까지 그렇게 제자리 제 모습을 지켜왔다. 숭례문은 도성과 서울의 역사를 오롯이 겪으며 지킨 문화유산이었다.

숭례문 안팎　　　　　숭례문 바깥은 대단히 넓은 길이었다. 길이라기보다는 광장에 가까웠다. 그러나 이렇게 넓은 길도 때로는 허름한 무허가 초가 건물들 탓에 좁은 길이 되기도 하였다. 이 건물들을 가가假家라고 하는데, 길가 점포들에서 물건을 쌓아놓기 위해서 불법으로 도로를 잠식한 것이다. 그러면 관청에서 나와서 이를 철거하고, 또 시간이 지나면 다시 잠식하고 그러기를 반복하였다.

숭례문 밖에는 남지南池라고 하는 연못이 있었다. 《세종실록》에는 남지를 판 이유를 다음과 같이 소개하고 있다.[51]

경복궁의 오른편 팔에 해당하는 곳이 산세가 낮고 미약하며 넓게 열려서 다 보이고 끌어안는 형세가 없다. 그래서 남대문 밖에 연못을 파고, 문 안에 지천사支天寺를 둔 것은 이 때문이다.

한마디로 지세를 보완하려는 목적이라는 것이다. 물론 그런 목적이 앞

〈남지기로회도〉(그림 부분) ¦ 1691년에 숭례문 밖에 있던 남지에서 열렸던 노년의 관원들의 모임을 그렸다. 아랫부분에 숭례문 문루와 여장이 보인다. (개인 소장)

섰겠지만, 연못 주위에 버드나무도 심고 안에는 연을 심어 경관을 아름답게 해주었을 것이요, 또 화재와 같은 비상시에는 물을 확보하려는 뜻도 있었을 것이다. 남지 곁의 건물에서 노인들이 계회契會를 하는 〈남지기로회도南池耆老會圖〉가 남아 있어 남지의 운치를 전해준다.

숭례문을 들어서면 길이 도성 한가운데로 향하여 가서 광통교를 건너 종루에 이른다. 그 좌우에는 행랑行廊이 줄지어 있어 시전市廛이나 관청의 창고 등으로 쓰였다. 이 행랑은 1414년태종 14에 지은 것으로서 한성부가 왕도이자 수도로서 면모를 갖추는 데 큰 몫을 하였다.[52]

한성부의 인구는 점점 늘어나서 세종 대에 이미 도성 안에 집터가 부족해서 흥인문, 광희문 밖으로 도시가 확장되었다. 숭례문 밖에는 이미 반석방盤石坊, 반송방盤松坊 같은 행정구역이 형성되어 있었다.[53] 조선 초기에

숭정전   숭례문

중화전　　　　　　　　　　　　광화문　　　　　　　　　　　　　　　황궁우

1903년 즈음 목멱산 서쪽 기슭에서 바라본 서울 전경 | 사진 중앙 약간 왼편에 숭례문이 우뚝 솟아 있다. 그 위로는 경희궁 숭정전을 확인할 수 있다. 1902년에 준공되었다가 1904년에 불탄 중층 지붕의 경운궁 중화전도 보이고, 더 오른편으로 가면 백악 아래 광화문과 그 앞길도 보인다. 오른편 끝에는 황궁우가 있다. (일본 학습원대학 동양문화연구소 소장)

무녀巫女들은 도성 안에 살 수도 없었고, 출입도 못하게 금지하였다. 그런데 세종 대에 유독 숭례문 밖 반석방, 반송방에 무녀들이 백성들과 섞여 살고 있으니 이들을 문밖 먼 곳으로 모두 옮겨가게 하라는 한성부의 보고에 따라 이들을 내쫓게 하였다.[54]

숭례문 밖은 그렇게 온갖 사람들이 섞여 사는 곳이었다. 무녀와 마찬가지로 승려들도 도성에 출입할 수 없었고, 도성 안은 물론 도성 인근에 사는 것도 금지되었다. 하지만 사람들이 종교에 기울이는 마음이 금지한다고 그대로 없어지지는 않는 법. 성종成宗 대에는 숭례문 밖에는 여승들이 기거하며 종교 행위를 하는 니사尼社가 생겨나 있었다. 이를 금하라는 주장이 반복되었지만, 완전히 없어졌는지는 의문이다.[55]

숭례문은 이렇게 안팎이 번잡하고 사람의 출입이 가장 빈번한 문이었다. 그런 만큼 무언가 사회적 불만을 품은 사람들이 그 불만을 표출하는 현장으로 자주 선택되었다. 불만의 표출 방식으로 조선 중기 이후 많이 등장한 것이 괘서掛書였다. 괘서는 널리 알리고자 하는 내용을 종이에 써서 잘 보이는 곳에 붙이는 것이다. 오늘날의 대자보라고 보면 되겠다. 그 대상이 지배층 일반이거나 특히 임금일 때 당시 양반 관료의 처지에서는 이를 흉악한 글, 흉서凶書라고 불렀다. 정국이 불안정하거나 사회적 동요가 심할 때, 이를테면 왕권에 대한 반발이 강했던 시기에 이런 괘서나 낙서가 자주 나타났다.

우뚝 솟은 숭례문　　숭례문은 만초천변에서 바라보면 고갯마루 위에 다른 건물들보다 우뚝 솟아 있었다. 가까이서 바라보면 더욱 위용이 있다. 높다란 육축이 좌우로 체성을 거느리고 있고, 체성은 양쪽이 바깥쪽으로 둥글게 돌아나가서 문을 감싸 안듯 하고 있다. 체성의 성돌은 세종 대의 돌들로 고풍을 풍긴다. 육축에는 매우 커다란 홍예문이 나 있고, 철편으로 덮인 문비가 육중하게 달려 있다. 육축 위에 정면 5간, 측면 2간에 중층지붕을 한 2층 문루가 높다랗게 올라앉아 있다. 좀 더 가까이 다가가서 올려다보면 문루 추녀 끝이 하늘로 비상하는 모습이 날렵하면서도 힘이 있다. 조선 당대에 이렇게 큰 건조물을 어디서 보았겠는가? 다른 데서는 볼 수 없는 건물로 그 위용은 보는 이들을 압도하는 힘이 있었다.

육축 위로 올라가는 계단은 성 안쪽에 양옆으로 나 있다. 그 계단을 올라가면 낮은 담장이 문루를 감싸고 있다. 좌우 측면에는 작은 협문夾門이 나 있고, 문 안으로 들어서면 가운데 넓은 마루가 깔려 있다. 그 마루 남쪽 편에 위층으로 올라가는 계단이 있다.

위층은 당연히 바닥이 마루로 되어 있다. 공포栱包와 가구架構가 매우 화려하게 짜여 있다. 사방 벽면은 나무판자로 된 창문이 달려 있어, 그것을 열면 빛이 쏟아져 들어온다. 그 창을 통해서 내다본 바깥 풍경은 아래에서 보는 것과는 사뭇 다르다. 멀리 보일 뿐만 아니라 거리와 골목, 줄지어 있는 건물들이 훤히 내려다보였을 것이다. 2층에 올라서 창문을 통해 내려다보아야 비로소 숭례문을 왜 이렇게 지었는지 그 저의를 조금이나마 깨닫게 된다.

숭례문 편액은
누구의 글씨인가?
'崇禮門'이라는 편액의 글씨는 여느 편액들과 달리 위에서 아래로 쓰여 있다. 이를 직서直書라 한다. '崇'자의 윗부분을 이루는 '山'자의 꼭대기가 불꽃 모양을 이루고 있는데, 이는 남쪽 관악산冠岳山의 화기火氣에 맞불을 놓기 위해서 그렇게 썼다는 설이 있다. 하지만 이런 이야기는 그저 민간의 설일 뿐 그 진위와 시비를 가릴 근거를 찾기는 어렵다.

그 근거를 찾으려면 먼저 누가 숭례문이라고 이름을 지었고, 누가 썼는지를 알아야 하겠는데 우선 이 부분부터 막힌다. 숭례문이라는 이름이 처음 등장하는 것은 1396년태조 5 9월 도성을 1차로 완공하고 문들의 이름을 지었을 때이다.[56] 이때 누가 이름을 지었는지 그 당시의 기록에서는 그에 관한 정보를 찾기가 어렵다. 19세기에 활동한 인물인 이규경李圭景이 쓴 《오주연문장전산고五洲衍文長箋散稿》의 〈숭례문대성전액변증설崇禮門大成殿額辨證說〉이라는 글에는 정도전이 지었다고 나온다.[57] 숭례문보다 한 해 전에 완공된 경복궁과 주요 전각들의 이름을 정도전이 지었음을 감안하면[58] 도성문의 이름도 정도전이 지었을 개연성이 있다.

그런데 정도전은 2년 뒤에 일어난 이른바 '제1차 왕자의 난'에서 이방원에게 패하여 죽음을 당하였다. 《태조실록》은 이방원이 임금이 된 뒤에 편찬되었기에 정도전에 관한 기사가 편파적으로 기술된 부분이 많다. 그런 맥락에서 도성문의 이름을 정도전이 지었다는 사실을 기록하지 않은 것은 아닌가? 그러면 경복궁과 그 전각들의 이름을 지은 사실도 기록하지 말았어야 하는데…. 결론은? 모르겠다. 무책임하지만 여기까지. 더 나아가는 것은 위험하다.

이름을 지은 사람이 확실히 드러나지 않는 터에 글씨를 쓴 사람이 드러나기를 바라는 것은 더 가망이 없다. 그럼에도 글씨를 쓴 사람이 누구라는 설이 분분하다. 요즘에 나타난 현상이 아니라 조선시대부터 그랬다.

첫째, 양녕대군이 썼다는 설이 있다. 조선 중기 이수광李睟光의 《지봉유설芝峰類說》에서부터 조선 말기까지 여러 문헌에 실려 있다. 숭례문 편액을 양녕대군이 썼다면 태조 연간 숭례문을 처음 지었을 때는 불가능하고, 1448년세종 30 숭례문을 다시 지었을 때일 것이다. 양녕대군 이제李禔는 태종 연간인 1418년태종 18에 세자에서 폐위되었으며, 도성 밖으로 쫓겨나 이천에 나가서 살았다. 1436년세종 18에 과천으로 옮겨졌고, 1437년세종 19에 서울 집으로 돌아왔다. 서울에 살기는 했지만 1448년세종 30 무렵에 양녕대군은 죄인의 신분에서 완전히 벗어났다고 할 수 없었다. 이 무렵 양녕대군이 세종의 측근에서 활동하지는 못하였다는 점을 감안하면 그가 숭례문 편액을 쓸 수 있는 상황이었다고 보기 어렵다.

둘째는 정난종鄭蘭宗이 썼다는 설이다. 정난종은 세조 대에서 성종 대에 걸쳐 활동했던 인물이다. 숭례문 편액을 정난종이 썼다는 주장도 이규경의 《오주연문장전산고》〈숭례문대성전액변증설〉에 나온다.[59]

숭례문 편액 글자는 세간에서는 양녕대군의 글씨인데, 임진왜란 당시 왜적이 이를 찍어 내려 유실되었다가, 난이 평정된 뒤에 남대문 밖 연지蓮池 근방에서 매일 밤 괴이한 빛이 나와서 그곳을 파보니 이 편액이 있어서 이를 다시 걸었다고 한다.
숭례문 편액은 정난종이 썼다. 그렇다면 국초에 걸었던 편액이 분명히 있었을 터인데, 양녕대군이 무슨 이유로 다시 썼단 말인가? 임진왜란이 지난 뒤에 괴이한 빛 때문에 다시 찾아 걸었다고 한다면 정난종 공이 어찌 다시 써서 걸었겠는가?
그렇지만 정난종 공은 세조 대의 인물로서 글씨를 잘 썼으므로 비석이나 현판, 종의 명문들을 왕명을 받아 많이 썼다. 그런즉 숭례문 편액도 정난종 공의 글씨가 된다고 말하는 것은 사실을 굽혀 말하는 것이 아니다. 또 그 자체를 살펴보면 곧 정난종 공의 서체임이 명확하다.
임진왜란 뒤에 왜군이 없애버린 것을 난이 평정된 뒤에 다시 찾아서 걸었다. 그것이 와전되어 양녕대군의 글씨라고 알려지고, 거기에 또 괴이한 빛이 나서 찾게 되었다는 이야기가 덧붙여진 것이다. 그렇기는 하나 예부터 명필이 땅에 묻히면 은은하며 괴이한 빛이 나는 것은 전해지는 사례가 있다. 정난종 공의 숭례문 편액도 명필이니 땅에 묻히어 빛을 냈다는 것이 이상할 바가 무엇이겠는가?

이규경이 19세기의 큰 학자임이 틀림없으나, 이 글은 문맥의 흐름이 어색하고 앞뒤가 잘 맞지 않는다. 숭례문 편액을 정난종이 썼다는 근거로 제시한 바는 거의 없다. 서체가 정난종의 서체라는 것뿐인데, 이는 보는 시각에 따라 달리 볼 수도 있다는 점에서 설득력이 약하다. 설사 정난종이 썼다 하더라도 그 이전에도 편액이 있었을 터인데 그것은 누가 썼는지는 설명을 하지 못하고 있다.

셋째 유진동柳辰仝이 썼다는 설이 있다. 고종 대 영의정까지 지낸 이유원李裕元이 쓴 〈벽려신지薜荔新志〉라는 글에 다음과 같은 내용이 전한다.[60]

> 숭례문이란 현판은 양녕대군의 글씨라고 세상에서 전하는데 이는 《지봉유설》에서 나온 말이다. 연전에 남대문을 중수할 때 양녕대군의 사손祀孫인 이승보李承輔 대감이 윤성진尹成鎭 대감과 함께 문루에 올라가서 판각의 개색改色한 것을 보았더니, 후판 대서後板大書는 공조판서 유진동의 글씨였다 한다. 아마 이것은 옛날 화재가 난 뒤에 다시 쓴 것인가 싶다. 유진동은 대를 잘 그렸으므로 호를 죽당竹堂이라 하였다.

유진동은 명종 대에 공조판서를 지냈다. 명종 대에 왜 숭례문 편액을 새로 썼는지 그 전후 사정을 알 수가 없다. 모든 자료는 당대 기록이 아니면 시기가 내려갈수록 신빙성이 떨어진다. 옛 기록이라는 것이 잡담, 이야깃거리를 수집하여 나열하는 형식이 많은데 이는 조심해서 보아야 한다. 먼저 편액을 쓴 사람이 한 사람이라는 생각부터 재고할 필요가 있다. 편액은 세월이 지남에 따라 바뀌어간다는 점을 고려해야 한다.

또 편액을 누가 썼는가가 그리 대단한 일이 아니라는 점도 함께 감안해야 한다. 상량문上樑文은 중요한 건물에 대해서 그 지은 내력과 좋은 기운이 깃들기를 바라는 축원의 내용을 담은 글이다. 상량문은 그 건물의 가장 높은 곳에서 서까래들을 받쳐주는 큰 나무 구조물인 종도리[樑]에 홈을 파고 집어넣는다. 건물을 짓는 공사가 거의 마무리될 무렵에 그 건물의 상량문을 지을 사람, 곧 상량문 제술관製述官과 상량문 글씨를 쓸 사람인 상량문 서사관書寫官, 그리고 편액에 건물 이름을 쓸 현판 서사관을 배정한

숭례문 편액(왼쪽) | 2008년 화재 때 구해낸 뒤 보수하여 다시 걸었다.
숭례문 편액 지덕사 탁본(오른쪽) | 양녕대군의 사당인 지덕사에 고종 연간에 뜬 숭례문 탁본이 보관되어 있다. (지덕사 소장)

다. 상량문 제술관이 가장 역할이 크고, 그 다음이 상량문 서사관, 마지막이 현판 서사관이다. 이렇게 보면 편액 글씨를 누가 썼는가는 그 건물을 이해하는 데 핵심적인 요소는 아니다.

　2008년 화재 이후 X-Ray 촬영 등으로 면밀히 조사한 결과 숭례문 편액은 200개가 넘는 조각들로 이루어졌음이 밝혀졌다. 편액 자체를 여러 차례 보수를 하였다는 뜻이다. 편액이 이렇게 보수되는 동안 글씨도 고쳐 쓰지 않을 수 없었다. 누군가 알 수는 없지만 태조 대에 처음 글씨를 써서 건 뒤에 글씨가 바래지거나 편액이 훼손되어 글씨에 손상이 가면 그때마다 고쳐 썼을 것이다. 고쳐 쓸 때 원래의 글씨를 완전히 지우고 다시 쓰지는 않고, 이를 존중하면서 최소한의 가필을 하지 않았을까 짐작한다.

아무튼 위에서 아래로 쓰인 저 글씨. 아니 아래서 위로 불꽃이 타오르듯 쓰인 저 글씨 '崇禮門'은 오랜 세월 우리의 눈에, 머리에, 마음에 깊이 새겨져 왔다. 저 글씨는 숭례문의 상징으로 앞으로도 길이 남을 것이다.

영조, 숭례문에서   숭례문에서는 다른 도성문에서는 한 바가 없는
헌괵을 행하다   특별한 행사가 열린 적이 있다. 1728년영조 4 4월
    19일 벌어진 헌괵獻誠이다. 헌괵이란 반역을 일으킨 적장들을 잡아 그 머리를 임금께 바치는 행사다. 당시 소론계 인물인 이인좌李麟佐 등이 영조가 임금이 된 것을 인정할 수 없다며 크게 군사를 일으켰다. 이를 무신란戊申亂이라 한다. 이에 영조는 오명항吳命恒을 도순무사都巡問使로 임명하여 그들을 진압하게 하였는데 그 군대가 승리를 하고 돌아오는 길에 영조가 나아가 그 군대를 위로하는 장소와 절차를 어디서 어떻게 할까 하는 것이 문제였다.

4월 15일 헌괵 장소를 어디로 할 것인가를 두고 길고도 팽팽한 논란이 벌어졌다.[61] 간단히 정리하면, 영조는 그 장소로 숭례문을 고집한 데 비해 영의정 이광좌李光佐를 비롯한 고위 관원들은 숭례문은 여러 문제가 있으니 창덕궁 돈화문으로 하자고 하였다. 다른 고위 관료들도 나서서 숭례문은 어려움이 많으니 돈화문이 좋겠다고 이광좌를 거들었으나 영조는 끝내 숭례문을 고집하였다. 임금이 고집을 부리는 한 관료들도 따를 수밖에 없었다. 결국 숭례문에서 헌괵을 행하였다. 그런데 임금이 문루에 올라 자리를 잡으니 그 앞의 면장이 가려서 위아래가 서로 보이지 않았다. 하는 수 없이 면장을 헐고 행사를 진행한 뒤에 다시 지었다.[62]

일을 형편을 따지면 돈화문이 더 편리하다고 고위 관료들이 이구동성으로 주장하는데도 영조는 헌괵의 장소로 왜 그렇게 숭례문을 고집하였

을까? 백성들에게 나는 임금이다, 나에게 반란을 일으키는 자들은 이렇게 된다는 것을 더 널리, 더 크게 알리고 싶었기 때문이 아닐까? 창덕궁의 정문인 돈화문보다는 도성의 정문인 숭례문이 더 공개적이고 상징적인 자리로 받아들여졌기에 숭례문을 고집한 것으로 보인다.

동쪽 대문, 흥인문

**숭례문에 버금가는
흥인문** 흥인문興仁門은 도성의 동쪽으로 출입하는 대문이자 정문이다. 도성의 서남쪽을 지키는 숭례문에 버금가는 문이다. 흥인문은 북으로 타락산이 끝나는 지점과 남으로 개천 사이에 있다. 도성의 한가운데를 동서로 가로지르는 운종가의 동쪽 끝이다. 흥인문을 나서면 숭신방崇信坊, 인창방仁昌坊 등 한성부의 행정구역이 확장되어 있었다. 숭신방, 인창방을 지나 동쪽으로 나아가 성북동천城北洞天을 건너면 보제원普濟院이라는 원이 있었고 거기서 동으로 더 나아가 중랑천 어간에서 동, 북으로 길이 갈라져 나갔다.

흥인문을 나서서 숭신방으로 지나 인창방으로 들어서면 대로의 남쪽 개천 가까운 곳에 상당히 큰 연못인 동지東池가 있었다. 대로를 따라가다 보면 길 남쪽에 동묘東廟, 곧 동관왕묘東關王廟가 있었다. 남묘에 이어 만든 두 번째 조성한 무신武神 관우를 모신 사당이다. 동묘 못미처 남쪽으로 길이 갈라져 나간다. 그 길과 개천이 만나는 곳에 걸친 다리가 영도교永渡橋였다. 영도교를 건너 동남쪽으로 쭉 가면 중랑천에 걸친 살곶이다리를 건너게 되었다. 이 길이 동남쪽에서 서울로 드나드는 사람들이 가장 많이 다니던 길이었다.

흥인문은 서울에서 동쪽으로, 나라의 중앙부 지역으로 드나들 때 가장

정선, 〈동문조도〉 | 흥인문
을 나가 먼 길을 떠나는 이
를 위해 안녕을 빌었다는 제
목이다. 흥인문 밖 오른편에
동지, 동관왕묘가 있다. (이
화여자대학교박물관 소장)

많이 이용하는 문이었다. 특히 임금들은 교외로 사냥을 나갔다가 들어올
때 대개는 흥인문으로 드나들었다. 또한 서울의 동쪽 경계를 이루는 산줄
기, 곧 양주의 홍복산에서 시작해서 수락산, 불암산, 용마봉, 아차산으로
이어지는 산줄기에는 조선 왕실의 왕릉들이 많았다. 그 줄기에 포함된 검
암산에는 태조의 건원릉健元陵을 조성한 이래 조선 말기까지 아홉 능이 들
어서서 오늘날 동구릉東九陵이라고 부르는 조선 왕실 최대의 왕릉군이 자
리를 잡았다. 그 산줄기에는 그 밖에도 태릉泰陵, 강릉康陵, 광릉光陵이 있다.
도성 가까이에는 정릉貞陵과 의릉懿陵이 있고, 멀리 벗어난 양주 지역에는
조선 후기에 능으로 지위를 올린 사릉思陵이 있으며, 오늘날의 남양주 금

흥인문 | 고종 대에 새로 지으면서 이전보다 훨씬 높아진 문루가 보인다. 옹성 바깥 길가에는 가가들이
들어섰다. 《조선명소》

곡에는 일제강점기에 조성된 홍릉洪陵 및 유릉裕陵이 있다. 자연히 임금이
이 능들에 참배하러 가는 능행陵幸이 잦았는데 그때마다 모두 흥인문을 통
과하였다. 이 능들에 묻힌 임금이나 왕비들의 장례는 모두 흥인문을 통하
여 나갔다. 임금이나 왕비만이 아닌 다른 지체 높은 왕실 구성원들의 장례
역시 흥인문을 통과한 경우가 있었다.

　흥인문이 있는 지역은 도성 전체를 보더라도 가장 낮고 평평한 곳이
라 문 안과 밖의 높이 차이가 없다. 흥인문은 그런 평지에 높고 넓은 육축
을 쌓고 그 위에 정면 5간, 측면 2간에 중층지붕을 하고 있는 문루를 지었
다. 그 모습은 숭례문에 못지않게 위풍당당하다.

　다만 문 바깥쪽에서 보면 흥인문의 전체 모습이 잘 보이지 않는다. 옹
성甕城이 가로막고 있기 때문이다. 옹성이란 문 바깥쪽으로 반원형의 성벽
을 한 겹 더 쌓은 것이다. 흥인문은 안팎의 지형이 평평하기에 공격하는

흥인문 야경 | 옹성이 문루 앞을 둥글게 감싸고 있다. 다른 도성문들에는 없는 방어 시설이다. 사진 오른편에는 2015년 새로 복원한 성벽이 보인다.

흥인문 문루 2층 내부(위) | 목조 구조가 화려하다.
흥인문 문루 1층(아래) | 한 쪽에 "흥인지문" 편액이 걸려 있다.

적군을 방어하는 데 취약점이 있었다. 이러한 약점을 보완하기 위해서 밖으로 방어 시설을 한 겹 더 두른 것이다.

옹성은 반원형으로 문을 감싸고 있기는 하지만, 옹성에도 사람들이나 말과 수레 등이 드나들 수 있는 출입구가 있어야 한다. 옹성의 출입구는 육축의 홍예문과 같은 일직선상에 배치하고, 그 위에 작은 문루를 만드는 것이 흔한 모습이다. 중국의 성문들이 대부분 그렇고, 수원 화성의 장안문長安門과 팔달문八達門도 그렇다. 그런데 흥인문 옹성의 출입구는 옹성의 북쪽 한 부분을 끊은 소박한 형식이다. 화성의 창룡문蒼龍門, 화서문華西門과 같은 형식이다.

흥인지문? 흥인문!　　흥인문의 정식 명칭은 '흥인문'이었다. 의미가 없는 동어반복으로 들리지만 진실이다. 그런데 편액에는 "흥인지문興仁之門" 네 글자로 쓰여 있다. 실록에는 흥인문은 대부분 흥인문이라는 이름으로 나타나고, 흥인지문은 아주 드물게 나타난다. 흥인지문은 《세조실록世祖實錄》에 한 번, 그리고 말기에 가서 세 번 나타나는 정도이다. 이에 비해서 흥인문은 전 시기에 걸쳐서 대략 90번 정도 나타난다. 《승정원일기》에도 흥인문은 《승정원일기》가 남아 있는 인조 대부터 전 시기에 걸쳐 634회 나타난다. 이에 비해 흥인지문은 443회 나타나는데 영조 이전에는 보이지 않다가 영조 대부터 보인다는 점이 특이하다.

매사에 호기심이 많았던 영조가 이 문제를 놓칠 리가 있겠는가? 1741년영조 17 4월 11일 창덕궁 희정당에서 열린 저녁 경연 자리에서 영조와 그 자리에 참여한 관원들이 나눈 대화에 영조의 관심이 잘 드러나 있다.[63]

영조 | "돈의문과 숭례문 두 문의 문액門額은 모두 단지 '돈의문敦義門', '숭례문崇禮門'이라고 썼는데 흥인문 문액만 홀로 '흥인지문興仁之門'이라고 썼으니 그

흥인문 편액 | 다른 도성문들의 편액과는 달리 정사각형 모양인 편액에 "흥인지문" 네 글자가 쓰여 있다.

뜻이 무엇인가?"

서명형徐命珩 | "'지之'자는 별 뜻 없이 덧썼는지 저는 그 뜻을 상세히 알지 못합니다."

영조 | "한림翰林은 아는가?"

황경원黃景源 : "저도 상세히 알지 못합니다."

영조 | "주서注書는 아는가?"

이기언李箕彦 (일어났다 엎드리며) "저도 상세히 알지는 못합니다만, 예전에 듣건대 수도의 동쪽 방향의 수구水口가 매우 허해서 별도로 곡성을 짓고 문액도 '지之'자를 덧썼다고 합니다. 한 글자를 더 쓰고 덜 쓰고 하는 것이 수구가 허술한 것과 아무 관련이 없을 듯한데, 선배들의 말이 이와 같습니다."

영조 | "주서가 아는 바가 옳다. 이 설은 진정 그렇다."

마지막으로 영조가 말한 바 '이 설은 진정 그렇다'는 말이 무슨 뜻인지 명확하지는 않으나 주서 이기언이 말한 내용에 동의한다는 뜻으로 읽힌다. 곧 '지之'자를 덧쓴다고 해서 이 일대의 지세가 허한 것을 보탤 리는 없는데 그저 말이 그렇다는 의견에 대한 동의다. 여기서 '지'자는 별 뜻이 없는 글자다. 있어도 그만 없어도 그만인데, 편액을 쓴 이가 덧붙였다. 그 편액을 쓴 사람이 누구인지, 언제 그랬는지도 밝혀진 바 없다. 우리는 그저 이 문의 본 이름이 흥인문임을 알고, 다만 언제부터인가 편액에 "흥인지문"이라고 쓰여 있기에 흥인지문이라는 이름도 잘못된 것이라고 할 수는 없다는 정도로 받아들이면 될 듯하다. 거꾸로 흥인지문이라고 하지 않으면 큰일 나는 것처럼 받아들이지는 말았으면 좋겠다.

새 문, 돈의문

서북대로의 기점   돈의문敦義門은 도성의 동서를 가로지르는 간선 도로인 운종가의 서쪽 끝에 자리 잡고 있었다. 종루에서 운종가를 따라 서쪽으로 곧바로 진행하면 경희궁慶熙宮의 흥화문興化門이 나왔다. 흥화문에서 남으로 살짝 돌아나가 궁성을 따라가면 돈의문이 있었다. 돈의문을 나서면 내리막길이 서쪽으로 뻗어나가 만초천과 만나고. 경교京橋라는 다리를 건너면 오른편에 경기감영京畿監營이 널찍하게 자리 잡고 있었다. 경기감영을 지나면 네거리가 나왔다. 오른편으로 돌아 북쪽으로 나가는 길이 무악재를 넘어 개성 평양을 지나 의주로 이어지는 서북대로였다. 오늘날의 의주로다.

그 길을 따라 북으로 조금 올라가다 보면 왼편, 그러니까 서편에 서지西池라는 큰 연못이 있었고, 조금 더 올라가면 중국 사신을 맞이하는 모화

관이 있었으며, 또 조금 더 올라가면 길 한가운데 영은문迎恩門이 있었다. 영은문을 나서면 무악재를 넘게 된다.

돈의문을 통해 도성 밖에서 안으로 들어서는 길은 숭례문으로 통하는 길보다는 가팔랐다. 돈의문은 그 고갯마루에 자리 잡고 있었는데, 문밖 길은 가가가 침범하여 큰 가마는 다니기 어려울 정도로 좁아지는 때가 많았다. 돈의문은 임진왜란과 병자호란을 거치면서 다른 도성문들과 같이 문루가 없어진 상태였고, 1711년숙종 37에 다시 지으면서 숭례문이나 흥인문

돈의문 | 돈의문의 북측 성벽 위에서 남으로 바라본 장면이다. 도성의 왼편이 성 안, 오른편이 성 밖이다. 사진 우측의 도성 안에는 높이 솟은 프랑스공사관이 보인다. (에밀 부르다레 사진, 1904년)

보다는 작게 만들었다. 그렇지만 돈의문으로 임금이 통과하는 때가 있었다. 임금이 정식으로 드나드는 문은 숭례문이었지만 임금이 도성을 나갔다가 급하게 되돌아와야 하는 경우에는 돈의문을 이용하기도 하였다. 임금이 중국 사신을 맞으러 모화관에 갔을 때 그런 경우가 많았다.

또 도성의 서쪽으로 나가는 임금과 왕비, 고위 왕실 가족의 장례 행렬은 숭례문으로 나갔고, 그 이하 대부분 사람들의 장례 행렬은 소의문으로 나갔다. 그런데 고종의 생모 여흥부대부인驪興府大夫人 민씨閔氏의 경우처럼

돈의문 | 가가들이 돈의문 밖으로 나가는 도로를 침범하였다. (다케이치 하야시 사진, 1890년경)

숭례문으로 나가기에는 지체가 낮으나 그렇다고 소의문으로 나가는 것은
예우가 부족하다고 느꼈을 때 돈의문으로 나가기도 하였다. 돈의문은 대
문과 소문 중간쯤의 위상을 갖는 문이었다고 할 수 있다.

동북으로 가는 혜화문

드나드는 사람이
많았던 소문

1743년영조 19에 도성문들의 문루를 다시 지을 때
가장 마지막으로 지은 문이 혜화문惠化門이다.
1738년영조 14 10월에는 그저 동소문으로 알고 있

혜화문 | 혜화문은 크기는 작았지만 통행량이 많아 조선 후기에는 정문으로 분류되기도 하였다. 도성문의 위엄과 분위기가 짙게 서려 있다. (헤르만 산더 사진, 1907년)

을 뿐, 그 문의 옛 이름이 혜화문인지 새삼스럽게 찾아보고서야 알 정도였다.[64] 1741년영조 17 4월 무렵에 가서도 영조는 혜화문이라는 문 이름에 대해 여전히 그 문이 어떤 문인지 물을 정도로 잊고 있었다. 그러다 1743년영조 19 11월 소의문의 문루 공사를 시작할 때 혜화문의 공사도 함께 시작하여 1744년영조 20 8월 28일에 공사를 마쳤다.[65] 혜화문은 소의문과 마찬가지로 그 크기와 제도를 3년 전에 다시 지은 창의문을 본으로 삼았다.

혜화문 밖에는 성북동천 양옆으로 꽤 넓은 벌판이 펼쳐져 있었다. 아마 조선 초기에는 이곳에 다야원多也院이라는 원이 있었는지 《세조실록》에는 그 앞 벌판에 논을 만들었다는 기사가 있다.[66] 임금들이 이곳에 들러 경치를 구경하기도 하고, 사냥을 하기도 하였다. 이 벌판을 지나면 오늘날 미아리 고개라고 하는 고개를 넘어 동북 지역, 곧 강원도와 함경도로

정선, 〈동소문〉 | 영조 대에
문루를 다시 짓기 전에 그린
그림으로 보인다. (고려대
학교박물관 소장)

가는 길이 나갔다. 역으로 멀리 함경도, 강원도에서 온 사람들이 도성으로
들어오던 문이 혜화문이다. 야인野人, 곧 여진족들이 도성에 들어올 때도
이 문을 이용하게 되어 있었다.[07]

　혜화문의 형태는 창의문을 비롯해서 다른 돈의문, 소의문 등 도성의
다른 작은 성문들과 크게 다르지 않았다. 육축에 홍예문이 나 있고, 그 위
에 단층 문루가 올라 앉아 있었다. 그런데 주위 지형과의 어울린 모습은
특별한 분위기를 자아내고 있었다. 높직한 고갯마루에 좌우로 성벽을 거
느리고 있는 형세는 특히 품위가 있었다. 문밖으로는 민가나 상점 건물이
그리 많이 들어서 있지 않아서 한적한 가운데 주막들이 듬성듬성 들어서
있었고, 멀찍이 성황당이 있는 정도였다. 아주 시가지도 아니고 그렇다고
산지도 아닌 적당한 분위기가 먼 길 온 동북 지역 사람들의 가슴을 설레

게 할 만했다.

혜화문을 들어서면 왼편, 남쪽으로 타락산 기슭은 백자동栢子洞이라는 골인데 양반들이 사는 동네였다. 더 들어오는 길은 북쪽에서 흘러내려오는 흥덕동천興德洞川을 건너 성균관 앞을 지나 창경궁 홍화문弘化門 앞으로 통하였다.

혜화문은 서울에서 동북방으로 통하는 소문으로서 동쪽의 대문인 흥인문을 보조하는 기능도 갖고 있었다. 흥인문으로 들어와야 하지만 그럴 형편이 되지 못할 때 혜화문을 이용하기도 하였다. 조선 후기 이후로 도성의 문들을 네 정문과 네 간문으로 구별할 때는 정문에 포함되었다. 그만큼 출입량이 많아서 중하게 관리되는 문이었다.

서소문, 소의문

본래 이름은 소덕문　태조 대 도성이 처음 완성되었을 때 소덕문昭德門이라고 불렸던 소의문昭義門은 임진왜란과 병자호란을 겪으면서 다른 도성문들과 같이 제 모습을 크게 잃어버렸고, 그 이름까지도 잃어버렸다. 1711년숙종 37 광희문과 돈의문을 다시 지을 때 소의문은 그 대상에 끼지 못하였고, 숙종 말년에 문루를 설치하려 하였으나 이루지 못하였다.[68]

1738년영조 14 영조가 소덕문이 어느 문인가를 묻고는, '소덕昭德'은 성종 대에 세조의 세자인 의경세자懿敬世子를 임금으로 추존하면서 그 부인을 왕비로 높일 때 올린 이름이기 때문에 문 이름을 바꾸어야 한다고 하였다.[69] 곧 이어 소덕문이 서소문임을 확인하고 예문과 제학으로 하여금 이를 개정하도록 하였다.[70] 하지만 이때는 논의에 그쳤다.

소의문 | 도성의 서삼문 중 하나인 소의문 밖으로는 시가가 이어져 있어 길이 넓지 않았다. (노르베르트 베버 사진, 1911년 이전)

1743년영조 19 11월에 문루를 짓는 공사가 시작되어 1744년영조 20 7월 말에는 건물 공사가 끝나서 현판 글씨를 쓸 준비를 하였고,[71] 8월에는 문루를 완성하였으며,[72] 10월에는 모든 공사가 끝났다.[73] 이때 이름도 소의문으로 고쳤다.[74] 1744년영조 20에 소의문을 재건할 때 그 규모와 형식은 1711년숙종 37에 지은 돈의문을 거의 그대로 본 땄다. 그 결과 두 문은 외형만을 보아서는 거의 구별이 되지 않을 정도였다. 옛 사진 중에는 찍혀 있는 문이 돈의문인지 소의문인지 구별하기 어려운 경우도 있다.

소의문은 남쪽으로 숭례문, 북쪽으로 돈의문과 가까운 거리에 있으면서 함께 삼문으로 불리는 등 서로 깊은 관련이 있었다. 특히 돈의문과 연계되어 있어서, 숙종 대에 임금이 경덕궁에 임어할 때는 그 가까이에 있는 돈의문을 닫아두었다. 그 때문에 도성 밖에서 경덕궁으로 가려는 자들이 소의문으로 들어와 도성 위로 다니게 되자, 도리어 질서를 잃게 되므

로 다시 돈의문을 열기도 하였다.[75]

소의문 밖에는 일찍부터 반석방이라는 행정구역이 설정될 정도로 도성 안의 시가지가 확장되어 있었다. 소의문을 나간 길은 숭례문에서 무악재를 넘어가는 대로를 만나고, 그 네거리를 지나면 만초천과 만나서 비교比橋라는 다리를 건너게 되어 있었다. 그 일대는 길이 이리저리 복잡하게 나 있었는데, 서쪽으로 곧바로 가면 아현阿峴과 대현大峴이라는 고개를 연달아 넘어 한강변의 포구들로 이어졌다. 이 길들은 사람은 물로 한강을 타고 올라온 각종 물산들이 도성으로 들어오는 통로였다. 자연히 소의문 밖 일대에서는 물건이 활발하게 거래되었다.

소의문 밖 사형장　　　소의문의 특성은 좀 으스스한 데 있었다. 소의문 밖은 죽음의 공간이었다. 첫째, 송장送葬하는 문, 그러니까 일반인들의 장례가 나가는 문이기 때문에 그러하였다. 도성에서 일반인들의 장례가 나가는 문은 이 소의문과 광희문 둘이었다.[76]

그런데 소의문은 단순히 장례가 나가는 문이 아니라 그 바깥에 사형 집행장이 있었다. 서울에서 형을 집행하는 장소에 대해서 1416년태종 16에 예조禮曹에서 임금께 보고를 올려 결정한 바가 있다.

"동대문 밖에서 사람들에게 형벌을 가하는 것은 실로 마땅하지 않습니다. 《서경書經》에 말하기를 '사社에서 죽인다. 사는 우측에 있다'고 하였습니다. 옛 제도에 따라 서소문 밖 성저십리城底十里인 양천 땅 옛 공암孔巖의 북쪽 가장자리로 통상적인 집행 장소를 다시 정하소서."

여기서 형벌을 가한다는 것은 주로 사형 집행을 가리킨다. 사형 이하 서울에서 멀리 격리시키는 유배流配, 노역형인 도형徒刑, 넓직한 몽둥이로

소의문 안쪽 ¦ 문 안에서 밖으로 내다본 장면이다. 홍예문 밖으로 보이는 산자락이 안산에서 용산으로 이어지는 산줄기이다. 저 산자락의 고개를 넘으면 한강변 포구로 이어진다. 《조선고적도보》

치는 장형杖刑, 가느다란 막대기로 때리는 태형笞刑 등은 각기 집행하는 장소가 별도로 정해져 있었다. 이 기사에 따르면 조선 초기 태종 대에는 홍인문 밖에서 형을 집행하였던 듯하다. 이를 도성의 서쪽으로 한강을 건너 양천의 공암 북쪽가로 옮기자는 주장을 한 것이다. 임금은 이를 따랐다.

하지만 한강을 건너 양천 공암까지 가서 사형을 집행하는 것은 매우 힘들고 불편한 일이 아닐 수 없었다. 나중에는 소의문 밖, 도성에서 가까운 곳으로 바뀌었다. 그 구체적인 장소는 당현唐峴이었다.[77] 지금 당현이 정확히 어디인지 확인하기는 쉽지 않으나 소의문에서 나가 한강에 이르기 전, 그리 멀지 않은 곳에 있었던 것으로 보인다.[78] 당현은 당고개堂古介라고도 하였다.[79]

꼭 당고개가 아니라도 소의문 밖은 죄수들의 목을 치고 효수하는 곳으로 자주 쓰였다.[80] 19세기에 천주교도들을 박해하여 처형한 곳도 소의문 밖이었다. 이를 추념하기 위해 그 장소가 내려다보이는 자리에 지은 성당이 약현藥峴성당이다.

장례 행렬이 나갔던 광희문

시구문? 수구문!　　　광희문光熙門은 도성의 동남쪽으로 통하는 문이었다. 숙종 연간에 도성을 고쳐 지으면서 새로 문루를 올리고 또 문의 모양을 다시 갖추는 공사를 함께 진행할 때 첫 번째 대상이 되었던 문이다. 광희문의 별명은 태조 대부터 수구문水口門이었다. 광희문은 서울의 동쪽 지역으로 나가는 장례 행렬이 나가는 문이라 폐쇄하기가 어려웠다. 그렇기에 수리 기간 동안에도 체성이 무너져 고쳐야 할 부분을 임시 문으로 내어 출입하게 하였다.[81]

1711년숙종 37 3월 광희문을 새로 고쳐 짓는 터에 문루를 짓되, 홍인문 및 숭례문과 같이 크게 하지는 말고 남한산성의 문과 같이 짓자는 의견이 제출되어 임금의 재가를 받았다.[82] 수구문은 4월 21일 좌우 문비를 달았고,[83] 6월 4일에 가서는 좌우 체성을 다시 지었으나 문루 공사는 재목을 마련하지 못하여 미루고 있었다.

그러던 중에 숙종이 광희문의 문루는 나중에 짓더라도 돈의문의 문루를 지으라는 명을 내리기도 하였으나,[84] 광희문 공사는 돈의문 공사와 함께 진행되어 돈의문보다 조금 앞선 1711년숙종 37 10월 29일 공사를 마쳤다.[85] 하지만 편액은 바로 써서 걸지 못하고, 1719년숙종 45에 가서야 행예조판서 민진후閔鎭厚가 실록에서 관련 기록을 찾아 광희문으로 편액을 써서 걸자는 제안을 하여 대리청정을 하던 세자의 승낙을 얻었다.[86] 그해에 광희문 편액을 써서 건 것으로 보인다.[87]

광희문(위) | 좌우의 성벽이 온전하다. (헤르만 산더 사진, 1907년)
현재의 광희문(아래) | 12미터 남쪽으로 옮기면서 한 쪽 성벽이 잘려나갔지만 육축은 예전 것을 살렸다.

조선 초기부터 광희문 밖 지역은 사람이 살 만한 넓은 터라서 숭례문 밖처럼 사람들을 살게 하자는 주장이 받아들여져 주거지가 조성되었다. 그렇지만 또한 도둑들이 많이 출몰하고 범죄가 자주 일어나는 곳이기도 하였다. 광희문을 나서면 살곶이 다리로 가는 길과 두모포豆毛浦로 이어지는 길이 연결되었다. 광희문은 또한 일반인들의 장례가 동쪽으로 나갈 때 경유하는 문이었다. 숙종 대 인현왕후와 왕비의 자리를 주고받았던 희빈 장씨의 장례 행렬도 이 문으로 나갔다.[88] 전 왕비로는 물론, 현 세자의 모친으로서도 대접받지 못했음을 가리킨다.

전염병이 크게 돌 때는 광희문에 시신들이 버려지기도 하여서 이 시신들을 수습하여 묻어주는 일이 큰일이었다.[89] 또 특별한 경우에는 죄인을 효시하기도 하였다.[90] 그렇지만 그것은 특별한 상황이고 평시에도 늘 그런 것은 아니었다.

조선왕조의 공식 기록인 조선왕조실록에는 이 광희문을 '시구문屍口門, 屍軀門, 尸口門'으로 불렀다는 근거가 될 만한 자료를 찾아볼 수 없다. 이 문을 시구문으로 부르는 기사는 일제강점기 가까이 되었을 때부터 아주 드물게 나타날 뿐이다. 이 문의 별명은 결코 시구문은 아니다.

자줏빛 노을이 물드는 창의문

풍류객의 출입문   창의문彰義門은 도성의 서북쪽을 지키는 문이다. 창의문도 다른 도성문들처럼 문루가 없어지고 망가져 있었으나 숙종 대에 다시 짓지는 못하였다.

그러다 영조 대에 문들을 다시 지을 때 가장 먼저 손길이 닿았다. 1741년영조 17 1월에 창의문의 홍예석 깨진 것과 문비를 고치다가 이어서 문루

창의문(위) ‖ 창의문은 지금도 문 자체는 큰 변화 없이 그 자리를 지키고 있으나, 주변에 도로들이 뚫려 환경이 크게 변하였다. (《조선고적도보》)

현재의 창의문(아래) ‖ 도성문들 가운데 옛 모습을 잘 지키고 있다. 2016년에 보물로 지정되었다.

를 짓는 공사가 이어졌다. 창의문 있는 곳의 지세가 높고 험준하므로 문루를 넓고 높게 지을 수 없으니 북한산성의 중성문中城門보다는 크고 돈의문보다는 낮게 지으라고 영조가 직접 기준을 제시하였다.[91] 호조와 병조의 낭청을 보내어 현장 조사를 한 결과 안쪽 홍예와 천장석이 빗물이 새어 들어가 틈이 벌어지고 좌우 가장자리의 층대석層臺石도 서너 층이 물러앉아 붕괴의 위험이 있는 것이 발견되어 공사의 범위가 커졌다.[92] 6월에 가서 문비를 달았고, 이어서 문루 좌우의 여장을 고치는 공사를 하였다.[93] 8월에는 공사를 감독한 관원들의 명단을 써 들이게 하였다는 기사로 보건대, 7월 어간에 공사가 마무리되었음을 알 수 있다.[94] 창의문 밖으로 나가면 백악과 북한산 사이에서 발원하여 서쪽으로 흘러가는 홍제천을 만난다. 이 홍제천변에는 세검정을 비롯한 경치가 좋은 곳이 많아서 도성 사람들이 놀러가는 곳으로 사랑을 받았다.

숙종에서 영조 대에 걸쳐 도성과 북한산성을 잇는 탕춘대성을 쌓으면서 탕춘대 일대가 성 안이 되었다. 그곳은 도성의 배후이면서 동시에 북한산성을 지원하는 군사 지역이 되었다. 이러한 변화에 따라 영조 대에는 탕춘대를 연융대鍊戎臺로 이름을 바꾸었다. 한강변에 있던 창고들이 이곳으로 여럿 옮겨왔고, 또 군대에 필요한 물자를 보관하는 새 창고들도 들어섰다. 그에 따라 군인들을 비롯해서 거주하는 사람들도 늘어나면서 제법 번듯한 동네가 되었다.

세검정에서 홍제천을 따라 상류로 올라간 지점에는 북단北壇이라고 하는 제단이 있었다. 기우제나 제사를 받지 못하는 원혼들을 위로하는 제사를 지내는 곳이었다. 이렇게 군사화가 되고, 또 제의 기능이 발전하면서 이곳 북교北郊는 임금이 친림하여 활쏘기를 하거나 친히 제사를 지내기도 하는 등 더욱 중요한 의미를 갖는 공간이 되었다. 그럴 때 창의문은 임금이 출입하는 문으로 쓰였다.[95]

현재의 숙정문 | 조선 후기 이후로 문루가 없었으나 1970년대에 다른 문들을 참고하여 문루를 새로 올렸다.

비를 부르는 숙정문

구색용 의식용　　　숙정문은 도성의 정북에 있는 문이다. 태조 대 처음 이름은 숙청문肅淸門이었는데, 연산군 대에 기존의 숙청문을 폐쇄하고 그 오른편에 새 문을 만들게 하였다는 기사로 보면 애초의 자리에서 옮겨진 것으로 보인다.[96] 그러면서 이름도 바뀌었는지 중종 초년부터는 숙정문肅靖門이라는 이름으로 기록에 나온다.[97] 그 뒤로는 숙청문과 숙정문이 함께 나오기도 하지만, 숙정문이라는 이름이 주를 이루게 되었다.

　　도성의 북쪽 백악 동쪽 자락에 있던 숙정문은 조선 후기 숙종, 영조 대에 다른 문들을 고칠 때도 문루를 다시 짓지 않은 상태로 남아 있었다. 어떤 지도에는 "숙정문 옛터[肅靖門舊址]"라고 표기되어 있는 것을 보면 문루만 없었던 것이 아니라 홍예문도 막힌 채로 있었던 것으로 보인다. 그러던 것을 1970년대 중반 도성을 복원한다고 할 때 문루를 올렸다. 지금 보는 모습은 원래의 모습이 어떠했는지 알 수 없는 상태에서 다른 문들을 참조하여 과감하게 만든 것에 지나지 않는다.

숙정문은 출입을 위한 문이라기보다는 구색을 갖추기 위해서 지은 문이었다고 할 수 있다. 숙정문을 나가도 바로 골짜기라서 큰길은 연결되지 않았다. 가뭄이 들었을 때 숭례문을 닫고 대신 여는 의식용 문으로 자주 등장할 뿐이다.

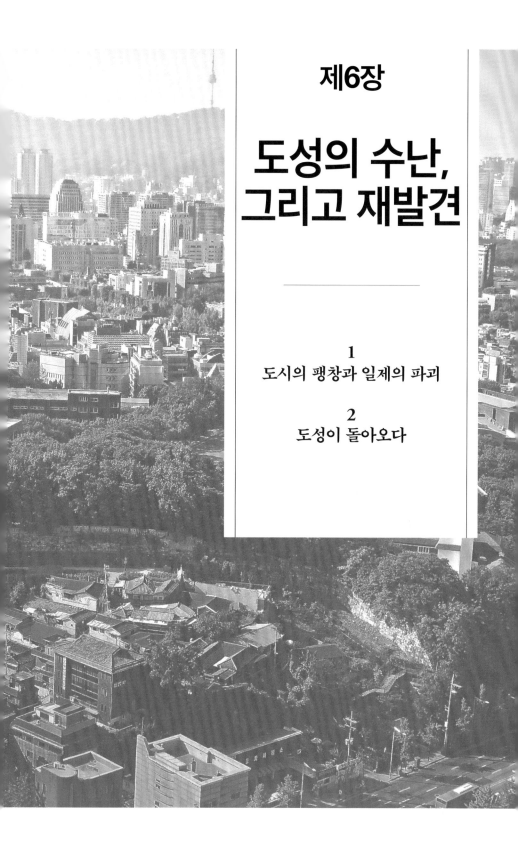

제6장

도성의 수난,
그리고 재발견

1

도시의 팽창과
일제의 파괴

훼철이 시작되다

일제의 침략과
서울의 왜곡

도성은 종묘 및 궁궐과 함께 서울을 서울답게 만드는 세 건조물 가운데 하나였다. 종묘는 국가의 사당으로서 신성한 공간이라 일반인들은 범접하기 어려운 곳이요, 궁궐은 주인인 임금의 존엄을 과시하는 곳으로서 아무나 출입할 수 없는 지엄한 곳이었다. 이에 비해 도성은 백성들의 피와 땀으로 지었기에 백성들의 애증이 가장 짙게 배어 있는 동시에 누구나 쉽게 접근할 수 있는 건조물이었다. 그만큼 백성들의 마음에 크게 자리 잡고 있는 서울의 표상이었다.

조선에서 대한제국으로 이어지는 시기에 제국주의의 첨병이라는 새로운 모습으로 이 나라를 병탄하려 든 일본의 군국주의자들은 이 세 건조

숭례문으로 들어오는 일본군 | 일제의 침략이 시작되면서 도성도 그 영향을 피할 수 없었다. (옥천당 사진관, 1899년 이후)

물을 그대로 둘 수 없었다. 셋 가운데 종묘는 외형은 건드리지 않았다. 워낙 반발이 강하리라 예상했기 때문이었을 것이다. 하지만 제사의 주체인 대한제국 황실과 조정을 해체하고 일본인들의 뜻대로 관리하도록 장악하여 알맹이를 잃어버린 빈껍데기로 만들었다.

본격적인 파괴와 왜곡의 대상은 궁궐이었다. 대한제국의 유일한 궁궐로 제 몫을 하던 경운궁慶運宮은 1907년 태상황太上皇으로 밀려난 고종의 거처가 되어 이름도 덕수궁德壽宮으로 바뀌었다. 새 황제 순종純宗이 임어한 창덕궁은 내용에 있어서는 왜곡이 시작되었지만 외형은 그런대로 유지되었다. 창덕궁에 붙어 있던 창경궁은 동물원, 식물원, 박물관, 표본실 등이 들어서면서 기존의 전각들이 헐려나가고 이름조차 창경원昌慶苑으로 바뀌어 구경거리가 되었다. 1896년 이후 비어 있던 경복궁은 일제의 가장 주요한 표적이 되었다. 1915년에 경복궁에서 시정오년기념조선물산공진회

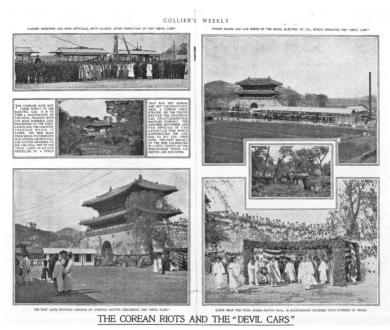

THE COREAN RIOTS AND THE "DEVIL CARS"

서울의 전차 개통을 알리는 미국 잡지 보도 | 흥인문 안쪽의 전차 차고와 사람들이 정거장에서 전차를 기다리는 사진이 실려 있고, 전차에 대한 반감도 기술되어 있다. (《콜리어 위클리》, 1899년)

始政五年記念朝鮮物産共進會를 열었고, 그것이 끝나자마자 조선총독부 청사를 짓기 시작하였다. 미리 치밀하게 계획한 일이었다. 조선총독부 청사는 숭례문에서 그곳까지 이르는 대로의 주인이 되었고, 조선의 임금이 활동하던 경복궁은 사람들의 시야에서 사라지고 마음에서 멀어지게 되었다.

홍예문으로 드나든
전차

일제의 파괴와 왜곡의 중점적인 표적은 궁궐이었지만, 첫 번째 표적은 도성이었다. 일제는 서울을 자신들의 뜻과 목적에 맞게 바꾸고 비트는 첫 삽을 도성에 대었다. 사실 서울이 근대 도시로 변모하려면 도성은 제 모습을 지키기 어려울 수밖에 없었다. 특히 새로운 교통수단이 들어오면서 도성

흥인문 옹성으로 들어가는 전차 | 흥인문 너머로 발전소의 굴뚝에서 검은 연기가 솟아오르고 있다. (1910년 이전)

은 일부 헐리지 않을 수 없는 운명을 맞았다. 서울에 처음 들어온 근대 교통수단은 전차였다.

1898년 9월 15일, 경희궁 흥화문興化門 앞에서 전차 선로를 개설하는 예식이 거행되었다.[1] 미국인 콜브란H. Collbran과 보스트위크H.R. Bostwick가 서울 일대에 전력을 공급하는 사업권을 취득하여 한성전기회사漢城電氣會社를 개업하고 그 전력을 소비하는 시설로 전차 도입을 추진한 결과였다. 콜브란은 고종에게 명성황후明成皇后의 능인 홍릉洪陵에 갈 때 편리하다는 점을 내세워 허가를 얻고 황실의 투자까지 받았다. 전차는 1899년 5월 19일 개통되었는데 처음에는 흥화문 앞에서 흥인문 안까지만 왕래하다가,[2] 곧 돈의문 밖 만초천에 있는 경교京橋에서 흥인문 밖 청량리까지 연장되었

대원수 복장의 고종 황제 | 망국의 군주이긴 하였으나, 그가 재위하는 동안에는 노골적인 도성의 파괴는 이뤄지지 않았다.

다.³ 그 무렵부터 이미 종로에서 숭례문을 거쳐 용산 부두까지 이어지는 2호선의 증설을 계획하여,⁴ 8월 무렵에는 궤도를 부설하고,⁵ 그해 말에 개통하였다.

개통 초기에 전차 선로는 도성의 성첩城堞은 건드리지 않고 도성문의 홍예를 통과하였다. 흥인문은 옹성이 있어서 궤도를 부설하는 데 어려움이 있었음에도 옹성을 없애거나 별도로 문을 더 내지 않고, 옹성을 통해 전차를 드나들게 하였다. 그 결과 궤도가 두 차례 직각을 그리며 돌아나가게 되었고, 전차가 돌아나가는 데 어려움을 겪자 그 부분의 옹성을 조금 자르는 데 그쳤다.

통감부 시기인 1907년 3월 30일 참정대신參政大臣 박제순朴齊純, 내부대신內部大臣 이지용李址鎔, 군부대신軍部大臣 권중현權重顯이 연명으로 고종에게 아뢰었다.⁶

"동대문과 남대문 두 대문은 황성皇城의 안팎을 통하게 하는 주도로입니다. 사람들이 서로 어깨를 비비며 다니고 수레와 말이 폭주합니다. 게다가 전차가 한가운데로 관통하여 다니니 피해서 돌아가기가 어려워 매번 부딪치는 사고가 납니다. 교통과 운수에 편의의 방도를 강구하지 않을 수 없습니다. 문루 좌우의 성첩을 각각 8간씩 허물어 전차가 출입하는 선로를 만들고 원래의 문은 백성들이 왕래할 수 있도록 남겨두면 소란스럽고 복잡한 폐단을 없앨 수 있을 듯합니다. 도면을 올리오니 보아주시고 성상의 재가를 내려주시기를 기다립니다.”

고종은 이들의 주청에 대해서 가하다고 허락하였다. 고종은 이미 실권을 거의 빼앗긴 상태였다. 고종에게 주청한 저 대신이라는 자들은 통감부의 앞잡이 노릇을 하는 처지였다. 《황성신문皇城新聞》이 이와 관련한 소식을 부지런히 전하였으니[7] 당시 백성들에게도 이러한 이야기가 어느 정도는 전해졌을 것으로 보인다. 이들 대신이라는 자들이 주청을 하고 고종이 재가를 하였지만 이때 바로 흥인문과 숭례문 좌우 성첩을 헐지는 않았다.

도로 확장의 걸림돌이 된 도성 　1907년 6월 22일 내각총리대신內閣總理大臣 이완용李完用을 비롯하여 내부대신 임선준任善準, 탁지부대신度支部大臣 고영희高永喜, 군부대신 이병무李秉武가 다시 고종에게 주청하였다.[8] 이미 재가를 받은 숭례문, 흥인문 문루 좌우의 성첩을 허는 것 외에 그 나머지 성벽이 교통량이 많은 도로에 방해가 될 뿐 이익이 없으니 내부와 탁지부로 하여금 성벽을 훼철하는 일을 담당케 하라는 요구였다. 그러면서 덧붙이는 말이 “임금 된 이는 대범하여 외부가 없다[王者大無外之義]”는 뜻을 보이라는 것이었다. 임금 된 이는 외부가 없다는 말은 《서경》에 나오는 말로 ‘온 천하를 자신의 가家로 삼기에 내부 외부 구별이 없다’는 뜻이다. 도성을 헐자고 주장하면서 이 말을 끌어댄 것은 궤변에 가깝다. 조선 초기부터 내려오는, ‘안팎을 엄하게 구별하기 위한 시설’이라는 도성의 존재 의의를 부정한 논리다. 고종은 힘없이 윤허하였다. 윤허는 하였지만 고종이 황제위를 지키고 있는 동안 도성은 실제로 헐리지는 않았다. 하지만 이때 이미 도성에서 출발하여 점차 각 지방의 성첩을 헐기로 내각에서 결정하였다는 소문이 퍼져 있었다.[9]

도성이 실제 헐리기 시작한 것은 순종이 즉위하면서부터였다. 순종은 양력 1907년 7월 19일 고종의 뒤를 이어 황제가 되었다. 고종이 황제위는 자신이 갖고 있으면서 정무를 황태자가 대신 맡아보게 한다는 뜻으로 대리청정代理聽政을 명하였는데, 이를 이완용이 수선受禪, 곧 황제위를 물려준 것으로 바꾸어 발표해버렸다.[10] 8월 2일에는 연호를 광무光武에서 융희隆熙로 바꾸어서,[11] 실권도 의지도 없이 일제의 뜻대로 움직일 수밖에 없는 황제 순종의 치세가 되었다.

일본인이 주도한 성벽처리위원회 순종이 황제가 된 지 열흘이 되는 날인 7월 29일에 내부대신 임선준, 탁지부대신 고영희, 군부대신 이병무가 다시 내각총리대신 이완용에게 성벽처리위원회설치규정城壁處理委員會設置規程을 제정하기를 바라는 청의서請議書를 올렸다. 며칠 전에는 이완용을 포함한 넷이 고종에게 상주하였었는데, 이때 와서는 나머지 셋이 순종이 아닌 내각총리대신 이완용에게 청의서를 올렸다. 이 청의서는 당연히 곧바로 수락되었다.[12] 도성 성벽의 철거 여부를 담당하는 위원회 설치를 순종이 아닌 이완용이 판단한 것이다.

성벽처리위원회 설치에 대한 규정이 바로 마련되어, 8월 1일에 내각령內閣令 제1호로 내각총리대신 이완용의 명의로 대한제국의 관보官報에 발표되었다.[13] 이 소식 역시 《황성신문》을 통해 널리 알려졌다.[14] 여기서 말하는 '성벽'이란 도성을 우선으로 삼지만 지방의 성곽들까지 포함하는 것이었다. '처리'란 훼철, 곧 헐어 없애는 것을 위시하여 이에 관련된 제반 행위를 뜻하였다.

성벽처리위원회는 내부, 탁지부, 군부 세 대신의 지휘 감독을 받도록 하였다. 8월 1일 시점에서는 임선준, 고영희, 이병무가 그 세 사람이었다. 이 세 이름을 기억할 필요가 있다. 이 셋을 지휘하던 자가 이완용이었으니 이 이름은 더욱 기억해두어야 한다. 하지만 그보다 더 알아야 할 것은 이들 뒤에 다른 힘이 있었다는 사실이다. 성벽처리위원회의 회장은 내부, 탁지부, 군부의 차관次官 가운데 한 사람을 선임한다고 하였다. 그런데 이 차관이라는 자리는 일본인들이 차지하고 있었다. 후일 실제로 회장에 임명된 인물은 내부 차관 기우치 쥬시로[木內重四郎]라는 일본인이었다. 위원은 위 세 부에서 각 두 명씩 모두 여섯 명으로 정하였는데, 위 세 부의 간부나 장교 등 일제에 복무하는 자들로 채워지는 것은 뻔한 일이었다.[15] 이 성벽처리위원회라는 조직이 어떻게 운영되리라는 것은 충분히 예측되는 바였다.

요시히토의 서울행, 날개 잃은 숭례문   1907년 10월 통감 이토 히로부미[伊藤博文]는 일본 황태자 요시히토 친왕[嘉仁親王]을 서울로 초청하였다. 요시히토는 1912년에 메이지 천황[明治天皇]의 뒤를 이어 다이쇼 천황[大正天皇]이 되는 사람이다.[16] 이토가 요시히토를 방한하게 한 목적은 일본 정계에서 이토 자신의 위치를 재확인하며 강화하려는 데 있었다. 요시히토는 양력 10월 16일 인천항에 도착하였다.[17] 요시히토는 니현泥峴의 여관에 묵으면서 순종과 황태자와 회견을 하고, 창덕궁, 경복궁, 덕수궁도 둘러보고,[18] 10월 20일 일본으로 돌아갔다. 이토가 원하는 바를 충실히 채워준 행보였다. 이토가 노린 효과 가운데 하나가 도성을 헐기 시작함으로써 자신들의 식민 지배에 맞추어 서울을 변개시키는 작업에 착수하는 것이었다.

10월 16일 순종과 황태자는 숭례문 정거장에서 황제 전용 기차를 타고 인천까지 영접을 나가서 함께 서울로 돌아왔다. 나갈 때나 들어올 때 숭례문을 통과하였다.[19] 그런데 숭례문을 통과하기는 하였는데, 숭례문의 홍예문으로 드나들질 않았다. 《황성신문》은 요시히토가 인천에 도착하기 11일 전인 10월 5일자 기사에 "동대문과 남대문 성첩을 헐어 없애고 길을 만들어서 인민의 왕래를 편리하게 한다는 이전의 기사대로 남대문 북편

일진회에서 세운 봉영문 | 숭례문 북쪽 성벽을 끊고 낸 도로에 세워졌다. 일본 천황가의 문장인 국화문 좌
우에 요시히토 친왕을 받들어 환영한다는 뜻으로 "봉영"이라고 써 넣었다. (《황태자전하한국어도항기념
사진첩》, 1907년)

성첩을 허무는 작업을 이미 착수 기공하였고, 남대문 밖 연지도 흙을 가
져다가 메꾸었다"고 보도하였다.[20] 친일 단체 일진회一進會에서는 요시히토
를 맞이한다고 10월 11일에 숭례문 안에 큰 녹문綠門을 건설하는 공사를
착수하였다.[21] 녹문은 장식을 단 가설 문을 가리킨다.

　10월 13일, 내각에서는 남대문로를 개착開鑿하기 위한 비용을 증액해
달라는 탁지부의 청의에 따라 22,126원을 예비금 중에서 지출하는 안건
을 회의에 부쳤다.[22] 그해에 종로 면주전綿紬廛이 불에 탔는데 이를 다시 짓
는 데 드는 비용이 1,685원 43전으로 계산되었고,[23] 성내외 개천을 준천하
는 예산이 7만여 원이라 하였으니, 도로 개착 비용 22,126원은 상당한 거
액임을 알 수 있다. 개착이란 성벽을 헐어 길을 내는 일을 가리킨다. 10월
16일 순종이 요시히토를 맞으러 인천으로 행행할 때 가마가 숭례문으로

요시히토 일행의 단체 사진 | 요시히토 황태자의 방한을 기념하여 이토 히로부미를 비롯한 통감부 고위 관원들과 총리대신 이완용을 비롯한 대한제국 고위 관원들이 경복궁 경회루 아래에서 단체 사진을 찍었다.

나가지 않고 남대문 새 길[新路]로 나갔다는 10월 17일자 《대한매일신보》의 기사도 있다.[24] 남대문로, 남대문 새 길이란 숭례문의 홍예문을 통과하는 길이 아니라, 문 옆의 성첩을 헐어서 새로 낸 길을 말하는 것이다.

　1907년 10월 중순 어느 날 숭례문은 곁에 붙은 성첩을 잃고 더 이상 문이 아니게 되었다. 숭례문은 북쪽 성첩이 잘려나간 뒤에 곧이어 남쪽 성첩도 잘려 도로 한가운데 홀로 덩그러니 남게 되었다. 일제는 한국 사람들에게 각인된 숭례문의 의미를 알아서 그랬는지 아니면 임진왜란 당시 이 문으로 왜군이 출입했다 해서 그랬는지 숭례문 자체는 헐지 않고 남겨두었다.

　성벽처리위원회는 생긴 지 한 해 하고 한 달쯤 지난 1908년 9월 5일 폐지되었다.[25] 하지만 이는 성벽을 처리하는 일이 끝났음을 뜻하는 것이 아니었다. 성벽을 처리하는 일이 내부內部의 지방국地方局과 토목국土木局으로 이관되어,[26] 상시적인 일이 되었으며 그 대상도 지방 성곽으로 확산되었다. 1908년 9월까지 성벽처리위원회에서 훼철한 성벽의 규모는 소의문 부근의 성벽 77간, 숭례문 부근 성벽 77간이고, 전라북도 남원의 성벽 일부 60간과 전주의 성벽 일부 60간이었다.[27] 도성의 훼철은 서편 구역, 즉 소의문과 숭례문에서 시작하였음을 알 수 있다.

그러다가 훼철의 대상이 도성의 동쪽 구역으로 확대되어갔다. 1908년 9월 23일자《황성신문》에는 오간수문의 성첩을 훼철한 뒤 새로 다리를 놓고, 그 석재石材는 동부 경찰서에서 맡아 처리하기로 하였다는 기사가 실려 있다.[28] 하지만 1908년에 바로 훼철이 이루어졌는지는 명확히 드러나지 않는다. 이미 통감부는 한반도를 지배하고 있기는 하였지만, 아직은 도성을 제멋대로 헐어 없애는 데는 조심스러웠다.

1907년 3월 30일 참정대신 박제순, 내부대신 이지용, 군부대신 권중현이 처음 도성을 헐자고 주청하였을 때 그 대상에는 숭례문 좌우의 성첩과 함께 흥인문 좌우의 성첩도 포함되어 있었다.[29] 앞서 이야기했듯이 숭례문 북쪽의 성첩은 일본 황태자 요시히토의 방한을 빌미로 헐려 없어졌으나 흥인문 좌우의 성첩은 그때 바로 헐리지는 않았다.

국망, 그리고 본격화된 파괴

소의문과 돈의문의 종말   1910년 대한제국을 식민지로 집어삼킨 일본인들은 서울을 '게이죠[京城]'라고 부르면서 자기들 식민 지배에 맞추어 이른바 '시구개수市區改修' 사업을 했다. 그 결과 서울은 일본식 도시로 변질되었고, 그 바람에 도성과 도성문은 본격적으로 헐려 없어지기 시작하였다. 1910년 11월 29일에 흥인문을 우회하는 도로를 만드는 성벽 훼철 공사가 시작되어[30] 약 6개월 후인 1911년 6월 1일 흥인문을 우회하는 도로가 개통되었다.[31]

일제강점기 훼철의 우선 대상은 도성 동서축의 평지 구역이었다. 숭례문, 흥인문 다음에는 다시 서쪽으로 가서 소의문을 표적으로 삼았다. 소의문을 훼철하려는 계획은 총독부 기관지《매일신보每日申報》1914년 11월 25일자에 보도되었다.[32] 기사는 국한문 혼용체로 되어 있는에 이를 오늘날의 표기법으로 바꾸면 다음과 같다.

〈경매競賣 훼철에 부친 서소문〉
길 넓히기 위해 헐어버리는 서소문, 서대문도 역시 길 넓히기 위해 훼철

총독부 토목국 조사과에서는 이번에 도로를 정리하기 위하여 경성 서소문을 무너뜨려 버리려 12월 2일에 경매입찰을 시행한다고 한다. 당사자의 말을 들은 즉 서소문과 같은 것을 시내 각처에 남겨두면 그것을 보전하기에 적지 않은 경비가 들 뿐 아니라 교통에도 극히 불편하고 서소문은 남대문과 같이 문 양편 성을 헐고서라도 문은 보전하여둘 만한 가치가 없으므로 이번에 그 문을 무너뜨려 버리고 도로를 넓히려는 계획이라

조선총독부에서 숭례문과 달리 소의문을 허는 이유로 내세운 것이 보전하는 데 적지 않은 경비가 들고, 교통에 불편을 주고, 숭례문과 같이 보전할 만한 가치가 없다는 것이다. 그래서 그 자재를 12월 2일에 경매입찰에 부쳤다.

소의문과 함께 돈의문도 훼철 대상에 올랐다가, 결국 1915년 3월 6일 팔려나갔다.[33] 헐어 없어지는 이 시기에는 돈의문이라는 원래 이름을 잃고 조선시대에는 거의 사용되지 않았던 서대문西大門이란 이름으로 불렸다.

철거되기 전의 소의문(왼쪽) | 여전히 남아 있는 소의문으로 사람들이 드나들고 있다. (국립중앙박물관)
철거되고 난 자리에 놓인 서소문로(오른쪽) | 소의문이 헐린 자리에 길이 훤하게 났다. (《경성시구개정사
업회고이십년》, 1930년)

〈서대문의 낙찰落札〉
이백오원
육일에 경매한 새문
목재만 이백오원에

시구의 개정으로 인하여 경성 서대문을 헐기로 결정하고 총독부 토목국 조리
과에서는 6일 오전에 경매 입찰을 행하여 입찰자 10여 명 중에서 결국 205원
50전으로 경성 염덕기廉德基에게 낙착되었는데 본래 경매한 것은 거의 목재뿐
이요 석재는 이것을 도로의 개수에 사용하고 또 고고학상에 참고할 자료될
부속물은 총독부에서 영구히 보존한다더라.

경매에 부쳐 입찰하였는데 10여 명이나 응찰하여 염덕기라는 사람이
낙찰을 받았다. 염덕기가 어떤 사람인지 알아서 무엇하랴? 그가 사간 것
은 목재뿐이었고, 석재는 도로를 고치는 데 들어가고 말았다. 고고학적으
로 참고할 부속물들은 총독부에서 영구히 보존하기로 하였다 한다. 여기

돈의문 편액 | 가로세로 각 233센티미터, 108.3센티미터의 크기이다. 뒷면에는 1711년(숙종 37)에 조윤 덕이 글씨를 쓰고, 1749년(영조 25)에 개조하였다는 글이 새겨져 있다. (국립고궁박물관 소장)

서 말하는 부속물이란 아마도 흙을 구워 만든 망새, 용두, 잡상 등과 돌로 만든 누조, 그리고 목제 편액 정도가 아니었을까 싶다. 총독부에서 보존하기로 하였다면, 총독부박물관으로 들어갔을 것으로 짐작된다. 어쨌든 돈의문 편액은 창덕궁에 보관되어 있다가 1992년 덕수궁 궁중유물전시관을 거쳐 지금은 국립고궁박물관에 소장되어 있다. 나머지 유물들도 어디에든 남아 있으면 좋겠다.

6월 10일에는 돈의문의 남아 있던 홍예석까지 철거되었다. 이렇게 서둘러 두 문을 헐어 없앤 이면에는 1915년 9월부터 경복궁에서 열기로 한 조선물산공진회를 준비하려는 일제의 의도가 깔려 있었다.[34]

방치된 광희문 　소의문과 돈의문 다음으로 훼철의 손이 미친 곳은 다시 도성 동쪽의 광희문이었다. 1914년의 지도를 보면 지금의 을지로가 나면서 이미 광희문은 북쪽의 성벽이 잘려나간 상태였다. 하지만 광희문은 본래 자리에 그대로 있었는데, 1928년부터는 문 자체를 헐어 없애려는 움직임이 시작되었

다. 이 시기 총독부 기관지 《매일신보》의 기사를 오늘날의 표현으로 바꾸어 읽어보면 다음과 같다.[35]

〈헐리는 광희문〉
이전에는 부정不淨한 문
지금은 걸인의 소굴

경성의 각 문 중에 광희문, 동소문, 창의문의 세 문루는 여러 해 바람에 갈리고 비에 씻긴 결과인지 건물이 퇴락하여 크게 수리를 하지 아니하면 전복될 염려가 있어서 심히 위험하다. 그뿐 아니라 근래에는 걸인과 행려병자 들이 들어가 사는 소굴이 되어버렸다. 총독부 관유재산보존계에서는 그 처치에 대하여 항상 고심중이었다. 특히 이 광희문은 이전 시대부터 부정한 문이라 하여 서울의 여러 문 중에 이 문에 한하여 죽은 사람을 반출하는 문으로 되어 있었으므로 그때에는 일반 시민들은 이에 대하여는 매우 혐오하고 기피하였다. 근자에는 저절로 걸인 행려병자들이 들어가 사는 곳이 되어 버려서 심히 불결할 뿐 아니라 작년 같은 해에는 문루 위에 걸인 변사자가 있었다. 이에 이를 관할하는 본정서本町署에서도 이를 보존하려면 보존할 만한 대수리를 가하지 아니하면 위험하다고 총독부에 상신하였다. 본 총독부에서는 그 처리에 대하여 경성부의 의견을 물었던 바 경성부에서는 국비로써 보존한다 하면 경성부에서는 이를 관리하여도 좋다는 회답을 했다. 또 종교과에서는 그만한 역사적 가치 또한 있지 아니하다 하므로 관유재산계에서는 필경 이를 훼철하여 버리기로 하였다. 다만 창의문만은 파손된 정도가 적고, 역사적 가치도 다른 두 문보다는 많이 있으므로 이것만을 보존하기로 하고 광희문 동소문 두 문은 입찰에 부쳐버렸다. 경성부 내자동 진봉근이란 사람이 1,085원에 낙찰하여 지금 위의 두 문을 훼철하는 중이라 한다.

일제강점기의 광희문 | 문루가 헐려 없어지기 전의 모습이다. 주변 성벽의 여장은 이미 많이 무너졌다. (국립중앙박물관 유리건판)

광희문은 이래저래 억울하다. 부정한 문이라니? 광희문 일대는 가난한 사람들이 모여 사는 동네이기는 하였다. 토굴이 많고, 빈민촌 걸인과 행려병자가 많았던 것은 사실이었다. 광희문 바깥에는 공동묘지가 있었고, 화장장도 있었다. 조선총독부에서도 이런 문제 때문에 이 지역을 개발하는 데 힘을 기울여서 1920년대부터 주택지로 개발하려 노력하였다.

그러나 '죽은 사람을 반출하는 문'이라서 부정하다는 것은 가당치 않다. 사람은 누구나 죽게 마련이다. 그 죽은 이의 장례를 고이 모시는 것은 예 가운데서도 경건한 예이다. 그 장례 행렬이 나가는 곳이라고 왜 부정한가? 그리고 '죽은 사람을 반출하는 문'은 광희문만이 아니다. 소의문이 광희문과 비교해서 더 많은지 적은지 모르지만 장례 행렬이 나가는 문이었음에는 틀림없다. 또 숭례문과 흥인문도 임금과 왕비 그리고 주요 왕실 가족의 장례가 나가는 문이었다. 광희문이 부정하다면 그 문들은 부정하지 않는가? 참으로 부당한 평가다.

하여간 광희문은 1928년 7월에 팔려나갔다. 그런데 그 이후에도 광희문이 거기 있는 것으로 전제하고 쓴 기사들이 많이 나온다. 헐려 없어졌다면서 또 그대로 있는 것처럼 이야기하니 도대체 이를 어떻게 이해해야 할까? 아무리 찾아 헤매도 일제강점기 자료에는 광희문의 모습을 알려주는 기사는 더 이상 발견되지 않는다. 그러다가 난데없이 1962년 10월 10일 《동아일보》에 다시 광희문이 임종을 맞았다는 기사가 보인다.[36]

〈임종 앞둔 늙은 성곽 수구문〉
풍상風霜 오백 년 역사의 지각생
넓어지는 길에 먹혀 곧 해체
서민의 애환과 함께 개명도 몇 번

속칭 시구문[水口門]이라 불리우며 500여 년간 서울의 애환을 간직하여 온 사소문 중의 하나인 광희문이 서울시의 계획도로공사로 인해 며칠 안으로 헐려 없어진다. 지금은 다락은 없어지고 아치만이 초라하게 남아 있어 그래도 창의문과 더불어 아직까지 남아 있는 사소문 중의 하나로 꼽혀왔지만 이 문이야말로 이조李朝 오백 년 동안 한성 시민들의 밑바닥 생활과 직접 통하던 뒷골목문이었기도 했다. …
이번 계획도로로 인해 광희 시장 안 240여 가구와 신당동 관내 130여 가구(대부분이 판잣집)가 철거되며 이와 아울러 비록 아치만이 남았지만 500여 년의 역사를 간직한 광희문과 성벽 30미터가 헐려나가게 된다. 그 자리에 폭 36미터의 큰 도로가 끈덕지게 생명을 이어온 이 부근의 빈貧과 추醜를 아무 미련 없이 덮어버리고 말 것이다.

광희문이 일제강점기를 견디고 1962년까지 남아 있었다는 사실을 전해 주는 이 기사가 참으로 반갑다. 그런데 내용을 세세히 뜯어보면 문제가 적지 않다. '시구문'이라고 해놓고 괄호 안에는 왜 또 '水口門'인지? 사소문이라는 용어도 거슬린다.

그런데 기사와 함께 흐릿하지만 사진이 실려 있다. 사진에 보이는 광희문은 육축과 홍예만 남아 있고, 문루 부분에는 키 큰 잡초인지 키 작은 나무인지 식물이 자라고 있다. 1928년에 팔려나간 것은 목재로 된 문루 부분만이고, 석재로 된 육축과 홍예문은 남아 있었던 것이다. 비록 온전하지 못하지만 그야말로 끈덕지게 자리를 지키고 있었던 그 모습에 눈물이 난다. 끈질긴 광희문 육축은 이때도 살아남았다.

《동아일보》1962년 10월 10일자 기사 | 광희문이 곧 헐린다는 내용이 실려 있다. 하지만 이때도 광희문 육축은 살아남았다.

도로에 치인 혜화문   1928년 7월 12일《매일신보》기사에서는 혜화문이 광희문과 같이 입찰에 부쳐서 그 당시 헐렸던 것으로 되어 있으나 바로 그렇게 되지는 않았다. 혜화문은 도성문이 훼철되는 수난사 속에서 가장 늦게 차례가 왔다. 1938년 5월 25일자《동아일보》는 혜화문이 헐렸다는 소식을 자못 비감 어린 목소리로 전한다.[37]

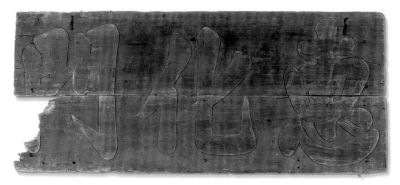

혜화문 편액 | 가로세로로 각 160.5센티미터, 64.0센티미터의 크기다. 비록 테두리는 떨어져 나가고 판목도 한 부분 깨어졌지만 도성의 정문 혜화문의 품격을 간직하고 있다. (국립고궁박물관 소장)

〈풍우風雨 오백 년의 노문老門 동소문은 헐렸다〉
부근 일대 시가정리로

외국 문물이 아직 조선에 들어오기 전 서울 장안을 보호하려 쌓은 성곽의 일문 동소문, 일명 혜화문은 어제 24일로 드디어 헐리고 말았다.
쇄국鎖國의 시대로부터 시간은 흘러 서울 장안의 문물은 엄청난 진보와 변화를 보이고 장안의 발전은 옛날의 고적보다도 교통의 편리를 높이 평가함에 이르러 동소문과 성곽 일부는 경성부의 시가정리구역에 들어가 지난 20일 향기로운 아카시아 꽃에 싸인 동소문에는 공사 인부의 사정이 없는 끌이 닿아 헐리기 시작, 24일로써 마치막 아치의 형적조차 장안 사람들이 애석해하는 가운데 영원히 사라지고 말았다.

위 기사에 따르면 혜화문은 1938년 5월 20부터 헐리기 시작하여 24일에 그 모습이 완전히 사라졌다. 함께 실린 사진을 보면 헐리기 직전까지 문루도 남아 있었다. 혜화문을 헌 이유는 서울의 동북 일대 지역인 혜화문 밖 일대가 개발되면서 그곳으로 연결하는 폭 24미터의 도로를 개설하기 위해서였다. 혜화문만이 아니라 그 인근에 있던 동성상업학교 운동장, 대학의원의 담장 등도 삼선평三仙坪으로 직통하는 도로에 편입되었다. 큰 도로가 나자 그리로 버스 노선과 전차 선로가 생겼다. 전차는 1938년 도로 개통에 맞추어 완성할 계획이었으나 중일전쟁中日戰爭 통에 물자 배급이 모자라서 늦어졌고. 1939년 3월 8일부터 당시 창경원에서 동성상업학교 앞에 이르는 구간의 공사를 본격적으로 시작하여[38] 4월 15일에 개통하였다.[39]

**조선신궁,
도성을 깔고 앉다**

1930년대 말에 이르러 도성의 문들 가운데 숭례문, 흥인문, 창의문이 남고, 소의문, 돈의문, 혜화문이 없어졌다. 광희문은 문루는 없어지고 육축만 남았다. 숙정문은 이미 조선 중기에 문루가 없어져서 조선 후기 이래로 별 존재감이 없는 상태로 있었다. 남소문은 1912년부터 다시 열자는 주장이 제기되어 열기는 연 듯하나,[40] 도로를 확장하면서 1916년에는 이미 그 터만 남았음이 확인된다.[41] 그 밖의 암문들은 애초부터 기록이 없는지라 일제강점기에 어떤 곡절을 겪었는지 추적하기가 어렵다. 암문들은 대개 산지에 있기에 그리 큰 변화는 없지 않았을까 추정할 뿐이다.

산지보다는 낮고 평평한 시가지의 도성문과 체성이 큰 수난을 겪었다. 그러한 가운데 비교적 높은 산기슭의 도성이 크게 망가진 데가 있으니 목멱산 서쪽 기슭이 그곳이다. 19세기 말에 서울에 들어와 사는 일본인들이 늘어나면서 그들은 이른바 거류민단居留民團을 구성하였다. 그 거류민단이 주동하여 목멱산 서북쪽 자락에 왜성대공원倭城臺公園을 만들었다. 1910년 5월에는 규모가 한층 커진 한양공원漢陽公園을 만들었다. 1912년도부터 계획을 하여서 1925년에 그 한양공원의 윗부분에 조선신궁朝鮮神宮이 들어섰다. 조선신궁은 메이지천황과 아마테라스[天照大神]를 합사한 신사로서, 한국 안에 있는 신사들 가운데 국가에서 세운 최고의 지위를 갖는 신사였

일제강점기 서울 시내 전경 | 파노라마 사진을 반으로 나눠 위아래로 배치하였다. 안산에서 찍은 것으로 보이는 이 사진을 통해 인왕산에서부터 목멱산까지 서울을 감싼 내사산과 그 안의 시가지를 확인할 수 있다. (앨버트 테일러 사진, 1926년 이후)

조선신궁 참도 | 숭례문에서 조선신궁으로 올라가는 참도. 도로 오른편의 축대가 도성의 체성이다. (《조선신궁조영지》, 1927년)

다. 한국 사람들에게 신사 참배를 강요하면서, 황국신민皇國臣民의 서사誓詞를 외우게 하는 등 내선일체內鮮一體를 주입하는 정신적 지주가 되었다. 조선신궁은 대단히 넓은 면적에 큰 규모를 자랑하였다. 신사 자체만이 아니라 숭례문으로부터 그곳까지 올라가는 참도參道는 그 너비와 길이가 목멱산의 서쪽 자락 경관을 압도하기에 충분하였다. 조선신궁과 참도가 건설되면서 그 범위의 도성은 철저히 잘라지고 뭉개졌다.

2

도성이
돌아오다

서울, 도성과 공존을 모색하다

일제의 잔재를   1945년 8월 15일 한국은 일제의 식민지배로
없애려는 노력들   부터 해방이 되었다. 해방은 서울이 식민 도시
                       에서 새 나라의 수도로 변화하는 전환점이 되
었다. 중국과 일본 등 해외에서 동포들이 귀국하면서 그중 다수가 서울로
들어왔다. 서울의 인구는 폭발적으로 늘어났다. 다른 공공시설도 그렇지
만 무엇보다도 주택이 부족하였다. 도심의 청계천변과 내사산 기슭으로
주택들이 들어섰고, 도성 인근까지 주택들이 들어서면서 순심로가 침범
당하는 등 환경이 크게 악화되었다.

　해방과 더불어 가장 큰 변화를 보인 도성 구간은 목멱산 서쪽 기슭, 조
선신궁이 있는 일대였다. 1945년 12월 10일 조선신궁 자리에는 공원을 조

성하고, 호국신사와 경성신사 자리는 학교를 세우기로 결정되었다.[42] "왜족倭族 우상偶像의 복마전伏魔殿 잔재 일소"를 위한 조치였다. 이 결정에 따라 목멱산 서쪽 기슭에 있던 일제 잔재들은 하나둘 사라져갔다. 당시 신문들은 이 장면을 앞다투어 전해준다.

〈도끼날에 찍히는 일본 잔재 신궁神宮 등롱燈籠〉[43]
〈일제의 귀물鬼物, 소위 신궁의 돌기둥, 꼴 보기 좋게 넘어지다〉[44]
〈꼴보기 싫은 신궁의 '도리이' 어저께부터 속 시원히 부숴버려〉[45]

〈패퇴 일본혼의 말로, 신궁 조거鳥居와 서사탑誓詞塔, 힘없이 길거리에 쓰러져〉

소위 대동아 전쟁을 강요키 위하여 남산 밑에 왜놈이 세운 황국신민서사탑皇國臣民誓詞塔은 … 서울시청에서는 조선혼을 환기키 위하여 6월 30일부터 파괴 공사에 착수하고 일본 혼령을 모신 조선신궁 문기둥[鳥居]도 공연히 세워둘 필요가 없다 하여 다 헐어버리게 되었다.[46]

1950년 6월 25일 한국전쟁이 발발하였다. 전장은 거의 전국토로 확대되었고, 서울은 그 한가운데서 전쟁의 참화를 면치 못하였다. 서울 대부분 지역이 폐허에 가깝게 파괴되었다. 도성과 그 인근 지역 역시 포화를 피하지 못하는 가운데 다행히 숭례문과 흥인문, 창의문 등 그때까지 남아 있던 도성문들은 직접적인 훼손과 파괴는 면하였다. 1950년대에는 이러한 상태를 극복하지 못한 채 지나갔다.

1950년대에 조선신궁이 사라진 목멱산 서쪽 기슭은 남산공원南山公園이 되었고, 그 일대에는 이런저런 동상들이 들어서는 등 변화가 일었다. 1955년 10월 4일에는 당시 대통령이었던 이승만李承晚의 동상 기공식이 열렸다.[47] 1958년 이승만 대통령 동상의 서편 아래에는 국회의사당터가

조선신궁 전경(위) ᅵ 사진의 왼쪽 아래 건물이 본전이고, 그 앞의 건물이 배전이다. (《조선신궁조영지》, 1927년)

1958년의 남산공원(아래) ᅵ 조선신궁이 헐리고 그 앞 주위가 훤히 내려다보이는 자리에 이승만 동상이 높다랗게 들어섰다. 이 동상은 1960년 4.19 혁명 당시 헐려 없어졌다.

조성되었다. 1959년 4월에는 안중근安重根 의사 동상이 세워졌다.[48] 이승만은 4·19혁명 직후에 하야하여 미국 하와이로 망명을 떠났다. 그와 함께 1960년 7월 24일 "권세와 아부로 남산에 세운 이승만 동상도 하야하기로" 결정되었다.[49] 조선신궁 자리 바로 남쪽에는 1968년에 남산식물원이 개원하였으며 그 뒤로도 정약용, 이황 등의 동상이 계속 들어섰다. 이러한 변화가 진행되었지만, 그곳을 지나가던 도성을 되살리려는 노력은 발상조차 나오지 않았다.

1963년 5월 14일의 숭례문 중수 준공식 ㅣ 예정보다 1년이 더 걸려서야 끝이 났다. 일제강점기 이후 도로 한가운데 섬처럼 되어 있었던 숭례문의 모습을 확인할 수 있다.

숭례문 중수　　　도성을 비롯한 문화유산이 관심을 받기 시작한 것은 1960년대 들어서면서부터였다. 그 첫 대상은 어찌 보면 당연하게도 숭례문이었다. 그런데 그 계기가 조금 석연치 않은 구석이 있다. 1961년 5·16군사쿠데타와 관련이 있었던 것이다.

　당시 정부는 쿠데타 직후에 숭례문을 개수하기로 결정하고 공사를 그해 말까지 끝내려고 하였다. 숭례문을 대상으로 삼은 이유는 아마도 숭례문이 국보 제1호여서 그러하였던 듯하다. 하지만 예산 부족으로 실제 공사는 착수하지 못하고 있다가 1961년 7월 20일에 가서야 숭례문 중수 공사 기공식이 열렸다.[50] 그러나 공사를 계속 진행하지 못하다가 1962년 1월에 가서 비로소 기와를 벗겨내기 시작하였다. 그때만 해도 완공 목표를 1962년 5월 16일로 잡았다.[51] 5·16군사쿠데타 1주년에 맞추려는 의도였음을 짐작할 수 있다. 하지만 이때도 그렇게 공사가 빠르게 진행되지 못하여서 10월 말에야 석축 공사를 끝내고 기둥을 세웠고, 11월 초에는 서까래와 대들보를 잇는 공사가 진행되어[52] 12월 27일에는 서울시 교육국 주관으로 상량식을 거행하였다.[53] 거기서 또 해를 넘겨 1963년 5월 14일에 드디어 완공을 보았다. 〈국민보〉라는 이름의 다소 낯선 신문이 다음과 같이 준공식 기사를 전해준다.[54]

〈부활의 기쁨 국보 제1호 남대문 헐린 지 2년 만에 다시 제 모습〉

국보 제1호 남대문이 헐리운 지 2년 만에 복원공사를 끝내고 고색연한 단청빛도 새로이 의젓한 모습을 곧 시민들에게 보이게 된다.

재작년 7월 20일 공사를 착수한 이래 동원된 인원수 연 2만여 명, 재목만도 18만 재, 총경비 1,830만 원을 들여 스물두 달 동안 이 문을 다시 세우기에 힘 들여왔는데 조금 남은 단청 작업을 끝내면 오는 5월 10일에는 본공사가 완전히 끝나게 되고 환경미화를 마치면 14일 그 준공식을 올리게 될 것이라고 한다.

도성을 헐어
자유센터를 짓다

숭례문 중수 공사가 진행되던 1962년 5월 15일 아시아민족반공연맹 임시총회의 제1분과위원회는 서울에 아시아민족반공연맹자유센터를 설치하기로 결의하였다. 이름이 길고도 낯설어 흔히 '자유센터'라고 줄여 부르는 이 센터는 반공의 지도자를 기르고, 반공 게릴라 요원을 양성하며, 정보 교환 및 선전활동의 전개 등 반공 활동의 중심 역할을 하기 위해 만들어졌다.[55] 60년대 냉전 체제가 굳어지면서 아시아에도 그 그늘이 드리워졌고, 대한민국 서울이 그 최전선에 서 있음을 알려주는 징표였다.

처음에는 자유센터를 세울 곳으로 서울의 근교 가운데 산과 평지가

1 자유센터 축대 | 도성의 성돌로 쌓은 축대 위에 파이프와 난간들이 얽혀 있다.
2 "경주시慶州始" 각자 | 도로변 자유센터 축대에 박힌 성돌에 새겨져 있다.
3 "언양시彦陽始" 각자 | 반얀트리호텔 남쪽의 축대에 박힌 성돌에 새겨져 있다.

섞여 있어 지형 변화가 많은 곳을 물색하던 끝에 관악산 근처로 정했다.[56] 1962년 6월 20일에 공무원과 민간인으로 구성된 설치준비위원회를 발족하였으나[57] 이는 표면적인 조직이었고, 실질적으로는 당시 권력 중심부에서 주도하였다. 1962년 10월 24일 미국을 방문한 김종필 중앙정보부장은 미국의 반공지도자들을 초청한 그 자리에서 자유센터 설치 문제 등에 대하여 설명하였다.[58]

관악산은 서울 도심에서 너무 멀어서 그랬는지 중간에 그 부지가 바뀌어 9월 15일에 장충동 산5와 한남동 산9에 걸친 부지에서 기공식을 거행하였다.[59] 당시 대통령 권한대행이었던 박정희 의장의 치사를 이주일 부의장이 대독하고, 김현철 내각수반이 축사를 하였다. 이듬해 8월 15일 광복절을 기해 개관식을 거행할 예정으로 2,200평을 점하는 3층짜리 본관과 2,000평의 17층 높이의 국제자유회관을 비롯하여 국제회의장, 자유광장, 기념관 등 다섯 개의 건물 및 시설을 갖추도록 설계되었다. 이 설계는 준비위원으로 참여한 건축가 김수근이 맡았다.

중구와 성동구의 경계를 이루는 공사장은 도성 터 바로 밑이었다. 발파 작업으로 주위 주택지에 돌덩이가 날아들어 주민들에게 적지 않은 피해를 입히면서 무리하게 공사가 진행되었다.[60] 개관식은 1964년 12월 3일에 열렸다.[61]

자유센터는 목멱산이 동쪽으로 내려와서 낮은 구릉을 이루는 곳에 기대어 있다. 본래는 장충단獎忠壇이 있었으나 일제가 이토 히로부미伊藤博文의 영혼을 위로하기 위한 절 박문사博文寺를 세웠고, 해방 이후에는 영빈관이 들어선 자리에서 남쪽으로 조금 더 간 지역이다. 남쪽과 동쪽으로 도성을 그 부지의 경계로 삼으면서 북쪽을 바라보게 지었다. 특히 자유센터의 가장 남쪽에 있던 국제자유회관은 도성을 허물고 그 위에 들어섰다. 이 국제자유회관은 타워호텔이 되었다가 지금은 반얀트리호텔이 되었다. 이때 허문 도성의 성돌들은 여기저기 축대를 쌓는 데 사용되었다.

국방유적 정화사업과 도성의 복원 1968년 1월 21일 북한의 특수부대인 124부대 요원들이 휴전선을 뚫고 침범하였다. 이들은 청와대가 있는 백악까지 도달하여 총격전을 벌였다. 지금도 백악의 소나무에는 그 당시의 총탄 자국이 남아 있다. 참으로 놀라운 사건이었다. 백악과 인왕산에는 군부대가 더욱 증강 배치되었고, 그 산허리를 횡단하는 도로가 개설되었으며, 민간인의 출입을 통제하게 되었다. 도성은 새삼스럽게 군인들이 방어하는 군사시설이 되었다. 이 사건의 영향도 있어서 박정희 정권은 반공을 더욱 강조하고 민족을 전면에 내세

제6장 도성의 수난, 그리고 재발견

1 숙정문 준공식 ǀ 숙정문과 그 일대의 도성을 복원하는 공사는 1976년 10월에 마무리되었다.
2 광희문 준공식 ǀ 광희문은 육축만 남아 있던 것을 도로 공사로 남쪽으로 옮기면서 문루를 복원하였다.
3 목멱산 성벽 복원 공사 ǀ 1977년에 목멱산 팔각정 일대의 도성을 복원하고 있는 모습이다.
4 성북동 성벽 복원 공사 ǀ 1977년에는 성북동에서 백악으로 이어지는 구간의 도성을 복원하였다.

웠다. 이러한 맥락에서 문화재에 대한 관심이 커졌고, 정책적으로 더욱 큰
관심을 기울여 관리하게 되었다.

1974년에는 남베트남이 패망하여 베트남이 통일되었다. 남베트남을
지원하려 군대까지 보냈었던 당시 한국 정부에게는 충격이었다. 이에 안
보를 더욱 강조하게 되었고, 그 일환으로 국방유적 정화사업을 벌였다. 그
대상지로 처음 꼽힌 곳이 도성이었고, 그 뒤를 잇는 대상지가 수원의 화
성과 강화도의 성곽과 돈대들이었다. 정화사업의 주 내용은 '복원'이었다.

도성 복원사업은 1974부터 1982년 사이에 진행되었다. 우선 광희문
과 숙정문을 다시 지었다. 광희문은 이때까지 문루는 없이 육축 부분만 남
아 있던 것을 1974년 11월부터 이듬해 12월까지 약 1년에 걸쳐서 정비하

였다. 퇴계로에서 왕십리로 이어지는 간선도로 위에 있어 교통에 장애가 된다는 이유로 원 위치에서 남쪽으로 12미터 옮겼고, 동시에 50여 년 전에 철거되었던 문루를 다시 지었다. 아울러 주위에 난립하였던 민가를 철거하고 주변에 녹지대를 확보하였다.[62] 그 결과 광희문은 일제강점기에 북쪽 성벽을 잃은 데 더해 이번에는 자기 자리를 잃고, 자리를 옮긴 만큼 남쪽의 성벽이 잘려나갔으며, 옛것이 아닌 새 문루를 올렸다는 한계를 갖게 되었다. 그렇지만 어느 정도는 옛 모습을 간직하고 있다.

광희문과 함께 숙정문도 다시 지었다. 숙정문은 조선 후기 이후 거의 폐쇄되다시피 한 상태에 있었기에 제 모습을 확인하기 어려웠다. 다만 육축은 옛 흔적을 간직하고 있었기에 이를 되살리고, 문루는 창의문 등 다른 도성문을 참조하여 다시 지었다.

1970년대 중반 이후 다시 쌓은 성곽은 대체로 산지 구간에 집중되어 있다. 체성이 남아 있는 아랫부분 위에 새로 체성과 여장을 덧쌓은 곳이 대부분이다. 그렇게 공사한 도성의 길이는 9.8킬로미터였다. 이 공사의 발주와 감독은 서울시에서 주도하였다.

그러나 이때의 '복원'은 원형을 되살리고 문화유산으로서의 가치를 찾는 쪽과는 거리가 있었다. 무너지다 남은 체성 위에 원래 돌과는 석질이 확연히 다른 돌을 기계를 사용하여 반듯하게 자르고 면을 반질하게 갈아서 척척 쌓는 식이었다. 그 결과 원래 부분과 새로 쌓은 부분이 상당한 이질감을 갖게 되었다. 하지만 1970년대까지만 하여도 돌을 다루는 전통적인 기술이 남아 있어서 그랬는지 조금은 옛 성돌의 느낌이 난다. 또 목멱산 기슭 일부 구간의 여장까지 남아 있던 부분은 최대한 살려내려는 노력을 기울였다. 돌을 쌓는 기법도 남아 있는 성벽을 참조하여 옛 기술을 일부 되살렸다. 하지만 아무리 노력해도 어차피 온전한 '복원'은 불가능에 가깝다. 오늘날 도성을 볼 때는 이러한 부분을 눈여겨보며 한계와 가치를 조심스럽게 평가할 필요가 있다.

1979년의 장충동 일대 성벽 복원 ‖ 1970년대에는 이렇게 복원을 강행하였으나, 지금은 문화유산 가치 평가의 감점 요인이 되고 있다.

시민의 곁으로, 그리고 내일로

엉뚱한 혜화문 '복원' 1970년대의 대대적인 복원사업 이후 1980년대에
　　　　　　　　　　는 도성 관리에 별다른 움직임이 없었다. 그러다
　　　　　　　　가 1990년대부터 도성 관리에 변화가 일어났다.
우선 도성을 보는 시각이 바뀌었다. 한낱 거추장스럽고 쓸모없는 옛 시설
물이 아니라, 서울을 이해하는 데 관건이 되는 문화유산으로서 도성의 가
치를 새삼 재평가하게 되었다. 그러면서 원래의 모습을 회복하려는 노력
을 기울였다. 도성에 가까이 붙어 있는 주택들 가운데 주민들과 협의하여
철거할 수 있는 것은 최대한 철거하였고, 도성에 붙어 자라는 잡목을 제
거하였다. 인왕산과 백악을 경비하는 군부대와 협조하여 일반인들이 도성

1994년 다시 지은 혜화문 ┃ 도로 한가운데 짓기 어려워 저리 높은 축대 위에 저렇게 현대적으로 지었다.

을 따라 돌아볼 수 있도록 개방하였다. 그 결과 완전하지는 않지만 도성의 옛 순심로가 확보되었다. 성벽을 바로 곁으로 계속 이어지지는 않지만, 구간 구간 조금 멀리 떨어지기도 하면서 도성을 한 바퀴 돌 수 있게 되었다.

1994년에는 혜화문을 다시 복원한다고 지었다. 오늘날 혜화동 로터리에서 삼선교 방면으로 이어지는 도로변이다. 하지만 도로는 이미 8차선으로 넓혀져 있었고, 고갯마루는 깎였기에 제자리에 지을 수는 없었다. 궁여지책으로 도로 북편, 사람 키의 몇 배나 되는 높은 옹벽 위에 자리를 잡았다. 옛 기술은 전혀 쓰지 않고 전동 공구를 사용하여 현대적인 느낌이 드는 모양으로 만들었다. 문을 들어서도, 나서도 길다운 길이 연결되지 않는다. 이것을 혜화문이라고 하기도 석연치 않고, 아니라고 하기도 뭣하다. 참 난감한 시설물이 되고 말았다. 혜화문은 그 위치도, 재료도 본래 모습을 회복하지 못하였다. 복원할 수 없는 성문을 무리하게 재건한 좋지 않은

혜화문과 타락산 구간 도성 | 오른쪽 하단 혜화문 길 건너 타락산을 따라 도성이 잘 남아 있다. 가톨릭대학교 성신교정을 감싼 성벽 바깥으로 순심로가 이어져 있다.

선례로 남고 말았다.

새 혜화문에서 북쪽으로 성벽이 연결되기는 한다. 그러나 아주 어색한 모습으로 조금 가다가 곧바로 다시 도로로 끊어진다. 그 끊어진 너머에 일제강점기 이후 오랫동안 서울시장의 공관으로 쓰다가 전시관으로 바꾼 건물이 있다. 새 혜화문에서 남쪽으로는 바로 큰 도로가 지나가기 때문에 그 건너 도성과 이어지기에는 까마득한 느낌이 든다. 다행히 혜화문 바로 남쪽으로 근래에 횡단보도를 설치하여 사람들이 반대편 성벽을 따라가기 편리하게 되었다.

땅속에서
찾아낸 도성

이러한 시행착오를 거치면서 도성에 대한 조사와 연구는 한 단계 발전하였다. 그 대표적인 작업이 발굴이다. 발굴은 2000년대 들어 본격적으로 이루어졌다. 크게 보아 도성의 동서축 인근, 산지 높은 곳이 아닌 시가지나 산기슭이 대상이었다. 처음에는 건축 공사가 이루어지기 전에 하는 시굴이나 발굴이 몇 곳에서 진행되었다. 그 첫 사례는 1999년에 이화여고와 옛 배재고등학교 사이에 있는 주한러시아대사관 건립 예정부지 발굴이었다. 그 후로 서소문 지구, 중구 장충동, 숭례문 북쪽 서울상공회의소 구간, 종로구 송월동 등지에서 발굴조사가 이어졌다.

동대문운동장 자리에 D.D.P.를 짓기 위해 2008년에서 2009년에 걸쳐 진행한 발굴에서는 뜻밖의 결과를 얻었다. 치성을 포함한 도성과 함께 이간수문이 모습을 드러낸 것이다. 치성도 그렇지만, 특히 도성의 수문은 그 원형이 어떠했는지 알지 못하고 있던 터였다. 2003년에 청계천 복원 공사를 하는 과정에서 오간수문 터를 발굴 조사하기는 하였으나, 이미 크게 변형되고 파괴되어 있어서 일부 유구를 수습하는 데 그쳤었다. 이간수문의 발굴은 전혀 기대하지 못한 소중한 성과였다. 이간수문과 치성을 포함한 도성이 발굴된 이 일대는 동대문역사문화공원으로 조성되었다. 다만

진단구 | 진단구는 건물을 짓기 전 땅의 신에게 제사를 지내기 위해 묻는 물건을 말한다. 이 진단구들은 목멱산 자락을 발굴하던 도중 도성 기단부 바로 앞에서 출토되었다.

좀 더 적극적으로 도성과 그 안팎의 유구를 보존하였으면 더 좋았을 것이라는 아쉬움이 남는다.

2000년대에는 목멱산 회현 자락에서 중요한 발굴이 이루어졌다. 2009년에 아동광장에서 시작하여 2009~2010년에 백범광장, 2013년에 중앙광장으로 발굴의 범위가 확대되어 갔다. 일제가 조선신궁을 지으면서 대대적으로 파괴하였던 구역이다. 발굴 기간이 길고 발굴 범위가 넓은 데 비례하여 발굴 성과도 그에 못지않게 충실하였다.

단순히 도성의 형태를 보여주는 데 그치지 않고, 시기별 축성 방식의 차이와 발전상을 알려주는 유구가 다수 드러났다. 그뿐 아니라 일제강점기와 해방 이후 그 지역의 변천사도 알 수 있게 되었다. 조선신궁의 구조도 알 수 있었다. 그러한 성과를 바탕으로 아동광장 부분의 도성을 다시 지었으며, 중앙광장의 조선신궁 터 부분을 어떻게 다시 꾸밀까 검토하는 단계에 들어가 있다.

그 이후 다른 구간에서도 꾸준히 발굴 조사는 지속되고 있다. 중구 정동의 창덕여중 운동장에서는 프랑스공사관 터가 확인되었고, 광희문 곁에서는 옛 문의 유구를 확인하기도 하였다. 혜화문 북쪽의 옛 시장공관 안

동대문운동장 자리 발굴 현장 | 좌우로 비스듬히 도성이 드러났다. 왼편에 네모난 형태의 치성이 있고, 오른편 끝으로는 이간수문이 보인다.

에서도 발굴이 이루어져 내탁부의 축성 기법을 확인하였다. 흥인문 북쪽에 있던 이화여대병원과 동대문교회가 있었던 자리를 도성과 어울리는 공간으로 정비하였고, 2015년 말에는 흥인문 건너편, 대로에 면한 타락산 남쪽 끝 성벽을 복원하였다.

무참히 불타버린
숭례문, 그리고 복구

2000년대에 도성에 대한 관심이 높아지면서 숭례문도 큰 변화를 겪었다. 도로 한가운데 섬처럼 떨어져 있던 숭례문에 시민들이 쉽게 접근하게 하기 위하여 남쪽의 도로를 폐쇄하고 인도와 연결하여 접근할 수 있도록 하였다. 그러면서 홍예문을 들어가 볼 수 있게 개방하였다.

그렇게 개방하고 두 해가 지난 2008년 2월 10일 오후 8시 40분, 숭례문이 불길에 휩싸였다. 사회에 대하여 무언가 불만을 품은 한 노인이 사회

불탄 숭례문 | 2008년 2월 10일 밤. 숭례문은 속절없이 타, 문루는 반 이상 재가 되고 육축만 겨우 남았다. 서울의 가장 대표적인 표상이 그렇게 돌이킬 수 없는 상처를 입었다.

적 관심을 끌기 위해서 애꿎은 숭례문에 불을 놓은 것이다. 많은 국민들은 곧 진화를 하겠지 기대하며 TV 생중계로 현장을 지켜보았다. 하지만 그러한 기대를 저버리고 불길은 기와 밑으로 번져나갔다. 밤이 깊어갈수록 불길은 걷잡을 수 없이 커졌고, 5시간 남짓 지난 뒤에는 문루의 반 이상이 시커멓게 불타 처참한 모습이 되어버렸다.

숭례문이 불탄 뒤에 문화재 지정을 해제할지 여부를 놓고 논란이 벌어졌다. 문화재위원회에서는 육축과 문루의 아랫부분이 남아 있다는 이유로 숭례문을 국보 제1호로 유지하기로 결정하였다. 그 뒤 문화재청에서 숭례문을 다시 짓는 공사를 주도하였다. 문화재청은 옛 공법대로 시공하여 숭례문을 되살리고자 애를 썼다. 우여곡절 끝에 숭례문은 3년 3개월 만인 2013년 5월에 '복구'되었다. 하지만 그렇게 다시 만들어진 숭례문을 본래의 숭례문으로 볼 수 있을까? 의문이 남는다.

복구된 숭례문 야경 ǀ 온전히 제모습은 아니나 숭례문이 여기 이렇게 있었음을 온몸으로 말하고 있다. 멀리 백악과 북한산이 보인다.

도성은 살아 있다　　　도성은 온전치 못하다. 18.6킬로미터 가운데 13.1
킬로미터만 사적에 포함되었고 나머지는 형태를
갖추지 못하였다. 그 온전치 못한 부분을 어떻게
할 것인가? 몇 년 전만 해도 전체 모습을 되찾자는 목소리가 컸다. 돈의문
이나 소의문처럼 없어진 문을 다시 세우고, 도로나 주택가로 끊긴 성벽을
다시 짓자는 주장이었다.

　하지만 오늘날에는 그렇게 형태를 다시 갖춘 것을 문화유산으로서 인
정하기 어렵다는 판단이 국내외에서 더 설득력을 갖게 되었다. 온전치 못
한 대로 현재 우리 앞에 있는 흔적 그대로를 잘 간직하고 유지하는 것이
더 마땅하며, 온전치 못한 그 흔적에서 옛 모습을 되새기고 그 가치를 평
가하는 것이 더 높은 안목이다.

　내사산 어느 외진 곳 또는 주택가 어느 집의 축대로 남아 있는 무너지
다 남은 성벽의 한 부분이나, 도로의 아스팔트 아래나 또는 다른 건조물
터 아래 묻혀 있는 유구도 도성의 한 부분이요 그 역사요, 기록이다. 그 흔
적이나 유구는 그렇게 된 내력과 아픈 역사를 담고 있기 때문이다.

　이제는 꼭 형태 재현만을 고집할 것이 아니라 새로운 방식으로 도성
을 재구성하고 이를 방법을 찾아야 한다. 복잡한 시가지에는 도성이 지나
갔던 흔적을 표시하여 알려주기만 해도 충분하지 않을까. 흥인문과 광희
문 사이에 그런 표지를 시범적으로 설치하였다. 주택가 좁은 골목이 옛날
에 도성이 서 있었던 터라면 그곳에도 도성의 바닥 흔적을 표시하면 좋지
않을까. 어느 건물의 축대로 도성의 아랫부분이 남아 있는 곳이라면 그렇
다는 안내 표지를 세우면 되지 않을까.

　어떤 방식으로든 도성의 흔적을 따라가고 싶은 사람들에게 그럴 수
있는 표지가 되기만 해도 족할 것이다. 그 형태는 가는 선 하나가 될 수도
있고, 안내 표지가 될 수도 있고, 때로는 육교가 될 수도 있을 것이다. 필
요하다면 첨단 기기를 활용할 수도 있겠다. 그 일대의 환경과 조건에 따라

장충동 주택가 축대로 남은 도성 | 굳이 찾지 않으면 눈에 띄지 않으나 만나면 반갑다.

도성을 찾는 이들에게 안내와 함께 상상력의 나래를 펼 수 있는 장치를
여러 모습으로 만들어가면 될 것이다.

도성을 볼 때 형태만 보는 데 그치지 말고 사람을 볼 수 있으면 좋겠
다. 처음 도성을 쌓은 사람들, 그 도성을 관리하고 드나들었던 사람들, 더
나아가서는 그 도성을 헐었던 사람들까지 보면 좋겠다. 옛날 사람들만이
아니라 오늘날 도성에 기대 사는 사람들도 시야에 넣어야 한다.

도성 안팎에 낮고 오밀조밀한 주택들이 밀집해 있는 마을들이 있다.
그리고 그곳에 사는 사람들이 있다. 얼마 전까지만 해도 장수, 북정, 이화,
충신 등 정겨운 이름을 지닌 이들 성곽마을들을 재개발하여 높은 고층 아
파트를 지으려는 움직임이 크게 일었다. 하지만 이들 마을 주민들은 대부
분 재개발을 반대하였고, 그 계획은 줄줄이 취소되었다.

이들 마을에 고층 아파트가 들어섰더라면 어떻게 되었을까. 거기 살던

백악 도성의 밤 오랜 기간 큰 상처를 입었지만 도성은 살아남아 밤낮으로 서울을 지키고 있다. 서울의 역사와 문화를 지키고 있다.

사람들은 대부분 정들었던 그 마을을 떠나고 도성은 다시 고층 아파트에 가리고 눌려서 그 본연의 모습을 크게 잃어버렸을 것이다. 그 재개발의 바람을 멈추게 한 것은 얼마나 다행한 일인가.

  현재 이들 마을에는 재생사업이 펼쳐지고 있다. 과거에는 도성이 개발의 걸림돌이었다면 이제는 도성이 마을과 공생하는 동반자가 되었다. 마을 사람들은 도성을 자기 마을의 매력으로 여기며 아낀다. 손수 도성을 가꾸고 관리한다. 도성은 옛날 유적으로 머물지 않고, 그 안팎에 사는 사람들의 삶의 터전으로 새로운 생명력을 더해가고 있다. 살아 있는 유산으로서 앞으로 그 생명력을 길게 이어갈 준비를 하고 있다.

서울의 표상,
한국 문화의 그릇

도성은 서울이 왕도이자 수도임을 겉으로 드러내 보여주던 대표적인 표상이었다. 사람으로 치자면 최고의 위상을 드러내는 제복이었다. 제복 가운데서도 가장 위의를 갖춘 예복이었다. 임금의 예복으로 치자면 공식적인 행사에서 가장 격을 높여 보일 때 입는 면복冕服이었다. 서울의 몸을 두른 곤룡포袞龍袍에 내사산의 머리에 씌운 면류관冕旒冠이었다.

도성은 조선 태조 대부터 현재까지 600년이 넘는 긴 세월을 자기 자리를 지켰다. 임금이 다스리던 시절 도성은 궁성과 짝을 이루고 있었다. 임금이 사는 공간인 궁궐을 둘러싼 궁성이 임금을 직접 보호하는 시설이라면 도성은 바깥에서 임금을 보호하는 시설이었다. 물론 임금만이 아닌 도성 안에 사는 사람들, 신분이 높은 관원들부터 비천한 노비들까지 모두 도성 안에 살았다. 도성은 그들 모두를 보호하였다.

서울은 한반도의 중앙, 넓게 보면 북으로 북한산을 등지고 남으로 한강을 바라보는 자리요, 좁게 보면 내사산內四山이라고 부르는 백악, 타락산, 인왕산, 목멱산 네 산으로 둘러싸인 분지에 자리 잡고 있었다. 도성은 이 내사산의 능선을 따라 쌓았다. 그 전체 길이는 18.6킬로미터나 되는 큰 시설이었다. 그 가운데 헐려 없어졌거나 형태가 원래 모습과 크게 달라진 부분을 제외하고 13.1킬로미터가 사적 제10호 '서울 한양도성'으로 지정되어 있다. 수도를 둘러싼 성곽 중 현재 남아 있는 것으로는 세계에서 가장 클 뿐만 아니라, 가장 오랫동안 도성으로서 제몫을 다하였다.

도성이란 좁은 의미로는 내사산을 따라 쌓은 이 성곽을 가리키고, 조금 더 넓게 보면 이 성곽이 보호하는 성안을 가리키며, 아주 넓게 보면 도성 주위 약 10리에 이르는 성저십리城底十里까지를 포함하기도 하였다. 도성은 시설물을 가리키는 말에서 서울을 가리키는 말로 확대되어 쓰였다.

도성은 성 안과 밖을 엄하게 구별하기 위한[嚴內外] 시설이었다. 서울의 안팎을 나누는 내사산이라는 자연 지형에 인공적으로 경계선을 추가한 것이었다. 이렇게 경계선을 명확하게 한 까닭은 성 안을 보호하려는 데 있었지만, 나아가 임금으로 대표되는 조정, 더 나아가서는 나라를 공고하게 하려는[固邦國] 데 있었다.

도성은 태조 대에 전국에서 백성들을 징발하여 처음 쌓았다. 도성이 완공됨으로써 한양은 새 왕도이자 수도로서 제 모습을 온전히 갖추게 되었다. 하지만 태조 대에 쌓은 도성은 석성보다는 토성 구간이 두 배 더 많았다. 세종 대 태상왕이었던 태종이 주도하여 토성을 모두 석성으로 바꾸어 다시 쌓았다. 조선 중기 임진왜란과 병자호란을 겪으면서 도성은 크게 훼손되었고, 그 이후에 제대로 보수되지 못한 채 방치되다시피 하였다.

도성을 전면적으로 고쳐 쌓은 시기는 숙종 대였다. 숙종 대에는 백성을 징발하지 않고 군영에서 성역을 담당하였다. 숙종은 성을 고쳐 쌓는 데 지겨울 정도로 오랫동안 논의를 하고 대단히 많은 공을 들였다. 하지만 그 논의와 공력에 비해서 도성과 북한산성 또는 강화 등을 놓고 유사시에 어느 성을 근거로 삼아야 할지 굳건한 의지를 정하지 못하였다.

영조는 숙종을 뒤이어 도성과 북한산성을 잇는 탕춘대성을 완공하였고, 숙종 대 남겨두었던 도성문 정비를 완료하였다. 그러면서 "효사물거效死勿去", 즉 '목숨을 바쳐서라도 도성을 떠나지 않겠다'는 의지를 천명하였다. 영조는 도성을 고쳐 짓는 데 그치지 않고 그것을 수비하는 체제도 정비하여 훈련도감, 금위영, 어영청 세 군문이 구간을 나누어 맡도록 하였다. 이와 함께 유사시 오부의 방민, 곧 온 도성민들을 수비에 참여시키는 방식으로 정비하였다. 이러한 영조의 조치는 서울을 좀 더 짜임새 있게 관리하는 것뿐만 아니라 영조의 왕권을 강화하는 데 기여했다. 다만 영조 이후에는 도성은 무너진 부분을 고쳐 짓는 정도로 관리되어 큰 변화는 나타나지 않았다.

근대로 접어들면서 도성은 안팎을 구별하고 나라를 튼튼하게 하는 기능을 잃어버렸다. 왕조가 무너지고, 서울이 확장되고, 도시화가 진전되어 교통을 비롯한 여러 부문의 삶이 달라지는 상황 속에서 도성이 제 기능을 그대로 유지할 수는 없었다. 그렇기는 하지만 우리나라가 스스로 근대화와 발전을 이루면서 자연스럽게 도성의 기능이 소멸된 것이 아니라는 사실, 미처 그러한 단계로 진입하기 전에 일본의 침략의 손길에 헐려 없어지기 시작하였다는 사실을 주목할 필요가 있다.

일본이 서울을 식민지 도시로 개조함에 따라 도성도 본연의 기능을 잃고 군데군데 허물어지고 없어졌다. 몇몇 도성문들은 일제강점기에 들어가 도로를 넓히면서 사라져갔다. 남아 있는 문들도 도로 한가운데 덜렁 섬처럼 남거나 한옆으로 밀려났다. 해방과 한국전쟁, 산업화의 어지러운 격랑 속에서 도성은 더욱 상처를 받았다. 한편에서는 헐면서 다른 한편에서는 복원이라는 이름으로 무리하게 다시 짓는 공사를 벌이기도 하였다.

도성은 경기도의 성들, 더 나아가서는 온 나라의 성들이 겹겹으로 둘러싸고 지키는 존재였다. 도성은 조선 후기에는 북한산성, 남한산성, 탕춘대성 뿐만 아니라 강화의 외성·읍성·돈대 그리고 문수산성과 개성의 대흥산성, 수원의 화성을 거느리고 있었다. 도시로는 개성, 강화, 광주, 수원이 네 유수부가 되어 서울을 보호하고 지원하는 체제를 갖추었다.

도성의 문들은 전국으로 연결되는 대로의 출발점이자 귀착점이었다. 가까이는 도성 밖 10리를 가리키는 성저십리에 사는 사람들이 드나들었고, 멀리는 전국 각지에서 사람들이 도성을 바라보고 오 갔다. 도성문은 매일 열고 닫아 출입을 통제하였다.

도성문은 나라의 문, 국문國門으로 인식되었다. 외국 사신이 왔을 때도 도성문을 들어와야만 비로소 본격적으로 나라 안으로 들어오 는 것이었다. 그중에서도 중국 사신은 도성문 가운데서도 가장 격 이 높은 숭례문으로 출입하였다. 도성문은 임금이 출입하는 문이 기도 하였다. 임금은 도성문들 가운데서도 특히 두 대문, 숭례문과 흥인문으로 주로 드나들었지만, 편의에 따라 다른 문들을 이용하 기도 하였다.

시골 사람들에게 서울 구경은 일생에 있을까 말까, 있다 해도 몇 번 없는 특별한 경험이었다. 시골 사람들이 며칠, 길면 보름을 걸 려 서울에 당도하였을 때 제일 먼저 만나는 것이 도성이요, 그 문 이었다. 저기 고갯마루에 위엄 있게 앉아 있는 도성문을 바라볼 때 가슴이 뛰지 않는 사람이 있었을까? 그때 그들에게 도성문은 임금 이 사는 도시의 위엄을 보여주는 인상적인 시설로서 평생 잊지 못 할 감동으로 다가왔을 것이다.

도성은 온몸으로 서울의 역사를 보여주는 거대한 기록물이다. 조 선 태조 때 도성을 쌓은 이래 오늘날까지 도성은 제자리를 지키며 조선왕조, 대한제국, 일제강점기, 해방 이후 현대사까지 역사의 흐 름을 함께하였다. 때로는 영광스런 모습으로, 때로는 상처받고 망 가진 모습으로 그 세월을 견뎌왔다. 도성에는 그 세월과 역사가 새 겨져 있다. 성돌들은 서로 크기와 모양, 쌓은 방법 등을 달리하고 있어 온몸으로 자신이 쌓인 시기를 드러내 보여주고 있다. 도성의 외형만으로도 자신의 역사와 서울의 역사, 우리나라의 역사를 증거하고 있다.

도성에는 각자가 있다. 천자문으로 된 구간 번호, 그 구역을 쌓는 데 동원된 지방의 군현 명칭, 공사를 감독한 관원들이나 석수 등 공역 책임자의 직함과 이름 등이 새겨져 있다. 각자는 그 자체 기록물로서 많은 정보를 담고 있을 뿐만 아니라, 더 나아가 도성이 역사 자료로서 갖는 가치를 높여준다.

도성은 우리의 전통 기술과 정서의 소산이다. 도성은 능선의 정상에서 살짝 바깥쪽으로 내려간 경사지에 큰 돌을 다듬어서 쌓았다. 그 석벽 안쪽으로는 잡석으로 쌓아 다지고 더 안쪽은 흙을 한 켜 쌓고 다지고 다시 한 켜 쌓고 다지고 하는 판축 방식을 적용하여 튼튼하게 쌓았다. 한 쪽 면만 돌을 쌓음으로써 물자와 인력을 절약하는 한편 인공 건조물이 자연 지형을 깨뜨리지 않도록 최대한 배려하였다. 분명 인공물인데 마치 자연의 일부인 것처럼 내사산과 한 몸을 이루고 있다. 자연에 순응하며 조화를 꾀하는 한국의 전통적 건축 정신이 잘 드러나 있다.

도성은 체성과 여장, 그리고 치성, 성문, 수문 등으로 이루어져 있는 복합적인 건조물이다. 각각은 건축 기술의 산물로서 조선의 과학기술 수준을 보여주는 증거물이다. 그와 함께 각 구조물은 그 자체로, 그리고 전체가 어우러져 하나의 구조물로서 조선 고유의 건축적 조형미를 그려내고 있다. 화강암의 질감으로부터 시작하여 산등성이를 따라가는 자연스런 곡선, 석조 건축과 목조 건축이 어울려 빚어내는 조형미에 이르기까지 도성은 한국의 건축을 대표한다고 해도 지나치지 않는다.

도성은 두말할 나위 없이 조선시대 서울을 그린 지도에서 서울을 이해하는 데 뼈대가 되는 요소였다. 하나하나 꼽기 어려울 정도로 여러 문학작품의 소재가 되었다. 진경산수를 비롯한 각종 회화 작품의 대상이 되었다. 옛날이야기, 전설, 그 밖의 여러 장르에서 도성은 소재가 되기도 하고 또 배경이 되기도 하였다.

도성은 서울과 한국의 역사와 문화를 담아온 그릇이다. 도성은 관상의 대상에서 그치는 것이 아니라 도성 안팎의 사람들의 삶에 피할 수 없는 강한 영향력을 행사하였다. 도성의 축성과 수리, 관리와 경영은 임금을 중심으로 하는 조선왕조 국가 경영의 성쇠를 보여주는 중요한 지표이다. 민간에서도 서울 사람들의 세시풍속과 풍습이 도성과 연결된 것이 적지 않았다. 도성은 과거에서 오늘날까지 서울 사람들, 더 나아가 한국인들의 삶의 터전이었다.

도성이 돌아왔다. 이제는 많은 이들이 도성을 찾고 사랑하기 시작하였다. 하지만 깊은 이해가 없는 사랑은 뿌리 뽑힌 꽃처럼 허망하게 무너지기 쉽다. 서울특별시는 도성의 유네스코 세계유산 등재를 위해 힘쓰고 있다. 하지만 유네스코 세계유산으로 등재되는 것이 모든 것의 종착점은 아니다. 유네스코 세계유산으로 등재되는 것보다 우리가 도성을 잘 알고, 깊이 사랑하는 것이 먼저 할 일이요, 끝까지 놓치지 말아야 할 자세다. 유네스코 세계유산으로 등재된 뒤에도 더욱 그러한 이해와 사랑을 키워가며 더욱 효율적으로 관리하여야 한다.

서울을 어떻게 가꾸어갈 것인가. 우리는 이 물음을 진지하게 대면하지 않을 수 없는 단계에 도달했다. 도시를 고층 빌딩으로 뒤덮는 것이 능사는 아니라는 생각을 갖게 되었다. 도성을 어떻게 이해하고 그 가치를 평가하며 관리할 것인가는 그러한 물음에 어떻게 답할 것인가를 고민하는 시금석이 될 것이다. 서울의, 이 나라의 역사와 문화를 어떻게 가꾸어갈 것인가? 지금 도성은 우리에게 묻고 있다.

참고 문헌

문헌

조선왕조실록朝鮮王朝實錄

《승정원일기承政院日記》

《일성록日省錄》

《비변사등록備邊司謄錄》

《대전회통大典會通》

《육전조례六典條例》

《은대조례銀臺條例》

《은대편고銀臺便攷》

《훈국등록訓局謄錄》 장서각 K2-3400

《금위영등록禁衛營謄錄》 장서각 K2-3292

《어영청성역등록御營廳城役謄錄》 장서각 K2-3570

《어영청등록御營廳謄錄》 장서각 K2-3349

《어제수성윤음御製守城綸音》 奎 3756

《홍재전서弘齋全書》

유본예柳本藝《한경지략漢京識略》

이중협李重協《비어고備禦考》奎 7708-v.1-10

이규경李圭景《오주연문장전산고 五洲衍文長箋散稿》

홍대용洪大容,《담헌서湛軒書》

이유원李裕元,《임하필기林下筆記》

대한제국 관보大韓帝國 官報

조선총독부 관보朝鮮總督府 官報

《황성신문皇城新聞》

《대한매일신보大韓每日申報》

《매일신보每日申報》

《동아일보》

《자유신문》

《중앙신문》

《민중일보》

《독립신문》

《경향신문》

《국민보》

인터넷 사이트

국사편찬위원회
www.history.go.kr/

규장각한국학연구원
http://kyujanggak.snu.ac.kr/

한국역사정보통합시스템
http://www.koreanhistory.or.kr/

한국고전종합DB
http://db.itkc.or.kr/

NAVER 뉴스 라이브러리
http://newslibrary.naver.com/

주석

제1장 서울을 품은 도성

1 《태조실록》 권6, 태조 3년 11월 3일(기해)
   ○都評議使司狀申 寢廟所以奉祖宗而崇孝敬 宮闕所以示尊嚴而出政令 城郭所以嚴內外而固邦國 此皆有國家者所當先也

2 《영조실록》 권96, 영조 36년 8월 2일(계유)

제2장 도성의 탄생과 시련

1 《태조실록》 권6, 태조 3년 8월 8일(을해)

2 《태조실록》 권6, 태조 3년 8월 11일(무인)

3 《태조실록》 권6, 태조 3년 8월 13일(경진)

4　《태조실록》권6, 태조 3년 8월 24일(신묘)
　　○都評議使司所申 竊觀漢陽 表裏山河形勢
　　之勝 自古所稱 四方道里之均 舟車所通 定
　　都于玆 以永于後 允合天人之意 王旨依申
5　《태조실록》권6, 태조 3년 9월 1일(무술)
6　《태조실록》권6, 태조 3년 9월 9일(병오)
7　《태조실록》권6, 태조 3년 9월 1일(무술)
8　《태조실록》권6, 태조 3년 9월 23일(경신)
9　《태조실록》권6, 태조 3년 10월 25일(신묘)
10　《태조실록》권6, 태조 3년 10월 28일(갑오)
11　《태조실록》권6, 태조 3년 12월 4일(기사)
12　《태조실록》권8, 태조 4년 9월 29일(경신)
13　《태조실록》권8, 태조 4년 9월 26일(정사)
14　《태조실록》권8, 태조 4년 윤9월 13일(갑술)
15　《태조실록》권8, 태조 4년 윤9월 25일(병술)
16　《태조실록》권8, 태조 4년 윤9월 13일(갑술)
17　《태조실록》권6, 태조 5년 1월 9일(무진)
18　《태조실록》권9, 태조 5년 1월 9일(무진)
19　《태조실록》권4, 태조 2년 8월 1일(갑술)
20　《태조실록》권4, 태조 2년 8월 2일(을해)
21　《태조실록》권4, 태조 2년 8월 18일(신묘)
22　《태조실록》권4, 태조 2년 8월 19일(임진)
23　《태조실록》권4, 태조 2년 10월 13일(을유)
24　《태조실록》권4, 태조 2년 10월 27일(기해)
25　《태조실록》권5, 태조 3년 2월 12일(임오)
26　《태조실록》권5, 태조 3년 1월 16일(병진);
　　2월 12일(임오); 2월 14일(갑신)
27　《태조실록》권5, 태조 3년 2월 29일(기해)
28　《태조실록》권9, 태조 5년 1월 9일(무진)
29　《태조실록》권9, 태조 5년 2월 22일(경술)
30　《태조실록》권9, 태조 5년 2월 28일(병진)
31　《태조실록》권10, 태조 5년 7월 3일(무오);
　　7월 5일(경신)
32　《태조실록》권10, 태조 5년 7월 21일(병자)

33　《태조실록》권10, 태조 5년 8월 4일(기축)
34　《태조실록》권10, 태조 5년 9월 24일(기묘)
35　《태조실록》권10, 태조 5년 9월 24일(기묘)
　　○又作各門月團樓閣 正北曰肅淸門 東北曰
　　弘化門 俗稱東小門 正東曰興仁門 俗稱東
　　大門 東南曰光熙門 俗稱水口門 正南曰崇
　　禮門 俗稱南大門 小北曰昭德門 俗稱西小
　　門 正西曰敦義門 西北曰彰義門
36　《태조실록》권10, 태조 5년 9월 24일(기묘)
37　《태조실록》권11, 태조 6년 1월 15일(무진)
38　《태조실록》권11, 태조 6년 1월 27일(경진)
39　《태조실록》권12, 태조 6년 8월 14일(계사)
40　《태조실록》권13, 태조 7년 2월 8일(을유)
41　《태조실록》권14, 태조 7년 5월 13일(기미);
　　《태조실록》권13, 태조 7년 3월 24일(신미)
42　《태조실록》권13, 태조 7년 4월 26일(임인)
43　《태조실록》권8, 태조 4년 윤9월 10일(신미)
44　《태조실록》권11, 태조 6년 4월 28일(경술)
45　《태조실록》권13, 태조 7년 2월 15일(임진)
46　《태종실록》권26, 태종 13년 8월 1일(정미)
47　《태종실록》권26, 태종 13년 11월 24일(경자)
48　《태종실록》권32, 태종 16년 10월 13일(신미)
49　《태종실록》권32, 태종 16년 10월 19일(정축)
50　《세종실록》권13, 세종 3년 10월 29일(무
　　오);《세종실록》권14, 세종 3년 12월 22일
　　(신해);《세종실록》권14, 세종 3년 12월 24
　　일(계축)
51　《세종실록》권13, 세종 3년 10월 13일(임인)
52　《세종실록》권13, 세종 3년 10월 25일(갑인)
53　《세종실록》권13 세종 3년 10월 29일(무오)
54　《세종실록》권25, 세종 6년 8월 5일(정미)
55　《세종실록》권14, 세종 3년 12월 10일(기해)
56　《세종실록》권14, 세종 3년 12월 18일(정미)
57　《세종실록》권15, 세종 4년 1월 5일(계해)

58 《세종실록》권15, 세종 4년 1월 14일(임신)

59 《세종실록》권15, 세종 4년 1월 15일(계유)

60 《세종실록》권15, 세종 4년 1월 16일(갑술)

61 《세종실록》권15, 세종 4년 1월 17일(을해)

62 《세종실록》권15, 세종 4년 2월 9일(병신)

63 《세종실록》권15, 세종 4년 1월 21일(기묘)

64 《세종실록》권14, 세종 3년 12월 24일(계축)

65 《세종실록》권15, 세종 4년 2월 25일(임자)

66 《세종실록》권15, 세종 4년 2월 26일(계축)

67 《세종실록》권15, 세종 4년 2월 26일(계축)

68 《세종실록》권15, 세종 4년 2월 26일(계축)

69 《세종실록》권15, 세종 4년 2월 2일(기축);
2월 15일(임인)

70 《세종실록》권15, 세종 4년 2월 23일(경술)
○都城之役畢 城皆以石築之 險地高十六
尺 次地二十尺 平地二十三尺 增置水門二
間 以通壅滯 塞西箭門 置敦義門 城之內
外開道 竝廣十五尺 以便巡審 所用鐵十萬
六千一百九十九斤 石灰九千六百十石 收其
用餘殘鐵 以充各道歲貢

71 《선조실록》권26, 선조 25년 4월 13일(임
인); 《선조수정실록》권26, 선조 25년 4월
14일(계묘)

72 《선조실록》권26, 선조 25년 4월 28일(정사)

73 《선조실록》권26, 선조 25년 4월 29일(무
오); 《선조수정실록》권26, 선조 25년 4월
29일(무오)

74 《선조실록》권26, 선조 25년 4월 30일(기
미); 《선조수정실록》권26, 선조 25년 4월
30일(기미)

75 《선조실록》권26, 선조 25년 5월 3일(임술)

76 《선조실록》권26, 선조 25년 5월 3일(임술)

77 《광해군일기[중초본]》권187, 광해군 15년
3월 12일(임인)

78 《인조실록》권1, 인조 1년 3월 13일(계묘)

79 《인조실록》권2, 인조 1년 8월 17일(을해)

80 《인조실록》권4, 인조 2년 1월 17일(임신)

81 《인조실록》권4, 인조 2년 1월 21일(병자)

82 《인조실록》권4, 인조 2년 1월 22일(정축)

83 《인조실록》권4, 인조 2년 1월 24일(기묘)

84 《인조실록》권4, 인조 2년 2월 4일(무자)

85 《인조실록》권4, 인조 2년 2월 7일(신묘)

86 《인조실록》권4, 인조 2년 2월 8일(임진)

87 《인조실록》권4, 인조 2년 2월 8일(임진)

88 《인조실록》권4, 인조 2년 2월 11일(을미)

89 李重協, 《備禦考》7책〈李适之亂〉

90 李重協, 《備禦考》7책〈李适之亂〉

91 李重協, 《備禦考》7책〈李适之亂〉

92 《인조실록》권4, 인조 2년 2월 22일(병오)

93 《인조실록》권15, 인조 5년 1월 17일(을유)

94 《인조실록》권15, 인조 5년 1월 26일(갑오)

95 《인조실록》권15, 인조 5년 2월 29일(병인)

96 《인조실록》권15, 인조 5년 3월 3일(경오)

97 《인조실록》권16, 인조 5년 4월 12일(무신)

98 《인조실록》권33, 인조 14년 12월 13일(계미)

99 《인조실록》권33, 인조 14년 12월 14일(갑신)

100 《인조실록》권33, 인조 14년 12월 14일(갑신)

101 《인조실록》권33, 인조 14년 12월 15일(을유)

102 《인조실록》권34, 인조 15년 1월 1일(신축)

103 《인조실록》권34, 인조 15년 1월 28일(무진)
○龍骨大持汗書來 其書曰 … 新舊城垣 不
許繕築
《승정원일기》인조 15년 1월 28일(무진)
○新舊城垣 不許繕修

104 《인조실록》권34, 인조 15년 1월 30일(경오)

105 《인조실록》권34, 인조 15년 2월 1일(신미)

제3장 도성, 위엄을 갖추다

1 《숙종실록》권1, 숙종 즉위년 11월 13일(임신)

2 《숙종실록》권39, 숙종 30년 1월 29일(기사)

3 《숙종실록》권39, 숙종 30년 2월 15일(을유)

4 《승정원일기》숙종 30년 2월 15일(을유)

5 《비변사등록》숙종 30년 2월 25일;《금위
영등록》;《어영청등록》같은 날

6 《승정원일기》숙종 29년 4월 4일(기묘)

7 《숙종실록》권39, 숙종 30년 3월 25일(갑자)
○始築都城 先行告祭於三角山 五軍門各遣
將校 浮石於蘆原舟巖等地 且以炊飯及機械
所用 斫取四山蟲損木

8 《승정원일기》숙종 30년 9월 22일(기미);
《승정원일기》숙종 30년 9월 26일(계해)

9 《승정원일기》숙종 30년 9월 26일(계해)

10 《숙종실록》권42, 숙종 31년 5월 26일(무
자);《승정원일기》숙종 31년 5월 26일(무자)

11 《숙종실록》권42, 숙종 31년 8월 21일(임
자); 8월 30일(신유)

12 《숙종실록》권45, 숙종 33년 7월 11일(신유)

13 《승정원일기》숙종 34년 1월 15일(계해)

14 《승정원일기》숙종 35년 10월 6일(계묘)

15 《승정원일기》숙종 36년 2월 18일(계축)

16 《숙종실록》권49, 숙종 36년(1710 경인) 9월
28일(기미);《승정원일기》숙종 36년 9월
28일(기미)

17 《숙종실록》권50, 숙종 37년 10월 19일(갑술)

18 《숙종실록》권51, 숙종 38년 4월 10일(임술)

19 《승정원일기》숙종 37년 2월 22일(신사)

20 《승정원일기》숙종 37년 5월 27일(을묘)

21 《승정원일기》숙종 37년 6월 11일(기사); 7
월 3일(경인); 7월 27일(갑인)

22 《승정원일기》숙종 37년 10월 29일(갑신)
○ 禁衛營啓曰 本營分授都城女墻 令
改 體城將頹處修補 水口門改築事 曾已
啓下矣 東西南北體城四百四十步 女墻
四千八百六十七步畢築 水口門改築虹蜺 新
建門樓 今已完役之意 敢啓 答曰 知道 已上
朝報

23 《승정원일기》숙종 38년 2월 4일(정사)

24 《승정원일기》숙종 37년 4월 21일(기묘)

25 《승정원일기》숙종 37년 6월 4일(임술)

26 《승정원일기》숙종 37년 7월 11일(무술)

27 《승정원일기》숙종 37년 11월 24일(기유)

28 《승정원일기》숙종 37년 10월 20일(을해);
숙종 38년 1월 3일(정해)

29 《승정원일기》숙종 37년 10월 29일(갑신)

30 《승정원일기》영조 17년 6월 16일(기유)

31 《승정원일기》영조 17년 8월 11일(계묘)

32 《승정원일기》영조 20년 7월 22일(정유)

33 《영조실록》권60, 영조 20년 8월 4일(무신)

34 《승정원일기》영조 20년 10월 18일(신유);
10월 23일(병인)

35 《승정원일기》영조 20년 4월 4일(신해)

36 《승정원일기》영조 20년 6월 22일(무진)

37 《승정원일기》영조 20년 8월 6일(경술)

38 《승정원일기》영조 20년 8월 28일(임신)

39 《숙종실록》권51, 숙종 38년 4월 10일(임술)

40 《영조실록》권79, 영조 29년 4월 9일(갑오)

41 《승정원일기》영조 29년 4월 9일(갑오)

42 《선조실록》권26, 선조 25년 4월 29일(무오)

43 《인조실록》권4, 인조 2년 2월 4일(무자)

44 《승정원일기》영조 27년 9월 11일(갑술)

45 《御製守城綸音》奎 3756
○況都城累十萬士庶 卽昔年愛恤之民也 豈
忍棄而獨往乎

46 《정조실록》권37, 정조 17년 1월 12일(병오)

47 《홍재전서》권13, 序引六 軍制引

31 《대전회통》권1, 吏典 京官職 繕工監
[原]掌土木營繕

32 《육전조례》권3, 戶典 戶曹 別例房 奉審修改
○永禧殿各宮廟景慕宮儲慶宮毓祥宮彰義
宮延祐宮宣禧宮景祐宮懿昭廟文禧廟 及闕
內外諸上司廨宇墻垣有頉 則定計士看審 大
則本曹修改 小則分付紫門營繕 闕內紫門擧
行 闕外營繕擧行

33 《대전회통》권6, 工典 營繕
[續]紫門監九營繕 分掌闕內闕外各處修理
之役(紫門監 掌時御所各殿各堂內各司公
廨修補 差備門內各項器用造作 內氷庫供上
…)

34 《승정원일기》36책, 영조 4년 7월 29일(무인)
命恒曰 營繕者 繕工有九營繕 使之修補其
不得已處 此則不可罷之 而寅明之意 則乃
指不緊土木也 上曰 九營繕者 何謂также 主管
官員九人而然耶 命恒曰 營繕所次知者九處
故稱以九營繕矣

35 《대전회통》권6, 工典 營繕

36 《대전회통》권6, 工典 營繕
[補]九營繕 今爲五所掌

37 《숙종실록》39권, 숙종 30년 3월 25일(갑자)

38 《영조실록》권62, 영조 21년 7월 6일(병자)

39 《대전회통》권6, 工典 雜令
[續]都城 周圍一萬四千七百三十五步(用
周尺尺量 爲八萬九千六百十尺) 東西南北
量其險夷 分授三軍門 隨毀修築(自肅靖門
東邊舞砂石 至敦義門北邊 四千八百五十
步 訓鍊都監 自敦義門北邊舞砂石 至光
熙門南邊南村家後 五千四十二步半 禁衛

營 自光熙門南邊南村家後 至肅靖門東邊
五千四十二步半 御營廳) 傍近居人分授 看
直(人家家隔遠處 則四山監役官 令其山直
分掌考察)

40 《대전회통》권4, 兵典 擲奸
[續] ○每年春秋 本曹堂上官 與工曹漢城
府堂上官郎官 宮城都城巡審擲奸後 有頉處
啓聞(宮城則戶曹及紫門監 都城則分授軍門
修改)

41 《대전회통》권4, 兵典 擲奸
[增] 都城城堞 三軍門大將春秋看審 每朔
定將校 擲奸 ○宮城修築 依前城例 三軍門
分掌 ○景慕宮宮墻 本曹判書 與本宮提調
春秋巡審(墻垣修築 依宮墻例 自三軍門 擧
行 ○含春苑同)

42 《대전회통》권4, 兵典 城堡
[增]都城內外 松木鬱密 有妨城堞處 城內
限五步 城外限十步 斫去 ○城上聚積石子

43 《대전회통》권6, 工典 雜令
[增]宮墻 依前城例 分屬三軍門 隨毀石築

44 《육전조례》권7, 兵典 兵曹 擲奸

45 《육전조례》권7, 兵典 兵曹 擲奸

46 《대전회통》권4, 兵典 行巡

47 《대전회통》권4, 兵典 行巡
○都城內外行巡軍士巡將 初昏照名點考 罷
漏後又點考罷遣

48 《대전회통》권4, 兵典 行巡
[續] 都摠府郎官二員本曹內入直郎官 無時
夜巡 啓稟乃行 間間晝巡檢 外直郎官 受軍
號 率入番所屬 無時夜巡

49 《대전회통》권4, 兵典 行巡

50 《육전조례》권7, 兵典 巡廳 總例
巡將二員 每日申時 受牌於大內 分二所左
右 自漏下通五更 躬審都城門鑰 考驗諸處

○四正門[崇禮興仁惠化敦義] 護軍部將各
一人 … 四間門[彰義肅靖昭義光熙] 部將
各二人 木覓烽燧五間水門 部將各一人入直

32 《대전회통》권4, 兵典 門開閉

33 《銀臺條例》〈故事〉
○古例 城門宮門 皆罷漏而開 人定而閉 承
旨 四更詣闕 待開而入 南怡之亂 睿宗命 宮
門平明而開 乘昏而閉

34 《중종실록》권81, 중종 31년 4월 9일(계사)

35 《중종실록》권82, 중종 31년 7월 14일(정묘)

36 《선조실록》권55, 선조 27년 9월 18일(계사)

37 《선조실록》권64, 선조 28년 6월 4일(을사)

38 《선조실록》권57, 선조 27년 11월 4일(무인)

39 《대전회통》권4, 兵典 門開閉

40 《대전회통》권4, 兵典 門開閉
宮城門 用標信 開閉 (開門標信 體方 一面
書開門 一面御押 閉門標信同 但一面書閉
門 ○緊急時 通用於都城門)

41 《대전회통》권4, 兵典 門開閉

42 《대전회통》권4, 兵典

43 《대전회통》권4, 兵典

44 《육전조례》권7, 兵典 結束色 標信

45 《육전조례》권7, 兵典 梗桂色 總例

46 《승정원일기》숙종 34년 1월 15일(계해)
○李基夏曰 … 且出暗門 以通樵汲哨樣 然
後可爲完備之制矣

47 《승정원일기》영조 24년 4월 25일(무인)

48 《태조실록》권13, 태조 7년 2월 8일(을유)

49 《세종실록》권117, 세종 29년 8월 30일(기축)

50 《세종실록》권120, 세종 30년 5월 12일(병신)

51 《세종실록》권61, 세종 15년 7월 21일(임진)

52 《태조실록》권28, 태조 14년 7월 21일(임진)

53 《세종실록》권24, 세종 6년 4월 18일(계해)

54 《세종실록》권60, 세종 15년 6월 23일(갑진)

55 《성종실록》권200, 성종 18년 2월 3일(계유)

56 《태조실록》권10, 태조 5년 9월 24일(기묘)

57 李圭景, 《五洲衍文長箋散稿》〈崇禮門大成
殿額辨證說〉

58 《태조실록》권8, 태조 4년 10월 7일(정유)

59 李圭景, 《五洲衍文長箋散稿》〈崇禮門大成
殿額辨證說〉

60 李裕元, 《林下筆記》권35〈薛荔新志〉

61 《승정원일기》영조 4년 4월 15일(을미)

62 《승정원일기》영조 4년 4월 28일(무신); 5
월 11일(신유)

63 《승정원일기》영조 17년 4월 11일(을사)

64 《승정원일기》영조 14년 10월 22일(신축)

65 《승정원일기》영조 20년 8월 28일(임신)

66 《세조실록》권36, 세조 11년 6월 6일(임오)

67 《중종실록》권63, 중종 23년 9월 21일(경인)

68 《승정원일기》숙종 45년 2월 3일(병오)

69 《승정원일기》영조 14년 10월 20일(기해)

70 《승정원일기》영조 14년 10월 22일(신축)

71 《승정원일기》영조 20년 7월 22일(정유)

72 《영조실록》권60, 영조 20년 8월 4일(무신)

73 《승정원일기》영조 20년 10월 18일(신유);
10월 23일(병인)

74 《영조실록》권60, 영조 20년 8월 4일 무신

75 《숙종실록》권45, 숙종 33년 9월 14일(계해)

76 《중종실록》권77, 중종 29년 8월 22일(병진)

77 《명종실록》권4, 명종 1년 8월 13일(정유);
《명종실록》권7, 명종 3년 2월 14일(신사);
《명종실록》권8, 명종 3년 7월 11일(갑신);
《숙종실록》권10, 숙종 6년 윤8월 10일(병신)

78 《승정원일기》정조 22년 6월 10일 임인

79 《광해군일기[중초본]》권33, 광해군 7년 8
월 14일(무자)

80 《인조실록》 권3, 인조 1년 윤10월 14일(경자); 《인조실록》 권34, 인조 15년 5월 12일(기묘)

81 《승정원일기》 숙종 37년 2월 15일(갑술)

82 《승정원일기》 숙종 37년 3월 14일(계묘)

83 《승정원일기》 숙종 37년 4월 21일(기묘)

84 《승정원일기》 숙종 37년 6월 4일(임술)

85 《승정원일기》 숙종 37년 10월 29일(갑신)

86 《승정원일기》 숙종 45년 1월 25일(무술)

87 《승정원일기》 숙종 45년 2월 3일(병오); 2월 5일(무신)

88 《숙종실록》 권36, 숙종 28년 1월 30일(임자)

89 《숙종실록》 권62, 숙종 44년 11월 12일(병술); 《영조실록》 79, 영조 29년 6월 3일(정해)

90 《영조실록》 권84, 영조 31년 5월 25일(무술); 《영조실록》 88, 영조 32년 12월 22일(을유)

91 《승정원일기》 영조 17년 1월 23일(기축)

92 《승정원일기》 영조 17년 2월 8일(계묘)

93 《승정원일기》 영조 17년 6월 16일(기유)

94 《승정원일기》 영조 17년 8월 11일(계묘)

95 《승정원일기》 영조 1년 7월 22일(정사)

96 《연산군일기》 권54, 연산군 10년 7월 25일(계축)

97 《중종실록》 권8, 중종 4년 6월 3일(계해)

제6장 도성의 수난, 그리고 재발견

1 《황성신문》 1898년 9월 16일

2 《황성신문》 1899년 5월 19일

3 《황성신문》 1899년 5월 20일

4 《황성신문》 1899년 5월 23일

5 《황성신문》 1899년 8월 9일

6 《고종실록》 권48, 고종 44년 3월 30일(양력); 《승정원일기》 고종 44년 2월 17일(무인)(음력); 《일성록》 광무 11년 2월 17일(무인)(음력)

7 《황성신문》 1907년 4월 1일; 4월 2일; 4월 3일; 4월 8일

8 《고종실록》 권48, 고종 44년 6월 22일(양력); 《승정원일기》 고종 44년 5월 12일(임인)(음력); 《일성록》 광무 11년 5월 12일(임인)(음력)

9 《황성신문》 1907년 6월 27일

10 《순종실록》 권1, 순종 즉위년 7월 19일(양력)

11 《순종실록》 권1, 순종 즉위년 8월 2일(양력)

12 〈城壁處理委員會規定에 關한 件〉 奎24581

13 《순종실록》 권1, 순종 즉위년 7월 30일(양력) 內閣令第一號 城壁處理委員會에 關한 件; 《官報》 제3833호 / 광무 11년 8월 1일

14 《황성신문》 1907년 8월 8일

15 《승정원일기》 순종 2년 1월 13일(기해)(음력); 〈起案〉 1908년 2월 14일(양력)

16 조선총독부 관보 1912년 7월 30일

17 《순종실록》 권1, 순종 즉위년 10월 16일(양력)

18 《승정원일기》 순종 1년 9월 12일(경자)(음력)

19 《승정원일기》 순종 1년 9월 8일(병신)(음력)

20 《황성신문》 1907년 10월 5일
　○毀城塡池 東南兩大門城堞을 毁撤作路하야 人民來往을 便利케 한다 홈은 旣報하얏거니와 南門北便城堞은 已爲着手起工하얏고 該門外蓮池도 取土壎塞하얏더라

21 《대한매일신보》 1907년 10월 12일
　○一進會의 建設綠門 一進會에서는 日本皇太子殿下를 奉迎하기 爲하야 南大門內에 大綠門建設을 再昨日브터 着手하얏다더라

22 《대한매일신보》 1907년 10월 13일

23 《대한매일신보》1907년 5월 15일

24 《대한매일신보》1907년 10월 17일

25 대한제국 관보 제4170호 內閣法制局官報課 융희 2년 9월 7일

26 《황성신문》1908년 9월 6일

27 《황성신문》1909년 7월 9일

28 《황성신문》1908년 9월 23일
　　○撤城設橋 五間水門城堞을 毁撤ᄒ고 更히 橫橋을 敷設ᄒ랴ᄂᄃᆞᆯ 該石材ᄂᆞᆫ 東部警察署에서 句管케ᄒ얏다더라

29 《고종실록》권48, 고종 44년 3월 30일;《승정원일기》고종 44년 2월 17일(무인)(음력);《일성록》광무 11년 2월 17일(무인)(음력);〈起案〉1907년 4월 2일

30 《매일신보》1910년 11월 29일〈東大門路擴張〉

31 《매일신보》1911년 6월 2일〈東大門路開通〉

32 《매일신보》1914년 11월 25일

33 《매일신보》1915년 3월 7일

34 《매일신보》1915년 6월 11일

35 《매일신보》1928년 7월 12일

36 《동아일보》1962년 10월 10일

37 《동아일보》1938년 5월 25일

38 《동아일보》1939년 3월 9일〈東小門電車工事着手〉
　　○작년 중에 완성 예정이엇던 창경원(昌慶苑) 앞에서 동성상업(東星商業) 학교 앞에 이르는 八百미터 전차선로 연장 공사는 물자 배급 관계로 이때까지 끌어오든바 이지음 당국의 허가도 나고 해동도 되어 드디어 금八일부터 본격적 공사를 시작하엿는데 준공은 늦어도 四월 안으로 되리라 한다.

39 《동아일보》1939년 4월 15일

40 《매일신보》1912년 6월 22일〈南小門開通計劃〉

41 《매일신보》1916년 7월 19일

42 《자유신문》1945년 12월 10일

43 《중앙신문》1946년 1월 16일

44 《민중일보》1947년 7월 4일

45 《동아일보》1947년 7월 4일

46 《독립신문》還國續刊 제55호 1947년 7월 17일

47 《동아일보》1955년 10월 4일

48 《동아일보》1959년 4월 17일

49 《동아일보》1960년 7월 24일

50 《경향신문》1961년 7월 21일

51 《동아일보》1962년 1월 18일

52 《경향신문》1962년 11월 9일

53 《동아일보》1962년 12월 27일

54 《국민보》1963년 5월 15일

55 《동아일보》1962년 5월 15일

56 《경향신문》1962년 5월 19일

57 《경향신문》1962년 6월 20일

58 《동아일보》1962년 10월 25일

59 《동아일보》1962년 9월 15일

60 《동아일보》1963년 4월 10일

61 《경향신문》1964년 12월 3일

62 《동아일보》1975년 11월 18일〈光熙門 復元〉

도판 출처

게티이미지코리아
142쪽

경기도박물관
125쪽(왼쪽)

고려대학교도서관
22쪽

고려대학교박물관
330쪽

국립고궁박물관
153, 225, 295, 357, 362쪽

국립중앙박물관
113, 114(왼쪽), 115(오른쪽),
174, 180-181, 210, 223, 290쪽

눌와
42-43, 44, 57, 62, 63, 74,
80-81, 93, 101, 199, 201, 227,
239, 240, 241, 243, 244, 246,
250-251, 254, 257, 267, 302,
315(왼쪽), 326(아래), 328(아래),
372(아래), 386쪽

문화재청
18쪽

버클리대학교 동아시아도서관
165쪽

삼성미술관 리움
104, 163, 188, 189, 192, 211쪽

서울역사박물관
17, 20, 92쪽

서울대학교 규장각한국학연구원
15, 28, 31, 69, 77, 128,
134-135, 143, 154, 155, 233,
265, 266, 296, 299쪽

서울특별시 한양도성도감
(최인호, 함종규, 성동훈, 김병훈)
24-25, 27, 34, 38, 39, 41, 46,
48, 50, 52, 53, 54, 55, 58, 59,
60, 61, 86, 88-89, 98-99, 114,
122-123, 159, 161, 195, 197,
202-203, 206, 207, 208-209,
215, 219, 221, 248, 300-301,
320-321, 322, 324, 340,
372(위), 378-379, 381, 382,
383, 387쪽

성신여자대학교박물관
171, 176쪽

셔터스톡
19, 213, 305(아래), 384쪽

숭실대학교기독교박물관
191쪽

연합뉴스
377쪽

영남대학교박물관
70-71, 284쪽

육군박물관
107쪽

이화여자대학교박물관
318쪽

전주 경기전
67쪽

토픽이미지
32, 45, 137, 198쪽

한국학중앙연구원 장서각
168쪽

고서화, 고지도

15쪽
〈조선일본유구국도朝鮮日本琉球國圖〉
《여지도輿地圖》
18세기 후반, 113.0×59.5cm
보물 제1592호
서울대학교 규장각한국학연구원 소장

17쪽
〈수선전도〉
1861년, 160.8×79.0cm
서울역사박물관 소장

20쪽
〈경조오부京兆伍部〉, 《동여도東輿圖》
1856-1872년, 40.0×67.1cm
보물 제1358-1호
서울역사박물관 소장

22쪽
〈경기도京畿道〉, 《좌해도左海圖》
18세기 중반, 44.4×38.4cm
고려대학교도서관 소장

28쪽
〈기전도畿甸圖〉, 《동국여도東國輿圖》
19세기 초반, 47×66cm
서울대학교 규장각한국학연구원 소장

31쪽
〈도성도都城圖〉, 《광여도廣輿圖》
19세기 초반, 36.8×28.6cm
서울대학교 규장각한국학연구원 소장

67쪽
〈조선태조어진朝鮮太祖御眞〉
1872년, 218×150cm
비단에 색
국보 제317호
전주 경기전 소장

69쪽
〈조선漕船〉, 《각선도본各船圖本》
조선 후기, 35.8×51.6cm
종이에 엷은 색

서울대학교 규장각한국학연구원 소장

70-71, 284쪽
〈한성전도漢城全圖〉,《고지도첩古
地圖帖》
19세기, 31.4×51.8cm
영남대학교박물관 소장

77쪽
〈개성전도開城全圖〉
1872년, 35.8×25.4cm
서울대학교 규장각한국학연구원 소장

84쪽
〈동궁책봉도감계회도東宮册封都監
契會圖〉
1557년, 90.6×58.0cm
비단에 수묵
일본 개인 소장

85쪽
정선鄭敾
〈세심대상춘洗心臺賞春〉
18세기 중반, 27.5×33.3cm
비단에 엷은 색
개인 소장

92쪽
〈한양도漢陽圖〉,《천하도天下圖》
1822년, 20.3×32.8cm
서울역사박물관 소장

104쪽
정선鄭敾
〈서빙고망도성도西氷庫望都城圖〉
1730년, 39.0×49.5cm
재질 미상
삼성미술관 리움 소장

107쪽
변박卞璞
〈부산진순절도釜山鎭殉節圖〉
1760년, 145.5×96cm
종이에 색
보물 제391호
육군박물관 소장

110쪽
〈은대계회도銀臺契會圖〉
1560년, 96.1×55.6cm
비단에 수묵
개인 소장 소장

113쪽
정선鄭敾
〈창의문彰義門〉,《장동팔경첩壯洞
八景帖》
18세기 중반, 33.2×29.5cm
종이에 엷은 색
국립중앙박물관 소장

115쪽 왼쪽
〈이귀초상李貴肖像〉
조선 후기, 74.0×53.0cm
비단에 색
국립중앙박물관 소장

115쪽 오른쪽
〈이시백초상李時白肖像〉
조선 후기, 74.2x53.1cm
비단에 색
국립중앙박물관 소장

125쪽 왼쪽
〈장만초상張晩肖像〉
1624년, 240×113cm
비단에 색
개인 소장

125쪽 오른쪽
〈정충신초상鄭忠信肖像〉
1624년, 183.5×99.5cm
비단에 색
개인 소장

128쪽
〈남한산성도南漢山城圖〉,《동국여
도東國輿圖》
19세기 초반, 47.0×66.0cm
서울대학교 규장각한국학연구원 소장

134-135쪽
〈도성도都城圖〉,《여지도輿地圖》
18세기 후반, 47.0×66.0cm

보물 제1592호
서울대학교 규장각한국학연구원 소장

140쪽
강희언姜熙彦
〈인왕산도仁旺山圖〉
18세기, 24.6×42.6cm,
종이에 엷은 색
개인 소장

143쪽
〈도성연융북한합도都城鍊戎北漢合
圖〉,《동국여도東國輿圖》
19세기 초, 47.0×66.0cm
서울대학교 규장각한국학연구원 소장

150쪽
김홍도金弘道
〈부상도負商圖〉
18세기 후반, 27.0×38.5cm
종이에 엷은 색
삼성미술관 리움 소장

153쪽
〈영조어진英祖御眞〉
1900년, 110.5×61.8cm
비단에 색
보물 제932호
국립고궁박물관 소장

154쪽
〈도성도都城圖〉,《조선강역총도朝
鮮疆域摠圖》
18세기 초, 40×67.6cm
서울대학교 규장각한국학연구원 소장

155쪽
〈왕성王城〉,《해동제국지도海東諸
國地圖》
18세기 후반, 32.3×51.2cm
서울대학교 규장각한국학연구원 소장

163쪽
〈도성도都城圖〉
19세기 초반, 129.5×103.5cm
삼성미술관 리움 소장

홍순민의 한양읽기

조선의 왕도 한양漢陽으로 500여 년, 대한민국의 수도 서울특별시로 70년을 넘기고 있는 서울. 무엇이 서울을 서울로, 이 나라의 중심으로 만들었는가? 옛 서울, 즉 한양을 조선왕조의 왕도로 만든 세 건조물은 종묘宗廟, 궁궐宮闕, 도성都城이었다. 이 셋은 오늘날 우리에게 어떤 의미를 갖고 있는가? 그 의미와 가치를 찾아 한양에서 서울로 이어지는 이 도시의 정체성을 찾아보려는 것이 '한양읽기'를 하는 뜻이다.

도성

도성은 한양을 안팎으로 나누는 경계이자, 임금과 조정과 나라를 보호하는 시설이었다. 백성들의 피와 땀으로 세워진 도성은 한편으론 백성들의 삶에 크나큰 영향을 미쳤다. 왕도 한양을 드러내는 가장 대표적인 표상이었던 도성을 조선 백성들의 눈으로 찾아본다.

궁궐 | 1 역사편 (근간)

궁궐은 임금이 사는 곳. 임금의 존엄을 과시하며 국정 운영의 정점이 되는 공간으로서 서울을 왕도이자 수도이자 국도로 만드는 실질적인 핵심이었다. 궁궐의 역사를 읽는 것은 조선 정치사, 나아가 조선의 역사와 문화를 들여다보는 창구이다.

궁궐 | 2 답사편 (근간)

경복궁, 창덕궁, 창경궁, 경희궁, 경운궁. 서울에는 다섯 궁궐이 있다고 한다. 하지만 궁궐은 왕조와 함께 사라졌다. 다만 없어지다 남은 모습, 그 터가 남아 있을 뿐이다. 거기 가서 무엇을 볼 것인가? 겉모습만 보고 마는 것은 부족함을 넘어서 위험하다. 남은 모습 이면의 옛 모습을 그려보아야 한다. 외형을 넘어 거기 살던 사람들, 그 사람들의 삶을 재구성해보아야 한다.

종묘 (근간)

종묘는 조선 역대 임금과 왕비의 신주를 모신 사당이다. 왕실을 넘어 국가 전체의 사당이었다. 조상에게 제사를 드리는 궁극적 목적은 유교 윤리의 출발이자 완결인 효성과 공경을 전파하기 위함이다. 종묘는 사직과 더불어 왕도 한양에서 가장 신성한 공간이었다. 종묘를 보는 것은 서울의 가장 깊은 내면을 읽는 것이다.